QUAND LA FAMILLE S'EMMÊLE

Du même auteur

Prévention du sida en milieu spécialisé, dirigé par Serge Hefez, Tim Greacen et Aude Marzloff, Érès, 25 juin 1996.

Sida et vie psychique : approche clinique et prise en charge, dirigé par Serge Hefez, préface de Jonathan Mann, La Découverte, 1996.

La Danse du couple, avec Danièle Laufer, Hachette Littératures, 2002.

SERGE HEFEZ

QUAND LA FAMILLE S'EMMÊLE

HACHETTE
Littératures

« Que sont donc les angoisses “archaïques” dont nous parlent les auteurs modernes ? Elles sont l'effet des passions narcissiques, [...] là où amour et destructivité affectent d'un même souffle le Moi et l'objet. Elles sont les passions au sens strict, c'est-à-dire des amours qui font souffrir, au point de s'en défendre par un sacrifice aliénant »

André Green, *Le Travail du négatif,*
Éditions de Minuit, 1993

À mes parents, qui ont tracé le chemin,
à Louise, Jeanne et Margot qui l'ont
emprunté avec grâce et détermination.

Introduction

Depuis plus de vingt ans, je reçois des familles confrontées à une souffrance qu'exprime l'un des leurs, le plus souvent un enfant, un adolescent ou un jeune adulte. Mon travail ne consiste pas à donner des conseils, à corriger des erreurs, à fournir des recettes pour « normaliser » ces familles. Je ne cherche pas non plus à désigner les responsables et les coupables de cette souffrance. Je tente de situer les symptômes de l'enfant – ou de l'adolescent – dans une logique qui le dépasse et déborde également la famille.

Cette logique appartient à une histoire et à un ensemble de liens dont chacun ne perçoit qu'une infime partie. Elle est aussi le fruit d'un contexte social qui impose de nouvelles normes, tout aussi aléatoires et contraignantes que les normes du passé.

Je pars du principe que les symptômes ont une signification, qu'ils s'adressent à la famille, et qu'ils y trouvent un sens global. Le thérapeute familial que je suis considère la famille comme un système de liens, dans lequel chacun est déchiré entre la possibilité d'accéder à une certaine autonomie, de développer une personnalité, et la nécessité de faire survivre le groupe.

Il ne s'agit pas de stigmatiser, d'accuser les parents

d'être trop intrusifs ou trop distants, trop occupés, trop marginaux ou « trop » classiques, mais de retrouver, avec la famille, les possibilités d'une compétence perdue.

La famille a changé, mais ses modifications de forme n'expliquent en rien la « crise » que beaucoup de familles traversent, car les difficultés rencontrées se retrouvent à la même échelle dans toutes les morphologies familiales, y compris au sein de la plus banale « famille Ricorée », nantie de deux parents biologiques, d'un monospace, d'un labrador et de trois enfants rieurs.

S'il existe bel et bien une « crise » de la famille en relation à une crise des repères, de la transmission, des identités, si la famille s'est transformée en profondeur, si elle s'inscrit dans de nouveaux idéaux d'amour et de bonheur, un constat éminemment paradoxal s'impose dans notre activité de consultation : les processus de séparation, au lieu de se trouver facilités, prennent une dimension tragique. En témoigne la multiplication de toutes les pathologies de l'adolescence liées à des difficultés d'autonomisation : phobies scolaires, troubles des conduites alimentaires, dépendances aux drogues ou à l'alcool. Sans parler de la banalisation, dans les relations adultes-enfants, d'une violence qui traduit la même dynamique fusionnelle.

En se dégageant du poids des traditions et des obligations, en se libérant des contraintes morales et religieuses, la famille s'est allégée mais elle court un risque, celui de tisser des liens de plus en plus intriqués, enchevêtrés et difficiles à démêler.

« Attache-moi ! Aime-moi, fournis-moi un cadre sécurisant, des références, une raison de vivre ; transmets-moi un héritage, une histoire ; aide-moi à m'ancrer dans une société

dont je pourrai bâtir les fondations », semblent implorer ensemble parents et enfants à la divinité familiale. Alors que, quelques minutes plus tard, ils supplient : « *Détache-moi ! Laisse-moi vivre, arrête de me contraindre par ce lien parental, conjugal ou filial, ne me fais plus subir ce poids des désirs et des idéaux d'un autre que moi-même, ne me rends plus l'unique responsable de ton bonheur ou de ta souffrance.* »

Cette demande simultanée et paradoxale – dans laquelle on reconnaîtra la contradiction adolescente – exacerbe les contraintes et les insatisfactions, engendre une chorégraphie complexe de rapprochés et de mises à distance et finit par laisser sourdre une angoisse diffuse qui englue tous les membres du groupe. De fait, la famille semble traverser une interminable crise d'adolescence.

La famille d'autrefois tissait des liens de dépendance qui prenaient leur source dans les loyautés implacables transmises de génération en génération, assignant chacun à une place immuable. Bizarrement, l'exacerbation du libre choix et de la quête affective conduit à des situations identiques. Les familles d'aujourd'hui ne sont plus régies par des lois extérieures mais par la paradoxale obligation d'aimer, d'être libres et heureuses. L'abolition des contraintes était censée nous faire accéder à la liberté ; elle nous condamne le plus souvent au doute, à l'irrésolution sur la façon de conduire notre vie privée, à l'angoisse terrible de se tromper de chemin [1].

Cette dérive « fusionnelle » ne touche évidemment pas toutes les familles. Mais, on l'aura compris, elle menace tout autant les familles traditionnelles que les nouvelles organisations familiales. À une époque où la durée moyenne du mariage est de quatre ans, rares sont les familles qui ne se sentent pas menacées par leur propre finitude.

Plus personne n'a cependant envie de revenir au modèle antérieur de la famille où l'interdiction du divorce, la non-reconnaissance des enfants nés hors mariage, la séparation rigoureuse des rôles masculins et féminins, la diabolisation de la sexualité dessinaient des trajectoires peu compatibles avec les aspirations contemporaines.

Contrairement à une idée en vogue, ce nouvel enlisement ne se justifie aucunement par la confusion des genres entre les hommes et les femmes, par la « maternisation » de la société ou par la sacro-sainte perte de l'autorité paternelle. Il est un peu court d'accuser les mères devenues toutes-puissantes d'étouffer leurs petits, les pères de s'effacer à force de materner, la reconnaissance de l'homosexualité de brouiller les repères de la transmission, et la confusion des rôles de tous les maux de la famille.

Dans toutes les familles, des plus traditionnelles aux plus évolutives, la mutation des repères du masculin et du féminin qui accompagnent l'instauration de l'autorité parentale conjointe rend néanmoins le quotidien plus conflictuel : comment inventer au jour le jour des règles de vie qui ne sont plus dictées par une tradition millénaire ordonnant la place des pères et des mères dans la famille ? Aucune famille ne bénéficie plus d'un quelconque naturalisme. Les rôles des hommes et des femmes, des pères et des mères sont en perpétuelle négociation. Et la société tout entière s'interroge : où sont les pères ? Est-ce la fin de la référence paternelle et de l'ordre symbolique[2] ? Il est désormais de bon ton de comparer l'autorité de l'État qui se délite, l'autorité des éducateurs qui se désagrège et celle des parents qui ne trouve plus ses marques.

Les modèles anciens et nouveaux se télescopent, rendant parfois le quotidien incohérent ; la plainte des pères et des mères, des hommes et des femmes que je reçois est unanime : un sentiment de désespoir parce qu'on leur demande tout et son contraire, parce qu'ils ne se sentent jamais à la bonne place. Sans compter les injonctions menaçantes d'une foule de psys et de pédiatres qui, du pipi au lit à la garde alternée, multiplient les ordonnances contradictoires à longueur de magazines ou de médias.

Nos consultations se multiplient au moment même où disparaissent les évidences collectives. On nous demande de remédier aux incertitudes qui, dans le domaine familial, naissent du remplacement de l'institution par le désir. Est-ce à nous de donner du sens là où la société a renoncé à en procurer ? La logique du cœur et des passions peut-elle à elle seule garantir un projet familial ?

On ne trouvera ici aucun conseil sur la bonne façon d'élever les enfants, sur « l'art d'accommoder les bébés »[3]. À travers le témoignage de familles momentanément en souffrance, chacun pourra, je l'espère, s'interroger sur la nature même de sa dépendance et de son autonomie, pour pouvoir ne renoncer ni à l'une ni à l'autre.

Le lien renvoie à des représentations multiples, de l'attache au garrot, de la ligature à l'union, de la contrainte par la force à la persuasion par l'amour, de la souffrance de la rupture au travail de la séparation. Il nous revient d'aider toutes les familles, quelle que soit leur composition, à dessiner de nouvelles formes de liens qui unissent sans étouffer.

1

En famille ou les fusions dangereuses

Qu'aurait dit Rachel, mon arrière-grand-mère née en 1872, si elle avait su qu'on pourrait un jour choisir son mari, le quitter, en choisir un (ou plusieurs) autres, vivre avec le père de ses enfants sans se marier, programmer les naissances de ses enfants ?

Elle aurait sans doute regardé sa propre vie, ce mari un peu brutal que son père lui avait désigné le jour de sa naissance, ses douze enfants mis au monde sans se poser de question, et serait retournée à sa casserole dont elle redoutait toujours qu'elle ne soit pas assez remplie.

Si on lui avait révélé en outre que les femmes voteraient et décideraient librement de leur existence, que le métier des enfants ne serait plus imposé par leur père, la tradition ou la fatalité, elle aurait cru à une mauvaise blague. En apprenant enfin que les gens ne se sentiraient alors ni plus heureux ni plus satisfaits de leur sort, elle nous aurait ri au nez ; si bien qu'on n'aurait pas osé ajouter qu'un jour viendrait où deux hommes ou deux femmes auraient le droit de se marier et d'adopter des enfants.

Je ne suis pas sociologue et l'objet de ce livre n'est ni l'histoire du mariage ni celle de la famille, mais il est impossible pour un thérapeute de ne pas tenir compte du véritable séisme qui, depuis quelques décennies, n'en finit pas de saper les fondations de la famille traditionnelle. Nous assistons, dans les sociétés occidentales, à des transformations majeures qui aboutissent à ce que Louis Roussel a appelé la « désinstitutionnalisation » de la famille. Loin d'être, comme autrefois, une affaire publique, un pivot de l'adaptation des individus à la société, un rouage de l'ordre social, la famille est devenue une affaire privée, un choix personnel. Aujourd'hui, la famille ne se réduit plus qu'à sa seule finalité affective [1]. Et pourtant...

Nous avons beau vivre dans un monde où les rêves les plus fous de Rachel – choisir un mari parce qu'on l'aime, limiter le nombre de ses enfants, divorcer, etc. – sont devenus une réalité, nous caressons souvent l'idée que la famille idéale a existé autrefois. Avant que le temps ne se précipite, quand les hommes étaient encore des hommes et les femmes des femmes, quand on pouvait compter sur les grands-parents, quand le respect des traditions rassurait le quotidien. Nous nous faisons sans doute bien des illusions : pour Rachel comme pour son arrière-petite-fille, mère célibataire d'un enfant adopté au Vietnam, la famille conjugue le paradis et l'enfer tout en demeurant incontournable.

La famille traditionnelle, soudainement promue au rang de famille idéale, était tout orientée vers la reproduction de la vie et la transmission, de génération en génération, d'un héritage biologique, matériel et symbolique.

L'essentiel du patrimoine culturel de la famille était constitué de représentations collectives et de normes communes. La mémoire propre à chaque famille, sa spécificité, son histoire ne rendaient compte que d'une partie de son fonctionnement. Les normes, les coutumes, les règles, les lois, écrites ou transmises oralement, tout ce côté normatif de la culture donnait un sens à ce qu'il conviendrait d'appeler l'institution familiale.

Ces règles stipulaient qu'il n'était pas question pour les individus d'agir selon leur bon vouloir, mais que la société était là pour réguler leurs conduites. Fonder une famille n'était pas une affaire individuelle : cela concernait toute l'architecture de la société et l'ordre social en général. Dans cette culture de la tradition, ainsi qu'en témoigne Rachel, la vie était davantage subie que choisie : on se mariait suivant les normes avec un partenaire choisi par les familles d'origine, on acceptait les enfants comme ils venaient ; et même si chaque destin pouvait conserver spécificité et originalité, l'ensemble des événements marquants jusqu'à la mort relevait peu des décisions individuelles.

La survie du groupe reposait en effet sur l'obéissance des individus aux règles de résidence, d'alliance, de filiation et de succession. Les règles de la parenté permettaient une correspondance parfaite entre l'organisation de la famille et celle de la société. Et l'ensemble des comportements individuels, familiaux et citoyens se dirigeait vers l'organisation de la survie du groupe.

C'est ce que constate Louis Roussel : « *Telle était la famille que nous avons perdue. Famille merveilleuse au regard de certains de nos contemporains, famille inhumaine pour les autres. Famille solide, dans ses principes, pour compenser la faiblesse de l'État et, le plus souvent, son absence. Famille tiède aussi parce qu'elle ne pouvait prendre le risque du tumulte de la passion. [...] Famille orientée comme la société vers la répétition du passé, parce qu'elle ne pouvait concevoir que l'innovation pût être bénéfique*[2]. »

Aujourd'hui, aux rapports formels de hiérarchie et d'autorité ont succédé des rapports affectifs informels à base de libre choix et d'affinités électives. Contrairement à une idée en vogue, la figure du père ne s'est pas effacée parce que les hommes sont devenus moins virils ou parce qu'ils pouponnent, mais parce que le cadre institutionnel qui lui donnait consistance s'est modifié.

De même, la famille ne joue plus son rôle de socialisation : elle a cessé de favoriser l'apprentissage de ces usages et règles qui permettent la coexistence collective. Ce rôle est de plus en plus dévolu à l'école, avec tous les échecs qui en découlent. L'individu se ressent volontiers « contre » la société, la famille devient son refuge ; ce n'est absolument pas la même chose qu'avoir en tête le devoir de produire un être « pour » la société[3].

Les liens qui soudent une famille ont donc changé : ils se fondent moins sur sa dimension institutionnelle mais davantage sur sa dimension affective. Et les tensions ne se manifestent pas tant sous la forme de conflits (qui consistent à s'opposer à une hiérarchie) que dans une violence liée à la haine inhérente à toute relation affective. Car la famille, de la plus simple à la plus extravagante, met en scène des individus déchirés par des liens d'amour et de souffrance.

Est-ce normal, docteur ?

Toutes les familles sont concernées par ces évolutions, y compris celles qui ne divorcent pas et n'ont aucun problème de fertilité.

Mais paradoxalement, malgré ces transformations drastiques, malgré le nombre écrasant des divorces, le bonheur en famille demeure l'aspiration commune et les espoirs de connaître une vie familiale heureuse n'ont jamais été aussi exacerbés. On est rempli de foi en l'amour, en l'épanouissement familial et on se marie volontiers, même s'il s'agit d'un deuxième ou d'un troisième mariage. En même temps, l'angoisse d'échouer dans cette quête du bonheur à tout prix devient lancinante.

Psys, juristes, sociologues et anthropologues sont convoqués en permanence pour donner des cadres, définir des rôles, dessiner les contours d'une nouvelle normalité.

Toutes les familles, des plus traditionnelles aux plus anticonformistes, s'interrogent et nous questionnent : *« Est-ce normal qu'à cinq ans il faille rester une heure auprès de lui pour qu'il s'endorme ? » « Nous allons nous séparer, que faut-il dire aux enfants pour ne pas les traumatiser ? » « Il n'arrête pas d'embêter son frère, devons-nous intervenir ? » « Faut-il révéler à nos enfants les circonstances exactes de leur adoption ? » « « Est-ce dangereux pour un enfant d'être élevé par un parent seul ? »*

Nous avons tous, dans notre petite mythologie personnelle, une image idéale et idéalisée de ce qui nous paraît une famille « normale », voire « parfaite ». C'est l'image que nous aimerions donner au monde extérieur, celle que nous tentons de présenter aux autres ; celle à laquelle nous aspirons et qui nous paraît la plus éloignée de notre réalité quand une difficulté surgit et que nous nous interrogeons. Il s'agit, bien sûr, d'une famille imaginaire car, au fond, nous savons tous que chaque famille est unique et imparfaite. Sans compter que la normalité est une notion très relative, selon le point de vue où on se place...

Pour nous, thérapeutes familiaux, la famille est envisagée comme un système de liens, plus ou moins étroits, unissant les différents individus qui la constituent. Chaque membre de la famille est partagé, tiraillé, et parfois déchiré entre deux possibilités : celle d'accéder à une certaine autonomie psychique, de développer une personnalité, et celle de faire vivre le groupe, de maintenir cet ensemble de relations pour que la famille continue d'exister. Autrement dit, chaque individu est pris entre son désir d'indépendance et sa dépendance au clan familial, deux volontés contraires et souvent conflictuelles.

Une famille peut devenir néfaste, handicapante et finalement étouffante pour un enfant ou un adolescent, parce que les liens sont relâchés, fragilisés, rompus et que le jeune se retrouve sans attaches ni repères ; mais on dit moins qu'elle peut se révéler tout aussi néfaste quand les liens sont trop serrés et créent une chape familiale rigide, suffocante et infranchissable. C'est le cas des familles qui se sont repliées sur elles-mêmes à la suite de traumatismes liés par exemple à des deuils ou des transplantations. L'autonomie de l'adolescent est alors tout aussi menacée que lorsque les liens sont trop distendus. Dans leur cadre familial, les adolescents sont donc pris entre deux écueils : une famille qui ne les soutient pas, ne les aide pas à construire leur personnalité ; une famille qui les étouffe et les empêche de construire une trajectoire personnelle. Il est évidemment très difficile, entre ces deux pôles, abandon ou envahissement, de définir un équilibre qui marquerait le « bon » fonctionnement familial. Freud le disait déjà aux parents : *« Faites ce que vous voudrez, de toute façon, vous ferez mal. »* Mais qui se souvient aujourd'hui qu'il s'agissait alors d'une boutade ?

Depuis longtemps, j'observe dans les familles en souffrance que je reçois une tendance à resserrer leurs liens et à se replier sur elles-mêmes ; repli qui vient s'ajouter à l'évolution naturelle de la société et au renforcement des liens affectifs et passionnels intrafamiliaux. Ces liens sont comme un nœud coulant qui se rétrécit et finit par étrangler ceux qu'ils relient.

Tous serrés les uns contre les autres sur un canapé en face du poste de télévision, protégés du monde extérieur exigeant et hostile, les protagonistes ont du mal à envisager sereinement les inévitables séparations qui conduisent en douceur vers l'âge adulte. Le « syndrome Tanguy » fait sourire, mais les adolescents sont de plus en plus nombreux à présenter des pathologies qui signalent des difficultés de la séparation : phobies scolaires, tentatives de suicide, dépendance au cannabis, troubles des conduites alimentaires.

Il ne s'agit pas, bien sûr, de dire que les familles d'autrefois étaient dénuées d'affectivité (ni de problèmes), mais les conjoints ne ressentaient pas le besoin de se lier par une passion excessive. L'amour naissait plutôt d'un devoir entre les époux. Quant aux enfants, Élisabeth Badinter a largement souligné à quel point l'amour « naturel » des parents était aussi une construction sociale [4] ; d'autant que la mortalité infantile immunisait contre le trop-plein d'amour. L'institution et le destin régulaient ainsi les sentiments et servaient de garde-fous aux trop vives passions.

Bien sûr, tout ceci n'empêchait personne d'éprouver des sentiments, mais ces liens affectifs ne constituaient en rien la justification d'une identité ou la finalité d'une existence ; les sentiments devaient tout bonnement se plier aux règles du droit.

Aujourd'hui s'aimer et s'entraider dans la quête de l'épanouissement personnel de chacun devient le nouveau credo familial. De nouvelles normes ordonnent les rapports entre parents et enfants, proches de celles qui régissent la relation conjugale : l'enfant est doté d'une « vraie » personnalité et il est de la responsabilité de ses parents de lui permettre de s'épanouir. Il ne s'agit pas d'éduquer, mais d'autoriser la découverte des potentialités de chacun.

La relation à l'enfant doit donc s'appuyer sur la confiance réciproque, l'estime, l'amour inconditionnel et c'est la logique affective qui sous-tend la nouvelle « éducation relationnelle[5] ». Le lien conjugal se fragilise. Comment pourrait-il continuer à incarner la puissance du lien familial alors qu'il n'est plus indissoluble ?

Libérée des entraves institutionnelles, la famille s'inscrit dans de nouveaux idéaux de bonheur, de libre choix et de démocratie ; débarrassée du poids des religions et de l'engagement politique, elle invente au cas par cas sa morale et son éthique.

Mais le libre choix, le bon vouloir du désir et les incertitudes du cœur rendent la famille plus incertaine de son devenir. Les liens familiaux deviennent contradictoires : à la fois nécessaires à chacun pour se sentir exister et menacés en permanence par leur propre finitude.

Et on arrive ainsi à ce paradoxe : plus la famille s'allège, plus les liens unissant les individus qui la composent deviennent enchevêtrés, intriqués, fusionnels...

Damien ou la famille enchevêtrée

Simon et Pascale viennent consulter avec leurs quatre enfants. Noémie, l'aînée, âgée de vingt-deux ans, a quitté la maison familiale quelques mois plus tôt pour s'installer dans un studio et poursuivre ses études. Suivent Mathias, dix-huit ans, Julie, quinze ans, et Damien, douze ans, pour lequel la famille vient consulter. Depuis plusieurs mois, celui-ci n'arrive absolument plus à aller à l'école ; ni la force, ni les menaces, ni les promesses ne le mobilisent. Il vient d'être hospitalisé dans un service de psychiatrie de l'enfant. L'histoire de cette famille, telle que j'ai pu la reconstituer à la première rencontre, n'a pourtant rien d'extraordinaire.

Fils unique d'une famille juive originaire d'Afrique du Nord, Simon est adoré de ses parents, couvé et dorloté par sa mère, qui a regretté toute sa vie de n'avoir pu donner naissance à d'autres enfants.

À l'âge de dix-huit ans, il tombe fou amoureux de Pascale, dernière des quatre filles d'une famille catholique très traditionnelle, élevée jusqu'au bac dans des institutions religieuses. Au moment où ils se rencontrent, Pascale est en conflit avec ses parents : elle veut s'émanciper, vivre libre, loin des contraintes morales et familiales.

La naissance de leur couple s'inscrit dans une lutte violente contre les deux familles. La différence de culture et de religion semble indépassable mais ils ne cèdent pas. La ténacité de Pascale a raison de la résistance des parents de Simon ; elle parvient à se faire apprécier et respecter de sa terrible belle-mère qui finit par déclarer : « Je l'aime encore plus que si elle était ma propre fille... » Pascale trouve auprès de cette femme un amour maternel que sa propre mère, froide et distante, n'avait pas été en mesure de lui témoigner. Elle s'éloigne de sa famille d'origine, n'entretenant avec elle que des rapports distants et formels.

Le couple crée une petite affaire de confection dans laquelle il travaille d'arrache-pied jusqu'à en faire une entreprise florissante d'une trentaine d'employés. Les enfants viennent au monde dans un climat de bonheur sans nuage, adorés par les parents de Simon qui, très présents, participent à la vie de l'entreprise, à la garde et à l'éducation des enfants. La famille vit en autarcie, coupée du reste du monde. Les vacances, les fêtes, les sorties se déroulent entre eux, dans un intense plaisir partagé.

Mais, depuis deux ans, tout se lézarde. Le père de Simon est terrassé par un infarctus. Sa mère meurt six mois plus tard, emportée par un cancer foudroyant. En même temps, l'entreprise périclite ; il faut licencier la plupart des employés, puis déposer le bilan.

Le couple, qui ne s'était jamais disputé en trente ans de vie commune, se déchire : Simon rend Pascale responsable de tous ses malheurs, de l'échec de l'entreprise, de l'absence d'éducation religieuse de ses enfants ; tout ce pour quoi il l'a choisie, son émancipation, sa différence culturelle, se retourne contre elle.

De son côté, Pascale, qui voyait en Simon son prince oriental, le découvre macho et dominateur ; elle ne supporte plus d'avoir la charge de la maison et des enfants ; elle revit l'abandon qu'elle a ressenti quand sa famille a coupé les ponts avec elle, abandon qui n'était que la répétition de ce qu'elle avait connu à l'âge de huit ans quand elle avait été mise en pension.

La famille devient un malstrom émotionnel, un espace de projection des angoisses de chacun, fauchant les adolescents en plein processus d'autonomisation. Noémie prend le parti de sa mère, Mathias celui de son père. Les disputes sont incessantes. Julie oublie les conflits qui l'opposaient jusqu'alors à ses parents pour tenter désespérément de pacifier l'atmosphère.

Le deuil impossible des grands-parents alimente la souffrance de chacun. Simon, qui se sent inconsciemment responsable de la stérilité de sa mère après son difficile accouchement, projette sa culpabilité sur Pascale : elle n'a jamais aimé sa belle-mère, elle a toujours comploté derrière son dos, elle l'a rendue malheureuse. Pascale accuse Simon d'étouffer la personnalité de ses enfants, de ne penser qu'à lui ; du reste, elle est sûre qu'il a une liaison avec son ancienne secrétaire, etc.

Les résultats scolaires de Noémie sont en chute libre. Ses parents décident de l'éloigner de cette atmosphère étouffante et lui louent un studio.

C'est alors que Damien développe cette spectaculaire phobie scolaire qui amène la famille à consulter.

La famille de Damien traverse une véritable onde de choc émotionnelle dans laquelle tout se télescope. La mort des grands-parents ravive l'impossible autonomisation des parents, qui n'ont pas pu, lors de leur rencontre, se séparer en douceur ou progressivement de leurs familles d'origine : rupture trop brutale pour Pascale et resserrement des liens fusionnels pour Simon. Ces turbulences surviennent au moment où Noémie est elle-même en train d'aborder un processus de séparation avec tous les atermoiements inhérents à cette période de la vie.

Dans une famille, le besoin pour chacun de se différencier, d'exprimer et de développer sa personnalité va toujours de pair avec un besoin de cohésion, celui de conserver l'unité du groupe en développant des caractéristiques communes. Avec le temps, chaque individu doit devenir de moins en moins essentiel au fonctionnement de sa famille d'origine pour pouvoir s'en séparer et constituer à son tour, en y assumant des fonctions différentes, un nouveau réseau de relations, que ce soit dans un groupe, un couple ou une famille[6].

Damien cristallise sur lui les angoisses indifférenciées de sa famille : ces angoisses sont si fortes, mais en même temps si vagues, qu'elles engluent tout le monde et interdisent de créer un monde de perceptions nécessaires à l'épanouissement de chacun. Résultat : tout le monde est angoissé ensemble, dont Damien qui se place ainsi au centre de l'inquiétude familiale et détourne ses parents de leur conflit relationnel. Julie oublie sa propre adolescence, devient comme le parent de ses parents pour maintenir la cohésion du groupe. Prisonniers de leur famille, qui risque de s'écrouler sous le poids de l'angoisse, aucun des deux enfants ne peut plus développer son espace personnel.

L'exemple de Damien montre comment toute période de crise (deuil, déménagement, maladie, chômage, etc.) provoque une angoisse qui englue la famille et agglutine tous ses membres : les liens sont si serrés et les personnalités si enchevêtrées qu'on ne sait plus qui éprouve quoi ; émotions et ressentiments sont partagés par les uns et les autres. Le groupe fusionne et peut se transformer en un volcan qui crache sa lave.

La situation devient pathologique quand cette fusion se révèle irréversible : dans notre jargon de thérapeute familial, on dit que la situation se « rigidifie ». Si une adolescente doit en permanence jouer au père ou à la mère, si un autre est astreint à cristalliser sur lui toutes les angoisses, ce rôle devient une prison pour eux comme pour les autres membres de la famille. Chacun devient à la fois artisan et victime du même piège relationnel.

Si l'enchevêtrement familial se prolonge, si cette mêlée s'installe dans la durée et s'avère insupportable, certains membres de cette famille vont, tel Damien, développer des symptômes, voire de véritables pathologies mentales.

Frontières et limites de la famille

Comme toute famille, la famille de Simon et Pascale est soumise à des forces de cohésion et à des forces d'individualisation ; mais ces deux dynamiques antagonistes ne sont pas équilibrées : les forces de cohésion – qui viennent du besoin d'amour, d'intimité, d'approbation, de partage – et celles d'individualisation – qui consistent pour chacun à s'opposer aux autres afin de se définir, de se différencier et de conquérir son autonomie – sont trop inégales pour maintenir l'harmonie familiale.

Mais qu'est-ce qu'une famille ? Comment la définir aujourd'hui, alors qu'elle revêt tant de formes différentes ? En thérapie familiale, ce qui définit le mieux une famille est la frontière qui la sépare, la protège et la différencie du reste du monde[7]. Cette frontière peut par exemple être représentée par la maison, qui détermine une limite entre extérieur et intérieur. Mais la maison reste la frontière de la famille traditionnelle ; dans les familles recomposées, une seule maison ne suffit plus à contenir la famille et les frontières s'entrecroisent.

Les frontières de la famille, bien qu'invisibles à l'œil nu, sont parfaitement perceptibles. Elles protègent les individus, tout en autorisant la différenciation à l'intérieur du groupe, en déterminant pour chaque membre des caractéristiques, des compétences, des talents et des handicaps au sein de ce groupe. Elles régissent les contacts et la possibilité de communiquer avec l'extérieur. Ainsi, une famille « monoparentale » composée d'une mère et d'un enfant pourra être coupée de l'univers extérieur dans un huis clos fusionnel étouffant, ou au contraire ouverte sur le monde et permettant l'épanouissement de chacun. On voit bien que la qualité de la frontière entre le petit groupe mère/enfant et le reste du monde détermine aussi la nature des rapports et la frontière entre la mère et l'enfant : comment arriver à construire une vie, comment s'autonomiser, devenir adulte quand la fusion mère-enfant asphyxie toute possibilité de contact avec le monde ?

Une frontière souple permet aux forces contraires de cohésion et d'individualisation de s'équilibrer. Tout en se sentant protégé à l'intérieur du cocon familial, tout en éprouvant des émotions communes, chacun peut vivre ses propres sensations, aller et venir à l'intérieur puis à l'extérieur du groupe. Dans ce cas, les frontières sont aussi souples entre les individus qu'entre la famille et le reste du monde.

Dans une famille enchevêtrée, au contraire, les frontières entre les individus sont poreuses, perméables et la frontière entre la famille et le reste du monde, épaisse et rigide : le grand-parent sera bouleversé parce que l'enfant ne mange pas son dessert et l'achat d'une simple baguette deviendra une affaire familiale. Le comportement d'un membre se diffuse à tous les autres. Ce qui domine est la surprotection, l'intrusion et l'importance excessive accordée à la vie familiale. La force du sentiment d'appartenance réduit les possibilités d'autonomie au profit d'une intense culpabilité – parce que chacun ne s'accorde pas le droit d'exister.

Dans une famille désengagée, le comportement d'un membre de la famille n'affecte aucunement celui des autres. La culpabilité est absente comme le sens de la fidélité et de l'appartenance. Les frontières dessinent une cartographie inverse, rigides entre les individus, poreuses entre la famille et le monde extérieur.

La perte des attaches collectives a accentué le repli des familles sur elles-mêmes et rigidifié leurs frontières. La perte d'un certain processus d'autorité a rendu plus floues les frontières entre les générations. Les multiples recompositions familiales, en rendant les frontières diffuses, ont facilité des processus contradictoires de désengagement et d'enchevêtrement.

Dans la famille de Damien, une frontière plus ou moins souple se rigidifie à l'occasion d'une crise. Chacun se préoccupe davantage de l'autre que de lui-même et, en même temps, l'empêche de vivre.

Le méli-mélo des familles

« *Depuis que je vis seul dans un studio, je suis enfin moi-même, j'ai l'impression de vivre et de respirer librement, de ne plus avoir de contrainte, manger à n'importe quelle heure, écouter la musique qui me plaît...* »

Celui qui s'exprime ainsi n'est pas un adolescent de dix-sept ans. C'est le père, à la cinquantaine séduisante, d'une famille composée d'un couple de parents du même âge et de deux grands adolescents de dix-sept et dix-neuf ans. Et c'est lui qui, il y a quelques semaines, vient de quitter le nid familial. Dans une envolée égoïste et un télescopage temporel propres à l'adolescence, il déclarera au cours de l'entretien : *« Ces vingt-cinq années de mariage n'auront été qu'une parenthèse. »* Cette famille consulte pour le plus jeune des garçons, anorexique (ce qui n'est pas fréquent chez un garçon) et dépressif. En se comportant comme un adolescent, le père prend la place de son fils, qui ne peut vivre son adolescence et la séparation inhérente à cet âge, ne lui laissant d'autre choix que d'aller mal.

L'importance qu'on attache à la famille rend toute perspective de séparation insupportable. Mais le spectre de la séparation surgit le plus souvent au moment de l'adolescence des enfants, lorsque leur lutte pour l'autonomie menace la survie du groupe. Ou quand chaque parent est confronté au vertige de sa propre liberté, soit dans la réalité *(« je suis amoureux de quelqu'un d'autre, je m'en vais »)* soit dans sa vie imaginaire *(« ma famille m'étouffe et m'empêche de me réaliser »)*. Il se met alors en place un cercle vicieux : plus la famille se sent menacée, anxieuse, plus cette anxiété va renforcer la fusion des émotions et des perceptions, plus la famille s'englue et renforce sa fusion, etc. ; autrement dit, la fusion provient d'une souffrance mais provoque elle-même une souffrance. Chacun se sent envahi par l'autre au point de traquer l'intimité de l'autre en transgressant les limites et les territoires ; chacun pense, sent, souffre à la place de l'autre. Les distances interpersonnelles se réduisent, les frontières se brouillent. L'intensité du sentiment d'appartenance va à l'encontre des possibilités d'autonomie.

Plus les frontières entre soi et l'autre sont mal établies, poreuses, perméables, plus les forces de cohésion pour maintenir le groupe sont grandes et empêchent les individus de se mettre à distance les uns des autres.

S'il s'agit d'une période transitoire, cette fusion permet l'établissement d'une solidarité et d'un soutien réciproque inestimable. Mais les conflits peuvent aussi prendre le devant de la scène : les colères et les sentiments négatifs deviennent alors aussi intenses que les sentiments positifs. Il faut éprouver ensemble pour continuer à se sentir exister. Lorsque les membres de la tribu sont éloignés, ils n'arrêtent pas de penser l'un à l'autre et de ruminer intérieurement le conflit. Si cet état s'installe dans la permanence, alors les processus de différenciation de chacun à partir de cette matrice commune fusionnelle vont être perturbés. La possibilité de se séparer les uns des autres s'amenuise : toute séparation porte le spectre d'une rupture synonyme d'amputation.

La capacité de se déplacer d'un lieu à l'autre, de participer, de se séparer, d'appartenir à différents groupes permet de développer différentes facettes de sa personnalité. Ceci implique que la famille accepte les changements et les transformations inhérentes à son évolution. Dans les familles fragilisées, la conquête de l'autonomie n'est pas ressentie comme la possibilité – et même la chance – de connaître d'autres groupes et de vivre d'autres expériences, mais plutôt en termes de séparation définitive, d'abandon. Et, bien sûr, de culpabilité.

Toutes les familles traversent à un moment ou un

autre des passages fusionnels. La naissance d'un enfant les suscite particulièrement, dans la mesure où le contact avec un bébé fait régresser chacun à des sensations et des ressentis d'avant le langage. Qui n'a pas assisté, à la naissance d'un deuxième enfant, à la régression de l'aîné de trois ou quatre ans, qui réclame un biberon ou recommence à faire pipi au lit ? L'adolescent qui bouscule fortement sa famille en projetant sur les autres ses émotions contradictoires ramène également ses parents à des ressentis indifférenciés où ils revivent leur propre processus d'autonomisation.

Au-delà de ces périodes fusionnelles « normales », les familles que nous rencontrons sont de plus en plus confrontées à une angoisse indistincte et partagée qui complique les processus de séparation.

Cette angoisse n'est pas seulement celle d'une société inquiète de son avenir : les générations précédentes, entre les risques de guerres et de famines, ne se sentaient pas plus en sécurité. L'angoisse provient plutôt de cette nouvelle « légèreté » familiale : moins d'attaches, moins de normes, moins de morale, moins d'obligations à rester ensemble. Le spectre de la liberté accentue l'insécurité d'autant que l'injonction féroce *« sois heureux et libre de ta jouissance »* pèse lourdement sur les adultes.

Nous le verrons plus loin, tout peut concourir, si l'on n'y prend pas garde, à accentuer l'indifférenciation. Les recompositions peuvent modifier le tracé des frontières entre désengagement et enchevêtrement, la pluriparentalité peut brouiller les repères des uns et des autres, la fonction de l'autorité, en devenant conjointe, se conflictualise, les rôles des hommes et des femmes, des pères et des mères s'interpénètrent de plus en plus.

Ces bouleversements, même s'ils sont source de créativité et de liberté, créent aussi ce que l'on pourrait appeler un « risque fusionnel ».

Famille, je vous hais !

Au siècle dernier, la psychanalyse nous a fait découvrir la face sombre de la famille, lieu de toutes les névroses et de toutes les rivalités. En introduisant le mythe œdipien au cœur de sa théorie, Freud a mis en lumière les désirs parricides, fratricides et incestueux – toutes ces horreurs qui végètent à l'intérieur de l'être humain et vont complètement à l'encontre d'une image idéale d'amour et de partage. On pourrait même expliquer l'hostilité déclarée à la psychanalyse d'un certain nombre de nos contemporains par cette contradiction entre la vision résolument positive et optimiste de la famille dont ils ont besoin, et ces images souterraines et inquiétantes. Cependant, même en n'ignorant rien de cette violence et de ces sombres desseins, nous savons que la famille demeure le lieu d'élection pour la constitution de l'être humain. Malgré tous ses défauts, ou peut-être grâce à eux, avec ses contradictions, ses conflits, c'est elle qui permet aux enfants de devenir des adultes dans toute leur complexité.

Il est toujours agaçant pour les jeunes générations d'entendre leurs aînés faire référence aux années 1970, mais ce petit flash-back vers cette époque, qui privilégiait une vision extrêmement destructrice de la famille, est malgré tout nécessaire. L'antipsychiatrie prônait alors la mort de la famille, lieu de toutes les aliénations, reprenant le célèbre *« Familles, je vous hais »* d'André Gide. S'il est resté assez anecdotique, ce mouvement a accompagné toute la contestation des années 1970 qui remettait violemment en cause les valeurs traditionnelles de l'État, de l'autorité et décidait de s'émanciper de toutes les institutions, à commencer par la famille, considérée comme le lieu où l'individu était brimé, empêché de s'épanouir et d'exprimer toutes ses potentialités. Bref, la famille était stigmatisée et rejetée.

D'autres manières de vivre ensemble sont apparues : on a vu naître des communautés et les femmes qui n'étaient pas heureuses en famille se sont rendu compte qu'elles pouvaient vivre seules avec leurs enfants. Même si ces mouvements n'ont concerné qu'une minorité (et si on en est très largement revenu !), ils n'en ont pas moins ouvert la brèche en montrant qu'il existait d'autres formes de vie possibles que la famille archétypale. Ces idées nous sont restées en toile de fond et nous influencent certainement encore aujourd'hui.

La famille, malmenée par ce mouvement des idées, n'en reste pas moins une de nos préoccupations essentielles. C'est dans ce contexte, pétri d'angoisses et d'attentes souvent démesurées, que la thérapie familiale, née aux États-Unis dans l'immédiate après-guerre, se répand peu à peu en Europe, et notamment en France. Inutile de vous préciser que, étant moi-même thérapeute familial, je trouve cette approche passionnante et particulièrement appropriée à la famille contemporaine.

La thérapie familiale est née de la confrontation, dans les années 1950, de disciplines multiples : théorie des systèmes, cybernétique, psychanalyse, éthologie, linguistique, anthropologie, pédagogie, sociologie, qui, chacune à sa manière, décrit la famille comme l'unité fondamentale de maturation, de différenciation et de transformation pour l'être humain.

À la suite des travaux de l'anthropologue anglais Grégory Bateson, des chercheurs d'horizons divers s'attachent à l'étude des aspects généraux de la communication humaine. Cette équipe, connue sous le nom d'école de Palo Alto, accorde une place fondamentale à la notion de contexte, qui permet de donner du sens à l'environnement social. Autrement dit, un comportement, une action, une souffrance ne trouvent pas seulement leur sens dans ce qui se passe « à l'intérieur » d'un sujet mais dans la relation « entre » cette personne et son environnement. La prise en charge de la famille m'a paru indispensable alors que, depuis peu psychiatre et psychanalyste dans une clinique universitaire, je m'occupais de jeunes malades psychotiques : cela n'avait aucun sens de soigner ces jeunes en dehors de leur contexte familial.

D'une manière plus générale, et en dehors de situations aussi dramatiques que la psychose ou la schizophrénie, travailler avec l'entourage peut permettre de résoudre la difficulté, d'autant que, souvent, c'est un membre de la famille qui exprime des craintes pour un enfant ou une autre personne du clan.

Cécile ou le dîner orageux

Pauline, dix-sept ans, Cécile, quatorze, et Cédric, douze, vivent avec leur mère, Catherine, et leur beau-père, François. Cécile se trouve un peu trop boulotte et essaie de maigrir. Sa sœur aînée, Pauline, a elle-même suivi avec succès un régime il y a trois ans, et a perdu les kilos qu'elle estimait superflus. Depuis, elle a pu maintenir son poids grâce à une alimentation équilibrée. À son tour, Cécile tente de se mettre au régime. Mais ce n'est pas facile. Elle a demandé à sa mère de l'aider en essayant d'équilibrer les repas, et surtout de ne pas lui faire de remarque quand elle mange trop. Catherine a parfaitement compris la demande et s'efforce donc de préparer des repas diététiques. Elle sert néanmoins régulièrement un plat de riz pour Cédric qui, en pleine croissance, a la voracité des garçons de son âge. Au cours d'un dîner, Cécile pique dans le plat de riz de son petit frère. Sa mère ne dit rien. Elle récidive en regardant sa mère du coin de l'œil. Catherine réussit à se contenir. Mais quand Cécile replonge sa cuillère pour la troisième fois dans le plat de riz, Catherine intervient, avec beaucoup de gentillesse : *« Tu ne trouves pas que c'est un peu trop, de reprendre du riz pour la troisième fois alors que tu essaies de faire des efforts ? »* Cécile s'emporte : *« Arrête de m'espionner ! Mêle-toi de tes affaires ! Tu n'as qu'à ne pas me regarder sans arrêt. »*

Catherine se défend : *« Écoute, c'est toi-même qui m'as demandé de t'aider. »* Cécile s'énerve encore plus : *« C'est exactement l'inverse. Je t'ai dit de me laisser me débrouiller toute seule, c'est mon problème ! »* Pauline tente d'intervenir en donnant un conseil à sa sœur ; elle se fait vertement remettre à sa place : *« Toi, la parfaite, on t'a pas sonnée ! »* Prise entre sa culpabilité de n'avoir pas su résister et sa colère contre sa mère, Cécile devient grossière et lui balance : *« Tu m'emmerdes, à la fin ! Laisse-moi vivre ! »* À ce moment-là, François explose : *« Je t'interdis de parler sur ce ton à ta mère. Sors de table immédiatement et va dans ta chambre. »* Cécile obéit en claquant la porte. Cédric se tortille sur sa chaise. Pauline tente de calmer les esprits en analysant la situation. Elle explique que c'est difficile pour sa sœur. François se demande s'il a bien fait de réagir ainsi : après tout, il n'est que le beau-père des enfants. Du coup, il reprend à son compte les arguments de Pauline et dit à sa femme : « *Ce n'est pas facile pour Cécile. Tu la harcèles trop.* » Catherine fond en larmes : « *J'en ai marre. Quoi que je fasse, c'est toujours mal ! Si j'essaie de m'en occuper, c'est mal, et si je ne m'en occupe pas, c'est mal. Qu'est-ce que je dois faire ? Je ne sais plus quoi faire !* »

Cette saynète peut se décrypter de bien des manières. Pour un psychanalyste, par exemple, la famille s'organise avant tout autour du conflit œdipien. Il soulignerait donc qu'au moment de l'adolescence, un enfant vit une intense rivalité avec le parent du même sexe et un attachement « amoureux » avec le parent du sexe opposé. Cécile est confrontée à son identification maternelle. Elle est le miroir du désir de sa mère qui aimerait la voir mince et bien dans sa peau et, en même temps, elle tente de s'en démarquer pour trouver son propre désir, ce qui n'est pas facile. Si elle respecte son régime, elle se conforme au désir de sa mère. Si elle ne le fait pas, elle s'oppose, mais elle a quand même envie d'être mince ! C'est toute la difficulté de l'adolescence : réussir à se détacher de ses parents sans les perdre. Sortir de leurs griffes mais pas de leur protection. Cécile a besoin qu'un tiers intervienne entre sa mère et elle. En le faisant, François joue le rôle du père et entre dans la triangulation qui caractérise l'œdipe. Ce même psychanalyste s'interrogerait sur les histoires de chacun : la façon dont la mère a elle-même réussi à résoudre sa rivalité avec sa propre mère et son attachement avec son propre père. Il tenterait de discerner ce qui se rejoue dans cette scène avec sa fille, ce qui l'empêche de lui donner des limites. La scène serait analysée sous l'angle de la transmission et de la répétition.

Dans l'optique du psychanalyste, la « norme », c'est la résolution du conflit œdipien. Ainsi, au-delà de l'image d'Épinal de l'enfant voulant se débarrasser de papa parce qu'il est amoureux de maman, le mythe œdipien, ramené à la sphère familiale, vise tout d'abord à introduire la nécessité d'une séparation : le père s'immisce dans la relation mère-enfant pour introduire le registre asymétrique du tiers. Il s'agit avant tout de se décoller de l'univers des choses représenté par le corps à corps avec la mère pour pénétrer dans celui du langage incarné par la relation au père[8]. En cas d'échec, parent et enfant demeurent dans une relation fusionnelle éternelle qui bloque le passage de l'adolescence à l'âge adulte.

Un sociologue, qui connaît l'évolution de la famille à travers les époques et selon les milieux sociaux, cherchera à repérer ce qui a changé, ce qui est en train d'émerger. S'il travaille sur les recompositions familiales, il comparera la famille de Cécile à d'autres familles recomposées ou non. S'il étudie les comportements des adolescents selon le type de famille dans lequel ils sont élevés, il intégrera cette scène dans une série d'observations portant sur un échantillon de familles recomposées, monoparentales, etc. Il s'interrogera éventuellement sur leur milieu social pour voir s'il est déterminant ou pas. S'il effectue une enquête sur l'importance du repas familial, il s'attachera au comportement des uns et des autres. Aux yeux du sociologue, la « norme » est une référence qui correspond à ce qui est pratiqué par la majorité des gens et, à ce titre, la famille n'est normale que par rapport à une hypothèse de départ.

Pour un pédagogue, c'est l'éducation donnée aux enfants qui sera mise en avant. Il ne fera pas l'impasse sur l'histoire de la famille : il sait que les divorces, les ruptures, le chômage des parents et les difficultés matérielles dans lesquelles certains se débattent comptent ; mais ce qui lui paraît essentiel, c'est que les enfants reçoivent des limites et des repères. Le pédagogue qui assiste à cette scène constatera que la différence des générations est respectée, que les adultes assument leur autorité et leur rôle d'éducateurs. Il s'interrogera sans doute sur le rôle éducatif du beau-père dans les familles recomposées, sur la difficulté à exercer clairement une autorité dans les situations de pluriparentalité conflictuelles. Il lui viendra en tête l'idée d'un manuel de conseils pour proposer des messages éducatifs appropriés.

Petite introduction à la thérapie familiale

Ce dîner intéresse au plus haut point le thérapeute familial. Il l'analysera à la manière d'un ethnologue, qui débarque sans aucun *a priori* dans une tribu inconnue dont il ne connaît ni l'histoire ni les us et coutumes, les rituels ou la mythologie. Il observera ce clan, conscient que sa simple présence modifie ce qui se passe, et cherchera à décrypter la réalité pour tenter de la comprendre en s'efforçant de ne pas faire intervenir ses propres références et sa propre culture afin d'être aussi objectif et impartial que possible. Il tentera de repérer le rôle des parents par rapport aux enfants, le rôle du père par rapport à celui de la mère, la place de la famille élargie et des ancêtres ; il verra comment tout cela s'alimente de contes, de mythologies et de récits. Les « nouvelles » familles qui n'ont pas à ce jour fait l'objet d'une image idéale et idéalisée inventent pourtant tous les jours de nouveaux modèles ingénieux...

Cette manière d'appréhender la famille lui retire son côté pathogène ou toxique. Il ne s'agit évidemment pas de nier que la famille peut être le « lieu de toutes les névroses » mais de considérer que chaque famille possède une sorte de savoir-faire, des ressources et des compétences et de mettre avant tout l'accent sur ces ressources et ces compétences plutôt que sur les échecs, les erreurs, les faiblesses, les absences, les manques, les liens étouffants ou distendus que l'on attribue trop souvent à la forme particulière de la famille en question (*« C'est parce que les parents se sont séparés »*, *« Évidemment, c'est une famille recomposée »*, *« Ils ont vécu des traumatismes terribles »*, etc.).

Si la famille traverse une crise qui menace les possibilités d'autonomie et d'individuation des uns et des autres, il s'agit d'éviter que cette crise ne s'installe, et d'aider les membres du groupe à trouver ensemble les moyens de sortir de l'ornière.

À l'opposé des analyses qui ne font que renforcer la conviction qu'ont les familles d'être incompétentes, impuissantes et insuffisantes quand quelque chose ne va pas, le thérapeute familial insiste surtout sur les aptitudes et les capacités.

Nous le verrons plus loin : dans tous les clans, il y a une distribution des fonctions et des rôles qui transforme la vie familiale en une dramaturgie, une scène de théâtre où chacun est assigné à une place et récite sa partition sans s'en rendre compte et sans pouvoir sortir du rôle qui l'enferme. En tant qu'adolescente rebelle pleine de contradictions *(« Soutiens-moi mais pas trop, aide-moi mais ne le dis pas et ne le montre pas »)*, Cécile se place au centre des interactions familiales. Elle détourne tous les autres conflits en attirant l'attention sur elle. Chacun se retrouve confronté, en silence, à ses insuffisances et à ses ressentiments.

Catherine marche sur des œufs pour être une bonne mère tout en étant une mère nourricière. Elle se sent incompétente, et se compare intérieurement à sa propre mère qui était si parfaite. François occupe une place d'autorité sans savoir s'il est autorisé à le faire puisqu'il n'est pas le vrai père de Cécile. La sœur aînée, Pauline, se trouve de plus en plus coincée dans son rôle pédagogique et fédérateur : elle est solidaire de sa sœur parce qu'elle sait à quel point il est difficile de faire un régime, et éprouve de la culpabilité parce qu'elle-même a réussi là où sa sœur a du mal. En essayant d'analyser et d'expliquer tout cela à toute la famille, elle prend à son insu la place de sa grand-mère maternelle qui calme toujours les conflits. Quant à Cédric, il se retrouve un peu bloqué et contraint de jouer le bébé, de pleurnicher pour attirer l'attention sur lui et la détourner de la tension créée par cette scène. Le thérapeute familial s'interrogera peut-être aussi sur la loyauté de Cécile par rapport à son père biologique qu'elle ramène implicitement sur le tapis en soulignant que ce n'est pas son beau-père qui doit assumer cette fonction. Il se demandera comment permettre à la compétence du beau-père de se déployer sans que ce soit vécu comme une trahison vis-à-vis du père biologique.

Nous voyons à quel point deux approches de la réalité familiale sont possibles. La première, sociologique, historique ou psychanalytique, privilégie l'étude verticale des générations et insiste sur les continuités ou les distorsions entre les parents et les enfants et sur les processus de transmission d'une génération à l'autre : transmission des savoirs, des attitudes, des rituels, des cultures mais aussi d'une histoire fortement marquée par les mythes, les secrets, les refoulements. La seconde, plus anthropologique, s'occupe surtout de la description horizontale, structurale ou comparative des alliances : la famille est un groupe dans lequel chacun joue un rôle, et développe des stratégies relationnelles pour parvenir à ses fins.

Le thérapeute familial nous semble à la croisée de ces deux chemins : la famille est un groupe distributeur de rôles et de fonctions, mais qu'on ne saurait réduire à une simple communauté d'affects ou d'affinités. Les places assignées aux uns et aux autres ne sont aucunement interchangeables, et solubles dans leur bon plaisir.

En ce sens, les frontières générationnelles et les processus de transmission sont en filigrane de notre pratique : nous prenons en considération les réseaux familiaux des parents d'origine, des donneurs et des donneuses de gamètes, des frères et des sœurs non biologiques, des cumuls de parentalité. Nous préférons additionner plutôt que soustraire et savons ne pas réduire la famille au triangle père-mère-enfant.

Notre souci premier est de désenclaver les symptômes et la souffrance de l'individu qui les exprime pour leur redonner une attache collective. En se focalisant trop sur lui-même, l'individu contemporain risque de poursuivre un bien-être inaccessible dans une quête de plus en plus désespérée d'un épanouissement personnel fondé sur une bonne estime de soi [9]. On comprendra aisément qu'il n'est pas tout à fait équivalent de se plaindre à un tiers de son père, de son conjoint ou de sa sœur, et d'exprimer à ces différents protagonistes un désir ou un ressentiment. Parler à l'autre en séance est déjà une tentative de recréation du lien.

La recherche qui nous anime n'est pas celle de la causalité, c'est-à-dire des responsables de la problématique actuelle ; mais nous tentons de resituer les symptômes de l'adolescent dans une logique qui le dépasse et qui déborde également sa famille. Cette logique est celle d'une histoire, de relations, de liens complexes, dont chacun n'est détenteur que d'une partie.

Si ce symptôme est né dans le groupe familial – et dans l'histoire de ce groupe –, ce groupe peut, peut-être, lui-même le résoudre. Il ne s'agit pas de stigmatiser une famille, d'accuser les parents d'être trop intrusifs ou distants, mais de retrouver, avec la famille, les possibilités d'une compétence perdue. Elle doit pouvoir contenir les angoisses ou les difficultés exprimées par cet adolescent.

Souvent, rien ne préparait une famille à être confrontée à une fugue, une tentative de suicide ou des symptômes d'anorexie. Les familles sont très étonnées de la brutalité avec laquelle ces troubles surviennent. Nous travaillons donc autour de l'idée que ces troubles sont une question posée à la famille, une façon d'exprimer quelque chose qui n'a pas pu se dire autrement : une tentative de suicide, par exemple, sera décryptée dans la thérapie comme une crise familiale, mettant en jeu les possibilités d'autonomie de tous les membres de cette famille. Une famille malheureuse peut devenir une cage, un lieu de survie de groupe, et non plus un lieu d'épanouissement individuel. Notre vision de la famille, comme un système, fait de chacun de ses membres à la fois l'agent et la victime de cette dynamique mortifère dans une histoire singulière qu'il s'agit de rendre intelligible.

2

Petit théâtre en famille

Enfant, j'adorais mon oncle Paul. Ce jeune frère de ma mère était resté un enfant espiègle, toujours prêt à jouer et blaguer avec nous. Je ne savais pas alors à quel point Paul avait eu une enfance à part.

Dernier-né d'une mère déjà âgée et bientôt veuve, il s'était révélé incapable d'aller à l'école. *« Cet enfant est particulier »*, répétait ma grand-mère, le couvant des yeux et le serrant sur sa poitrine généreuse. Elle décida de se consacrer entièrement à lui et redevint l'institutrice qu'elle avait été dans sa jeunesse avant de fonder sa grande famille. Plusieurs heures chaque jour, elle s'obstinait à lui apprendre à lire, écrire et compter. Elle y parvint, non sans mal, ainsi qu'à lui inculquer les bases de la socialisation. Adoré de tous, protégé, choyé, Paul était la mascotte de ses cinq frères et sœurs et le chéri de ses oncles et tantes. Puis la famille se dispersa, laissant ma grand-mère terriblement inquiète de l'avenir de ce grand fils de vingt-deux ans, qui avait tout de même obtenu par piston un poste d'homme à tout faire dans une entreprise de papeterie.

Son épouse, une femme gentiment maternelle et autoritaire, prit la relève de ma grand-mère, et lui permit de continuer à couler des jours heureux dans la plus parfaite insouciance. Elle prit sa vie en charge, et il était rare qu'elle le laisse terminer une phrase au cours de la moindre conversation. Très à l'aise avec les enfants, mon oncle perdait facilement contenance en présence des adultes et bégayait en regardant ses chaussures. Le couple avait une fille qui, dès l'âge de vingt ans, partit s'installer à l'étranger avec son fiancé. Peu après, la femme de Paul mourut d'un cancer ; il venait d'avoir quarante-sept ans et tout le monde se demandait ce qu'allait devenir cet homme à la mentalité d'un enfant de douze ans.

Ce qui se passa par la suite stupéfia la famille : Paul assura qu'il pouvait très bien se débrouiller tout seul ; il fit un bilan de compétences et reprit des études ; s'engagea activement dans des associations d'aide aux enfants du tiers-monde. Plus jamais il ne bégaie et ses yeux espiègles vous regardent à présent avec une tranquille assurance. En ménage depuis quelques années avec une femme timide, meurtrie par la vie, il est devenu incroyablement protecteur et responsable.

Cesser d'accuser

Cette histoire suscite plusieurs interprétations. On pourra penser par exemple que ce pauvre Paul s'est trouvé sous la coupe d'une mère abusive puis d'une femme castratrice qui l'ont maintenu dans un rôle d'enfant pour assouvir leurs besoins maternels et meubler leur propre solitude.

Ou *a contrario* que Paul a bien caché son jeu, profitant des opportunités pour se défausser sur son entourage de la moindre responsabilité.

Je pense que la réalité est plus complexe. Elle ne réside pas dans de simples relations de cause à effet mais dans des interactions en chaîne. Sans protection maternelle, Paul aurait sans aucun doute traîné une vie de handicapé, ballotté dans des institutions spécialisées. Sans cet enfant fragile auquel se consacrer, ma grand-mère aurait peut-être sombré dans la mélancolie après la mort de son mari et le départ de ses enfants.

Dans une famille, chacun occupe un rôle qui entre en résonance avec un autre rôle. Cette interaction fixe les protagonistes dans des schémas de comportement qui deviennent immuables. Paul ne sait plus se comporter autrement que comme un petit enfant démuni ; sa mère ne peut concevoir la réalité qu'en accomplissant pour lui la moindre tâche.

Nous pensons tous que notre personnalité, nos qualités et nos défauts sont bien les nôtres et se situent « à l'intérieur » de nous. Ce n'est qu'en partie vrai. Nous développons aussi ce que l'on pourrait appeler une « personnalité d'interaction » parce qu'elle se déploie au contact des autres. Selon le contexte dans lequel nous sommes plongés, telle ou telle partie de nous va s'épanouir : le sens de la protection chez ma grand-mère, une mentalité d'assisté chez Paul. En même temps, d'autres caractéristiques vont s'étioler, comme chez Paul le sens des responsabilités, qui réapparaîtra en présence de sa seconde femme.

Au début de ma pratique hospitalière, dans les années 1980, les familles des malades étaient considérées comme pathogènes. C'était l'époque de l'antipsychiatrie, qui assurait de grands succès à des ouvrages comme *La Forteresse vide* de Bruno Bettelheim, dans lequel les mères d'enfants autistes sont désignées comme responsables de la maladie de leur enfant.

Certaines familles d'enfants psychotiques que j'étais amené à rencontrer me semblaient plutôt « normales », compte tenu de l'extrême difficulté de leur vie quotidienne ; l'enfant se montrait d'ailleurs souvent spécialiste dans l'art de tyranniser ses proches[1] ! La dichotomie malades-victimes, parents-bourreaux m'apparaissait pour le moins discutable : l'écrasante responsabilité attribuée aux familles dans la survenue des troubles n'était finalement pas si évidente sur le plan clinique.

Chercher la cause des problèmes « dans » les individus, dans leur caractère ou leurs motivations, même et surtout inconscientes, nous met dans une situation d'accusation qui divise le monde entre « thérapeutes compétents » et « mauvaises familles » et me semble stérile. Celui qui est accusé ne pense qu'à se défendre, et certainement pas à résoudre le problème. Penser en termes de processus d'interaction, comme on le fait en thérapie familiale, c'est-à-dire estimer que tous les membres de la famille sont enfermés dans un rôle qui leur échappe et que cet enfermement fige la situation et empêche chacun d'évoluer, permet de sortir du piège de l'accusation réciproque pour travailler dans un contexte de coopération.

Photo jaunie ou Polaroïd ?

« Pour vous, qui est votre famille ? » Lorsque l'on pose la question, on obtient deux types de réponses.

Certains diront : « *Mes grands-parents venaient du Maroc. Ils ont émigré en France après la guerre. Mon père était le troisième enfant. À l'âge de dix-huit ans, il a rencontré ma mère qui venait elle-même d'une famille originaire d'Europe centrale, etc.* » Autrement dit, ils remontent d'emblée sur plusieurs générations. Leur idée de la famille, c'est l'arbre généalogique. La famille est définie par son histoire et par les processus de transmission. Les images s'articulent sur un axe vertical, diachronique, qui suit le déroulement du temps. La généalogie révèle la succession des générations. C'est une vieille photo jaunie sur laquelle apparaissent grands-parents, oncles, tantes, cousins, enfants. Les rôles de chacun paraissent « naturels » : ils sont donnés par la place générationnelle et reconnus par la transmission. Celui qui répond ainsi se voit au bout de cet « entonnoir ». Il aime cette histoire, mais en est à la fois tributaire et prisonnier. C'est essentiellement sur cette vieille photo, emblème de l'histoire personnelle, que travaille le psychanalyste.

D'autres répondront plutôt : « *J'ai quarante-cinq ans, ma femme quarante-trois. Nous avons trois enfants de dix, douze et quinze ans. Nous sommes en crise en ce moment, et nous pensons à nous séparer, ce qui provoque un grave problème avec notre fille aînée. Sans parler de ma belle-mère qui met de l'huile sur le feu, etc.* » Ce qui leur vient en premier à l'esprit, ce sont les difficultés actuelles, les relations actuelles, les conflits du quotidien. C'est la famille en tant que groupe au présent qui est spontanément évoquée. La famille est alors définie par les liens qui unissent ses différents membres, et les images évoquées sont davantage synchroniques, horizontales. Il s'agirait plutôt d'un Polaroïd à l'occasion d'un dîner de famille.

Ces représentations synchroniques sont de plus en plus présentes. Le poids des traditions s'allège, les familles, plus éclatées, se nucléarisent. Il n'est en outre pas facile de dessiner l'arbre généalogique d'une famille où alternent divorces et remariages, adoption et dons de gamètes. Ces deux images ne sont bien sûr pas antagonistes. Toute famille est un groupe situé à l'entrecroisement de ces deux axes : dans une continuité généalogique et en constante transformation. Par cette histoire qui remonte à la nuit des temps, par cette assignation à la fois naturelle et culturelle des rôles et des places, la famille se différencie d'autres groupes humains, tels qu'une entreprise ou une association.

Considérer la famille comme un groupe n'est qu'une vision partielle de sa réalité mais elle permet de sortir d'une optique naturaliste pour découvrir cet autre aspect de la famille qu'est son auto-organisation.

C'est une évidence : la famille aujourd'hui ne se définit plus exclusivement par les liens de consanguinité ou d'alliance. Elle regroupe des hommes, des femmes et des enfants qui vivent ensemble à un moment donné et entretiennent des rapports d'interdépendance. En la considérant comme un groupe, on s'attache davantage aux rôles et aux fonctions que chacun joue dans le groupe, au lieu de « plaquer » sur ces nouvelles formes de famille le schéma traditionnel père-mère-enfant et de le multiplier à l'infini avec les beaux-parents, les parents biologiques, etc.

Cette notion de rôle et de fonction est essentielle car elle permet de comprendre et de dénouer bien des difficultés dans lesquelles on peut autrement se sentir définitivement bloqué.

Olivier ou l'enfant désigné

Pierre et Christine, tous deux âgés d'une cinquantaine d'années, suivront pendant deux ans une thérapie familiale avec leurs trois enfants : Patrick, vingt-huit ans, Suzanne, vingt-cinq, et Olivier, vingt-trois. Ils viennent consulter parce que Olivier a de graves problèmes de toxicomanie (il se drogue à l'héroïne) et une conduite suicidaire. Dès le premier entretien, nous (le thérapeute familial qui les reçoit et le superviseur qui observe le déroulement des séances derrière un miroir sans tain) sommes frappés par l'existence de deux groupes. Le père et le fils aîné s'installent spontanément côte à côte tandis que la mère et les deux cadets s'assoient tous trois du même côté.

Pierre exprime d'emblée son irritation d'avoir été « convoqué » à cette séance par sa femme. Il se dit très occupé, invoque de nombreuses réunions professionnelles importantes. Bref, il a autre chose à faire. Patrick, le fils aîné, approuve les paroles de son père.

Nous apprenons que l'initiative du rendez-vous revient à Suzanne, éducatrice spécialisée, particulièrement sensibilisée, du fait de sa profession, aux difficultés que traverse son jeune frère. Suzanne a réussi à convaincre sa mère qu'Olivier se trouvait dans une situation grave, qu'il ne faisait rien pour s'en sortir et qu'il fallait absolument que toute la famille se mobilise d'urgence pour l'aider. C'est Suzanne qui a téléphoné pour prendre rendez-vous avec nous. Le principal intéressé, Olivier, a l'air de planer. Il est visiblement défoncé. D'ailleurs, il sort de la pièce à un moment de l'entretien pour aller aux toilettes, sans doute pour s'administrer une dose d'héroïne.

Plusieurs choses nous sautent aux yeux au cours de ce premier entretien. Nous constatons d'abord l'existence d'un conflit latent entre Pierre et Christine, qui se cristallise autour d'Olivier. Pour Pierre, Olivier est un paresseux et l'a toujours été. Il en a toujours fait le moins possible à l'école. Il est trop couvé par sa mère. Si elle l'avait bousculé un peu plus, si elle s'était montrée plus autoritaire avec lui, il n'en serait sûrement pas là. Il laisse entendre que les difficultés d'Olivier sont « de la faute » de Christine qui l'a élevé dans un cocon. Il reproche d'ailleurs à sa femme de continuer à donner de l'argent à son benjamin pour l'aider à combler toutes ses dettes au lieu de le laisser se débrouiller tout seul : Olivier tient un kiosque à journaux dont il s'occupe plus ou moins régulièrement et plus ou moins bien.

Du point de vue de Christine, la situation est beaucoup plus grave. Olivier a déjà eu plusieurs accidents de moto et a déjà fait une overdose. Ce comportement suicidaire inquiète énormément sa mère. Elle reproche à son mari de ne pas voir la détresse et la dépression de cet enfant.

Suzanne est du côté de sa mère et la soutient dans cette opposition. Elle en profite pour exprimer elle aussi une révolte adolescente par rapport à son père, à travers la problématique d'Olivier : « *De toute façon, tu ne t'es jamais occupé de nous. Tu ne t'es jamais soucié de savoir ce que nous avions dans la tête. Nous n'avons jamais pu avoir la moindre intimité avec toi. Tout ce qui t'intéresse, c'est ton entreprise, tes affaires, ton travail.* »

Patrick prend immédiatement la défense de son père : « *Tout ça, c'est bien joli mais il ne faudrait pas oublier que c'est l'entreprise qui fait vivre la famille. On ne se nourrit pas de belles paroles et de gentilles attentions !* »

Nous apprenons alors que Patrick travaille avec son père dans l'entreprise paternelle.

Cette famille s'est visiblement organisée progressivement au cours du temps en deux clans. D'un côté, les entrepreneurs pragmatiques qui assurent la survie économique du groupe ; de l'autre, celles qui soignent (Christine est infirmière et sa fille, éducatrice) s'attachent davantage aux points sensibles. Olivier semble flotter entre ces deux mondes et maintenir autour de lui la guerre larvée entre les deux « camps ». Par ses symptômes et sa souffrance, il détourne et fait converger sur lui toute l'attention familiale. Au lieu de s'affronter à propos de leurs difficultés conjugales, Pierre et Christine déplacent le conflit sur le mal-être de leur petit dernier. Olivier occupe apparemment cette place depuis sa naissance. Ses parents sont en désaccord et se disputent à son sujet depuis qu'il est tout petit. Et, depuis longtemps, il sent qu'en allant mal, il réunit le couple de ses parents.

Dans cette famille, les rôles de chacun sont si clairement distribués qu'ils en paraissent presque caricaturaux. Le fils aîné s'inscrit dans la lignée paternelle et apporte un soutien inconditionnel à son père. La fille s'inscrit dans la lignée maternelle et appuie sa mère. Et le benjamin, Olivier, occupe ce que l'on appelle en thérapie familiale la fonction de « patient désigné » : celui qui sait qu'il a le pouvoir, par ses symptômes, de rapprocher son père et sa mère, qui l'ont eux-mêmes « désigné » comme le ciment de leur couple. Ce qui ne lui laisse pas d'autre choix, mais permet à Patrick et Suzanne d'occuper d'autres fonctions complémentaires. Il est le « bouc émissaire » qui cristallise sur lui toutes les tensions et toutes les inquiétudes.

La fonction de bouc émissaire est très importante dans un groupe, quel qu'il soit. Elle se met en place dès que ce groupe est en difficulté ou en danger. En désignant inconsciemment l'un de ses membres comme le principal responsable de tous les dysfonctionnements, le groupe met le bouc émissaire en position de réceptacle de toutes les tensions et dissensions. On peut alors estimer que tous les problèmes viennent de lui, lui attribuer toutes les difficultés et chacun peut ainsi se décharger de son agressivité, de ses appréhensions, de ses peurs, de ses tensions, de son anxiété en lui faisant endosser les causes de son malaise ou de ses problèmes. Olivier, en l'occurrence, devient l'incarnation de tout le mal-être de la famille – celui de ses parents qui n'arrivent pas à trouver une intimité de couple mais aussi de toute une histoire qui se transmet et se répète depuis plusieurs générations.

Nous voilà au cœur de ce que nous appelons les rôles et les fonctions.

Rôles et fonctions

La différence entre les deux est subtile, mais essentielle. Nous sommes tous amenés à jouer plusieurs rôles au cours de notre vie. On est à la fois un fils, un frère, un ami, un mari, un père, un employé ou un chef, un joueur de football. Selon le contexte dans lequel nous évoluons, nous endossons un rôle différent. L'étiquette que l'on pourrait nous mettre sur le dos, le badge que l'on pourrait accrocher à notre boutonnière ne sont pas les mêmes et pourtant nous restons la même personne. Une femme est à la fois la fille de ses parents, une sœur, une cousine, une amie, une mère, une collègue, etc. Nous changeons de comportement selon que nous sommes au travail ou à la maison, chez nos parents ou dans une soirée.

La fonction se joue dans la complémentarité des rôles que chacun occupe. Contrairement au rôle, qui désigne la place officielle de chacun, elle relie les êtres entre eux, dans une relation plus ou moins saine.

Concrètement, imaginons un chef de service qui a un certain nombre de responsabilités inhérentes à sa place et un certain nombre de décisions à prendre dans le cadre de ses attributions. En tant qu'individu, il occupe ce rôle (il cherche à se donner une certaine prestance, à adopter un certain ton de voix, comme s'il entrait dans un personnage adapté aux circonstances). Mais sa fonction pourra être totalement différente. En effet, au-delà de ce personnage, elle recouvre ce qui sera utile au groupe pour relier les différents protagonistes entre eux. Celui qui a un rôle de chef de service peut avoir différentes fonctions. Il peut, par exemple, être celui qui apaise les conflits dans l'entreprise. Sa fonction de pacificateur le conduira à réunir le personnel en cas de crise pour essayer de comprendre les divergences, de les apaiser et de trouver un accord. Cette fonction n'est pas inhérente au rôle. Tous les chefs de service n'ont pas cette fonction pacificatrice dans leur entreprise. Dans une autre entreprise, la fonction de conciliation pourra être dévolue à quelqu'un qui occupe un autre rôle, au DRH par exemple. Ailleurs, ce sera une assistante de direction qui fera le tampon entre le directeur et le sous-directeur. Ce n'est pas vraiment son rôle mais, de fait, c'est sa fonction. Dans sa vie privée, elle joue le rôle d'épouse et de mère, mais sa fonction consiste à s'occuper de la vie sociale de la famille, à téléphoner aux amis pour organiser des dîners ou des sorties, etc. La fonction est donc l'un des rouages de fonctionnement du groupe et assure sa cohésion (ou sa bonne marche, dans une entreprise).

Une fonction prend une connotation négative quand elle est assignée de façon rigide et irréversible, surtout si elle est en contradiction avec une fonction biologique, comme par exemple la fonction du père attribuée à un fils. Aucun des deux ne peut plus développer son espace personnel : le fils devra toujours se montrer raisonnable et autoritaire, le père fragile, malade ou absent.

La situation devient pathologique quand le processus s'éternise : nous avons vu que, dans ce cas, la situation se rigidifie. Si le fils doit en permanence jouer le rôle du père, ce rôle devient une fonction et cette fonction devient une prison pour lui comme pour les autres membres de sa famille. Chacun devient artisan et victime du même piège familial.

Or, tout se joue dans la complémentarité des fonctions : un fils parfait appelle un frère déficient, un père fragile, un autre père symbolique. Dans cette distribution des rôles, les frontières interpersonnelles s'amenuisent. L'espace personnel se réduit au rôle joué dans le groupe, l'individu se confond avec sa fonction et l'être *pour soi* avec l'être *pour les autres*[2]. L'intrusion dans l'espace personnel d'autrui et la perte simultanée de son espace propre peuvent alors devenir l'unique forme de relation possible. L'intimité comme la séparation deviennent impossibles.

Quelle était votre fonction dans votre famille ? Posez-vous la question et posez-la autour de vous. Les réponses vous surprendront peut-être. *« Mon rôle était d'être toujours bon élève et très sage* », répondra l'un. « *Mon rôle était d'être toujours malade* », se souviendra l'autre. Demandez-vous et demandez à vos interlocuteurs : « *Quelle était l'utilité de ce rôle ? À quoi servait-il dans la famille ?* » La réponse contient la définition de la fonction. Ainsi, celui dont le rôle était d'être malade pourra répondre : « *Je sentais que quand ma mère passait la journée à mon chevet à s'occuper de moi, cela la détournait peut-être d'un conflit qu'elle avait avec mon père.* » Etc.

Assurer la survie

Un bateau fait naufrage. Dix personnes qui ne se connaissent pas se retrouvent sur une île déserte, obligées, par la force du destin, de constituer un groupe. Pour que ce groupe survive, chacun devra endosser un rôle et occuper une fonction utile au groupe. Si tout le monde se mettait à faire la même chose, à aller chercher de la nourriture par exemple, personne ne s'occuperait du feu. Les rôles doivent donc se répartir, et ce n'est pas le moment de penser à soi. On verra alors émerger à l'intérieur du groupe un certain nombre de fonctions hiérarchisées. Certains prendront une position de leader parce que cela leur sera plus naturel. Ils attribueront les tâches aux différents membres du groupe. D'autres préféreront construire un village. D'autres, explorer le monde extérieur ou s'occuper de la nourriture. Des fonctions différenciées apparaîtront pour assurer la survie du groupe et chacun prendra une place complémentaire de celles des autres. Si quatre de ces rescapés savent faire du feu, il faudra bien que l'un se désigne pour s'en charger et que les trois autres mettent ce savoir en veilleuse pour en développer d'autres, utiles à la survie du groupe. Or, plus on est amené à développer une compétence pour que le groupe survive, plus on devient expert, plus on perd ses autres compétences. Celui qui savait faire jaillir les flammes et les entretenir ne saura plus puisqu'il ne le fait plus. Celui qui savait cuisiner perdra son savoir-faire au profit de celui qui s'acquitte de cette tâche, de manière plus ou moins définitive selon la durée de vie du groupe et selon les nécessités de sa survie.

Dans une famille, chaque individu doit devenir de moins en moins essentiel au fonctionnement de sa famille d'origine, de moins en moins indispensable aux autres pour pouvoir s'en détacher et constituer à son tour une nouvelle famille. La capacité d'aller d'un lieu à l'autre, de participer et de se séparer, d'appartenir à différents groupes, permet d'assumer des fonctions différentes de celles des autres, d'en échanger, d'en acquérir de nouvelles, et d'exprimer ainsi tous les aspects différents de soi-même. Bref, d'avoir une vie bien à soi.

Il peut arriver que les règles qui régissent le groupe familial nient l'autonomie des membres du groupe et interdisent leur épanouissement personnel. L'absence d'autonomie s'exprime dans l'impossibilité de changer de fonction au cours du temps : chaque individu est condamné à se comporter comme le groupe le lui impose.

La désignation d'un membre de la famille peut devenir irréversible parce qu'elle est estimée indispensable, non seulement pour échapper à un risque momentané d'instabilité, mais aussi pour l'équilibre futur de la famille.

Revenons maintenant à l'histoire de Pierre, Christine, Patrick, Suzanne et Olivier, toxicomane et suicidaire. Dans cette famille, chacun occupe une place qui semble figée, au point qu'il est devenu impossible d'en changer ou d'y déroger. Plus personne n'a de marge de manœuvre. Suzanne ou Patrick pourraient, par exemple, détourner de temps en temps sur eux le conflit de leurs parents, ce qui permettrait à Olivier de faire autre chose. De même, s'ils avaient un fonctionnement de couple plus harmonieux, les parents pourraient s'arranger pour que leurs enfants s'occupent d'eux-mêmes et moins des tensions conjugales. Or, les choses se sont organisées de telle façon que chacun semble de plus en plus enfermé dans son rôle, dans la place qu'il occupe. Bien entendu, tout cela se met en place à l'insu des protagonistes. Personne ne décide sciemment et volontairement de « jouer le rôle de, pour... ». Ce fonctionnement est une sorte de chorégraphie, de mise en scène dans laquelle chaque acteur aurait adapté une fois pour toutes son personnage à celui des autres pour que la pièce puisse se jouer encore et encore et conserver son sens.

Seul un observateur extérieur, en l'occurrence un thérapeute familial qui assiste à une « représentation » donnée par cette famille au cours d'une séance, pourra déceler les ressorts de cette distribution des rôles et en montrer l'utilité. Car lorsque l'organisation familiale ne fonctionne plus, lorsqu'un enfant développe un symptôme pour mobiliser la famille autour de lui, à travers lui, et la refermer sur elle-même, le recours au thérapeute familial s'impose. Le « bouc émissaire » attire l'attention de tous les protagonistes sur ce qui ne va plus.

Ces fonctions que la raison ignore

Olivier met sa vie en danger, c'est une évidence. Il le nie pourtant et ne cesse de répéter qu'il va très bien. Il n'a aucun problème. Certes, il se drogue mais, prétend-il, *« je peux arrêter quand je veux »*. Ses accidents de moto ? *« La faute à pas de chance. »* Comme beaucoup de toxicomanes, il est à la fois présent et absent. Il incarne un rôle mais n'a aucune pensée à ce sujet. Ce qui lui importe, c'est d'agir et de montrer quelque chose. C'est exactement comme l'anorexique qui assure : *« Je suis en pleine forme, je fais simplement un régime. »* Il a une vision partielle de la situation, comme tous les autres membres de la famille. Christine, par exemple, dit : *« C'est le petit dernier. Il a toujours été plus couvé que les autres. »* Elle le reconnaît mais sans s'apercevoir qu'il y a une continuité logique entre ce qu'elle considère comme des traits de caractère d'Olivier et ce qui présente une utilité réelle pour que la famille fonctionne.

Olivier est celui qui paraît le plus enfermé dans ses symptômes mais il existe néanmoins une très grande complémentarité entre son frère Patrick et lui-même. Plus Olivier est le délinquant irresponsable, plus Patrick se sent obligé de jouer la partition du fils aîné modèle qui fait de bonnes études pour maintenir l'équilibre familial. Sinon, son père ne serait plus soutenu par personne. Patrick est donc lui aussi « désigné » à son insu pour un rôle qu'il pense avoir choisi en toute liberté. Au cours de l'entretien, il dit ainsi : *« Depuis que je suis tout petit, j'ai toujours rêvé de faire de l'économie et de suivre des études commerciales. »* Il est sans doute sincère. Patrick a certainement manifesté très tôt un goût réel pour le commerce et l'économie. Les séances ultérieures montreront pourtant que cette place lui était, d'une certaine manière, forcément attribuée par son histoire familiale.

Suzanne a décidé de travailler dans le domaine social et de s'occuper de jeunes en difficulté. Choix réel ou rôle qui lui est assigné à la fois pour s'occuper de son petit frère et se situer dans la continuité de sa mère, infirmière ? Chacun pense avoir choisi en toute liberté en fonction de ses goûts et aspirations personnels, alors qu'en réalité leurs choix ont été influencés par une logique qui les dépasse tous.

Il ne faudrait pas commettre l'erreur de conclure : *« Finalement, voici un couple qui s'entend mal et qui fait peser sur ses enfants un conflit qu'il ferait mieux de régler autrement. »* Les choses ne sont évidemment pas aussi simples. Au cours des entretiens suivants, nous allons découvrir en effet que les parents, Pierre et Christine, ont eux-mêmes été amenés à occuper des places dans leur propre famille.

La petite famille de Pierre et Christine est totalement embourbée : chacun est bloqué dans son rôle, beaucoup plus préoccupé par le mal-être et le bien-être des autres que par lui-même. Les enfants sont pourtant autonomes. Ils ont quitté la maison : Patrick a un appartement, Suzanne vit avec un ami et Olivier va et vient. Il habite à droite et à gauche, prend parfois une chambre et retourne de temps en temps chez ses parents. Ils semblent tous trois autonomes mais n'ont pourtant aucune autonomie psychique. Suzanne vit une relation sentimentale très douloureuse, chaotique, qu'elle ressent comme un échec. Il y a sans doute mille raisons pour que son couple se porte mal, mais elle n'a peut-être pas la liberté d'esprit nécessaire à une relation amoureuse dans la mesure où elle est trop « prise » dans son bourbier familial. Olivier est censé avoir une autonomie économique qu'il n'a pas du tout puisque, dans les faits, il dépend encore beaucoup de ses parents. Quant à Patrick, que l'on pourrait considérer comme un modèle d'autonomie, il travaille quand même dans l'entreprise de son père ! Il est « programmé » pour être dans cette entreprise. Dans cette famille repliée sur elle-même, autarcique, fermée au monde extérieur et aux relations sociales comme notre groupe de naufragés, chacun sera préoccupé avant tout par la survie de la famille et donc enfermé dans un rôle. Ainsi bloquée de l'intérieur, la famille pourra d'autant moins évoluer.

À l'extrême, on peut tenter l'analogie avec une secte. Chacun y occupe une place très rigide qu'il n'est pas question de changer. Chacun a une fonction très fortement incarnée par la personne qui l'assume, à commencer par la fonction du « chef ». Tout est très codifié, les règles sont rigides. Dans le pire des cas, on arrive à la famille d'Outreau, dont le procès pour pédophilie a défrayé la chronique au printemps 2004 : la règle de la famille, c'est celle du père, celle de l'inceste. Et les enfants ignorent que le monde extérieur ne fonctionne pas selon ces règles. Personne n'est capable de conquérir son autonomie. La famille est alors un magma, tous les membres sont collés, personne ne peut exister et penser pour soi, indépendamment des autres. Ils ont du mal à dire « je » et pensent toujours « nous ». Or, s'autonomiser, c'est se permettre de passer souplement du « je » au « nous » et du « nous » au « je ».

À travers les générations

C'est un lieu commun : tout groupe s'organise, comme les naufragés qui doivent bien survivre. On loue une maison à Bénodet avec une bande d'amis, un groupe se forme pour un été et chacun va, pendant ce temps, occuper un rôle et une fonction. L'un se chargera des courses, l'autre ira chercher de la documentation à l'Office du tourisme et organisera les loisirs, etc. Le groupe sécrète donc, pendant le mois des vacances, des places et des fonctions adaptées aux compétences de chacun et au confort du groupe.

Mais ce provisoire peut durer plus longtemps et même traverser les générations. Au fil de la thérapie de Pierre, Christine et leurs enfants, nous apprenons que l'entreprise dans laquelle travaillent Pierre et Patrick appartient à la famille depuis quatre générations. D'une génération à l'autre, c'est toujours le fils aîné qui la reprend. Ce n'est pourtant pas ce que prétend le discours « officiel » de la famille de Pierre : *« C'est une entreprise familiale, ouverte à tous ceux qui désirent y travailler. »* Le mythe familial ne réserve donc pas l'entreprise aux aînés. Pierre dit d'ailleurs : *« J'ai souvent demandé à Suzanne et Olivier d'entrer dans l'affaire, mais cela ne les intéresse pas. »* Christine confirme : *« Suzanne et Olivier n'ont aucune envie de travailler dans l'entreprise, ce n'est pas leur truc. »* Et elle poursuit, s'adressant à Pierre : *« C'est comme ton frère. Lui aussi aurait pu travailler dans l'entreprise mais cela ne l'a jamais tenté. »*

Nous apprenons donc que Pierre a un jeune frère « artiste », assez marginal et un peu brouillé avec sa famille. Une sorte d'analogie se dessine alors entre ce jeune frère de Pierre et Olivier, qui est lui-même le plus jeune de la famille. Au-delà du discours officiel *(« l'entreprise est ouverte à tous »)*, la réalité montre que c'est toujours l'aîné qui reprend l'affaire et que le suivant est en échec. Il est très probable que Pierre s'est senti coupable de l'échec de son cadet – à qui il n'a pas laissé d'espace – et a reproduit la même situation dans la famille qu'il a créée. C'est sans doute à cause de cette culpabilité qu'il ne peut pas s'approcher d'Olivier. Il ne peut donc considérer Olivier que comme un « paresseux », un « jouisseur » qui profite de l'existence et de la famille. Cette image qu'il se fait de son fils lui permet de ne pas voir la souffrance d'Olivier (ni celle de son propre frère cadet) qui n'arrive pas à trouver sa place.

Nous apprenons aussi que la mère de Christine est morte et que, depuis cette disparition, Christine a acheté un petit appartement pour son père sur le même palier que l'appartement familial. Le père de Christine souffre d'un cancer qui nécessite des soins quotidiens, et c'est Christine qui les lui prodigue. La maladie de cet homme fait peser sur la famille une menace de mort prochaine. Christine est fille unique et a toujours eu une relation très privilégiée avec son père qu'elle admire éperdument. Elle le décrit comme un grand humaniste, s'intéressant à la philosophie et aux sciences sociales. Elle a toujours tenu avec lui de longues discussions sur le sens de la vie. Sans exagérer, il semble évident qu'elle est beaucoup plus impliquée dans cette relation avec son père que dans son couple. Elle a choisi comme conjoint un homme carré, entreprenant, doté d'une personnalité aux antipodes de celle de son père, peut-être avec l'idée que cela l'aiderait à s'en détacher. Et elle a fini par reprocher à son mari de ne pas être comme son père, de ne pas pouvoir partager avec lui des émotions ni échanger des points de vue.

Finalement, Pierre et Christine ont peut-être tenté de jouer ensemble d'autres rôles que ceux auxquels ils ont été habitués dans leur famille, mais ils n'ont pas réussi. Au sein de leur couple, chacun bloque l'autre dans sa fonction. Plus Christine se montre proche des préoccupations philosophiques de son père, plus Pierre est figé dans son rôle de *businessman* qui doit assurer la survie de la famille. Plus Pierre est enfermé dans ce rôle, plus Christine s'intéresse aux rapports affectifs de la famille. Chacun devient le « super-spécialiste » de son rôle sans pouvoir s'en dégager.

Christine s'occupe donc de soigner son père mourant et son fils souffrant, secondée par sa fille. Patrick s'occupe de son père et de l'entreprise familiale et chacun est cantonné dans sa fonction. Car les rôles sont devenus des fonctions indispensables à la survie de la famille.

Quand une famille est à ce point bloquée dans un fonctionnement de plus en plus rigide, cette souffrance est souvent prise en charge par le bouc émissaire. L'expression de la souffrance incarnée par l'un des membres de la famille a donc une double face : d'une part, les symptômes coincent encore plus la famille dans son fonctionnement pathologique et, en même temps, ils témoignent d'une tentative pour essayer d'en sortir.

Sébastien ou les loyautés familiales

Mathieu est au chômage et déprimé. Sa femme et ses enfants le considèrent alors comme quelqu'un d'un peu diminué, voire incapable d'assumer sa fonction de père. Son fils aîné, Julien, travaille très bien à l'école. D'emblée, il se présente comme le « mari » de la mère, c'est-à-dire comme son soutien. Il se montre très protecteur à l'égard de son père. Il lui donne des conseils, l'encourage et essaie de le réconforter. Son attitude met Mathieu dans une position encore plus infantilisante vis-à-vis du « couple » que forment sa femme et son fils aîné. Mais ce n'est pas pour cette raison que cette famille-là est venue consulter. Ils ont pris rendez-vous parce que le jeune frère de Julien, Sébastien, a changé, devient violent, sèche ses cours et que son nouveau comportement inquiète ses parents. N'est-ce pas sa façon à lui de s'identifier à son père, mais aussi d'occuper une fonction complémentaire par rapport à son frère et, peut-être, d'essayer de rendre une compétence paternelle à Mathieu, ou encore de donner une compétence parentale au « couple » de sa mère et de son frère ? Tout cela sera exploré au cours de cette autre thérapie familiale.

Ce qui est en tout cas évident, d'entrée de jeu, c'est qu'il y a une très forte complémentarité des rôles entre les deux frères. Chacun remplit une fonction qui n'est pas « naturelle » et n'a pas été décidée après réflexion. Ni la mère, ni le père, ni les deux frères n'ont conscience qu'ils occupent des fonctions et que celles-ci sont complémentaires. Comment et pourquoi se sont-elles réparties ? À quoi servent-elles ? En étudiant l'histoire de cette famille, on découvrira que la mère a perdu son père très jeune et qu'elle a idéalisé cette image. Et qu'elle a donné le prénom de son père à son fils aîné qu'elle met dans une position d'adulte depuis sa naissance. Chacun est bloqué à une place qui s'explique en partie par l'histoire familiale ; mais pour avancer dans la thérapie, il est important de comprendre comment ces fonctions s'expriment au quotidien.

Les difficultés professionnelles de Mathieu transforment les relations familiales et inversent les places, les rôles et les fonctions que chacun occupait. L'inversion de fonctions entre Mathieu et Julien, qui se trouve « parentifié » et mis en situation d'être le père de son propre père, est liée à un événement bien précis : le chômage de Mathieu. Elle est donc temporaire. Si ce dernier retrouve un travail et arrive à sortir de la crise dans laquelle est plongée sa famille, Julien et lui pourront peut-être reprendre une fonction différente. La famille pourra alors retrouver sa souplesse. Mais il arrive que ces inversions nées d'un événement traumatique obéissent à une logique plus durable, ou qui traverse les générations. Imaginons que Mathieu reste au chômage et que Julien conserve sa fonction. À la génération suivante, la famille gardera peut-être cette même configuration : un père un peu désarmé face à la vie et un fils aîné solide qui prend en charge le malaise de son père. Ce n'est pas inéluctable, mais cela peut arriver. Dans ce cas, tout se passe comme si le fils aîné avait hérité d'une sorte de « mandat[3] » qui lui délègue cette place et cette fonction. Et cela peut se répéter sur plusieurs générations. L'événement qui aura déclenché cette inversion de fonction peut être beaucoup plus grave : mort d'un parent, par exemple. C'est pourquoi il est si important de retracer l'histoire des familles qui viennent en consultation.

Dans les transmissions de génération en génération comme dans les inversions de fonctions, il n'y a pas de relation déterministe et magique. C'est un système dans lequel chacun trouve son compte, à la fois pour soi et par rapport aux autres. La famille est un groupe et, à ce titre, chacun dépend des autres. Ainsi, lorsqu'une famille est en difficulté, se poser la question de ce qui a pu traverser les générations ne peut qu'aider à comprendre le présent : ce qui se passe et se rejoue peut-être à l'insu des protagonistes. Tout le monde a entendu parler des secrets de famille et des fantômes dans le placard.

Mais les fonctions peuvent se transmettre de génération en génération sans qu'il y ait eu pour autant une histoire dévastatrice à l'origine. Ce qui modifie et inverse parfois les rôles et les fonctions peut être, comme dans le cas de Pierre et Christine, un état de fait apparent (le fils aîné reprend l'affaire familiale, le cadet est conduit à mener une vie marginale) ou simplement une situation de crise, comme le chômage de Mathieu. À partir de ce point de départ, il se peut que toute une série d'événements s'enchaînent pour peser sur le destin de chacun. Heureusement, tout n'est pas écrit d'avance et le destin n'est pas une maladie. Nous avons tous la liberté de sortir de ce qui nous enferme. Dans d'autres circonstances, tout peut se rejouer à tout moment.

Reste que, souvent, les loyautés familiales nous emprisonnent. Tout le monde peut se retrouver dans une fonction qu'il pense avoir choisie mais qu'il a en réalité « héritée » de l'histoire familiale. Dans l'histoire de Pierre et Christine, en tout cas, c'est évident. Pour les enfants, et en particulier pour Olivier, ces loyautés prennent le pas sur le reste.

Lucie ou le destin adopté

La transmission se joue parfois des gènes, comme l'illustre l'histoire de Gisèle et Henri, qui ont adopté deux filles. Henri est directeur des ressources humaines dans une grande entreprise, Gisèle ne travaille pas. Ce couple bourgeois d'une soixantaine d'années a adopté sur le tard Pauline, qui a aujourd'hui vingt ans, et Lucie, qui en a quatorze. Ils consultent parce que Lucie fait des crises spectaculaires au cours desquelles elle hurle, se roule par terre, casse tout ce qui se trouve autour d'elle, menace de se jeter par la fenêtre, fugue pendant plusieurs heures. Ils sont très décontenancés par le comportement de leur cadette à laquelle ils n'arrivent à donner aucune limite. Ils décrivent sans exagération leur vie quotidienne comme un enfer. En témoigne leur intérieur à moitié détruit, avec des trous dans les murs et des portes à moitié cassées. Henri et Gisèle ont reçu une éducation très stricte et sont donc aussi atterrés que désorientés par le comportement de Lucie. Son langage banlieusard et ses manières de loubarde les horripilent. Elle se conduit avec une telle violence que ses parents font parfois appel à police secours et aux pompiers pour l'emmener aux urgences. Comme Lucie finit toujours par se calmer, elle n'a pour l'instant jamais été gardée en observation. L'aînée est exactement l'inverse de sa sœur : douce, gentille, compréhensive, bonne élève, tout à fait « convenable ».

Les deux filles savent depuis toujours qu'elles ont été adoptées. C'est de toute façon assez évident quand on les voit. Très jolies toutes les deux, elles sont très certainement d'origine maghrébine, ce qui n'est pas le cas de leurs parents. En dehors de ses crises, Lucie est une adolescente séduisante et très attachante. Très vive, elle comprend tout au quart de tour et peut être très charmante – ce qui déroute d'autant plus ses parents. En dehors de la maison – au collège, chez ses amis ou en colonie de vacances –, elle se montre absolument délicieuse. Elle n'est pas très bonne élève mais ses professeurs l'apprécient. Gisèle et

Henri ont honte de ce qui se passe à la maison et ont de plus en plus tendance à se replier sur eux. Ils savent que personne ne les croirait s'ils décrivaient le comportement de Lucie dans l'intimité familiale.

Les deux adoptions se sont déroulées de manière très différente. Pour Pauline, les choses se sont passées dans les règles. Gisèle et Henri ont été prévenus qu'il y avait une enfant adoptable de quelques mois dans une famille d'accueil. Ils ont rencontré les différents intervenants qui s'occupaient d'elle – assistante sociale de la DDASS, etc. Ils ont commencé par lui rendre visite dans sa famille d'accueil, puis ont prolongé leurs visites, jusqu'au jour où Pauline est venue vivre avec eux. L'adoption de Lucie a été plus précipitée. Pour une raison mystérieuse, ils ont été prévenus très tard de l'existence d'un bébé à adopter et ont eu le sentiment qu'il fallait la prendre très vite. Sans pouvoir expliquer pourquoi, Gisèle et Henri ont senti qu'il fallait la sortir rapidement de sa famille d'accueil dans laquelle elle ne se trouvait apparemment pas bien. Ils l'ont eue quasiment du jour au lendemain, sans avoir eu le temps de bien la connaître, elle et son histoire. Ils ont eu l'impression de se retrouver avec un bébé dans les bras sans y avoir été préparés. De fait, cette enfant leur a toujours posé des problèmes. Autant Pauline avait très vite fait ses nuits, était souriante, gazouillait et se développait de manière tout à fait satisfaisante, autant Lucie dormait mal, refusait la nourriture et se montrait difficile.

Depuis le début, une complémentarité de fonction s'est créée entre les deux sœurs. Cette différence n'a fait que s'accentuer par la suite. Pauline est ainsi devenue la « bonne » fille, Lucie la « difficile », la « malade ». Ces différences se sont enracinées dans l'histoire de leur adoption au point de constituer un mythe familial. Pauline est pratiquement « née » dans cette famille qui a eu le temps de faire sa connaissance et l'adoption a été réciproque. Lucie a été parachutée dans la famille avec une certaine violence sans qu'il y ait eu le temps d'une gestation psychique.

Dans toutes les familles, les histoires de naissance donnent lieu à de véritables mythologies. Les enfants adorent qu'on leur raconte les circonstances de leur venue au monde. Toutes les mères se plaisent à transformer leur accouchement en conte. *« L'accouchement a été parfait pour toi, tu souriais à la naissance, tout a été merveilleux tout de suite. Tu as pris le sein immédiatement. » « L'accouchement a été épouvantable. Cela a duré des heures, j'ai souffert le martyre. Pendant des semaines, tu refusais le sein et le biberon »*, etc. Ces récits préfigurent des destins car ils indiquent presque des lignes de conduite.

L'histoire de l'adoption de Pauline et Lucie est une histoire de naissance. De la même manière que le récit d'un accouchement peut « conditionner » l'avenir de l'enfant, l'histoire de l'adoption et des premières rencontres dessine un questionnement particulier car elle ouvre, sans y apporter de réponse, la question de l'hérédité et de la génétique. Qui sait si Lucie n'a pas hérité biologiquement de « mauvais » gènes tandis que Pauline en a eu de « bons » ? Or, cette histoire génétique n'est jamais posée comme telle. Gisèle et Henri répètent à l'envi que les difficultés de Lucie n'ont rien à voir avec son adoption. Le fait d'avoir adopté leurs enfants ne fait pas d'eux une famille différente des autres. *« Nous sommes une famille comme les autres. »* On sent pourtant que la question est là, mais ils n'osent pas le dire.

Gisèle et Henri ont essayé à plusieurs reprises d'avoir

des enfants biologiques. Ils ont dû y renoncer et effectuer un réel travail de deuil après plusieurs tentatives infructueuses. Pour l'un comme pour l'autre, la vie ne se conçoit pas sans enfants d'autant que leurs deux familles accordent une très grande importance à la transmission : Henri notamment est issu d'une famille très traditionnelle, enracinée dans la terre, dans les biens, le patrimoine...

Autant ces parents parviennent à évoquer l'histoire de l'adoption qui commence le jour où ils ont rencontré chacune de leurs filles, autant ils se montrent très réticents pour parler de l'« avant-adoption » ou livrer les quelques renseignements qu'ils ont pu obtenir sur les familles d'origine de leurs filles, toutes deux nées sous X. Ils n'ont visiblement pas très envie de transmettre les maigres informations dont ils disposent à cet égard : ils ont envie que l'histoire familiale commence le jour où ils ont rencontré leurs enfants.

Trop d'ambivalence

Gisèle et Henri forment un couple vieillissant. Henri prendra d'ailleurs sa retraite – anticipée – au cours de la thérapie. C'est un homme très actif que sa retraite laisse dans un grand désarroi. De toute évidence, Lucie occupe une place centrale dans le couple. Avec toute l'agitation qu'elle met à la maison, elle maintient ses parents dans un état d'inquiétude et d'alerte autour d'elle. C'est, par exemple, une enfant qui se relève la nuit pour grignoter. Or, Henri est insomniaque. Le père et la fille se retrouvent donc souvent dans la cuisine, devant le réfrigérateur. Ces rencontres nocturnes constituent apparemment un moment privilégié pendant lequel ils peuvent discuter en toute tranquillité.

Lucie donne effectivement l'impression d'être en éveil. Elle est très attentive. C'est quand elle parle du couple de ses parents qu'elle s'exprime de la façon la plus claire et sensée. Elle leur dit : « *Vous vous faites chier. Vous n'avez rien à faire ensemble. Vous êtes bien contents d'avoir à vous occuper de moi. Au moins, ça vous fait de l'animation ! Sinon, qu'est-ce que vous vous emmerderiez ! Vous n'avez rien à vous dire.* » Elle s'exprime de façon provocante, mais ses propos sonnent assez juste, même si ses parents protestent : « *Comment peux-tu dire des sottises pareilles ? Nous nous entendons très bien. D'ailleurs, nous ne rêvons que de partir tous les deux en vacances en amoureux, mais nous ne pouvons pas te laisser à la maison parce que nous avons peur que tu fasses des bêtises.* »

Par contraste, Lucie permet à sa sœur d'être la joie de ses parents. Henri parle d'ailleurs de Pauline comme de son « bâton de vieillesse ». Il est fier d'elle, elle est en classes préparatoires et sera amenée à faire des études supérieures, bref elle suit la voie royale ! Lucie manifeste une jalousie exacerbée vis-à-vis de sa sœur dont la « perfection » lui est insupportable. Elle va souvent dans la chambre de Pauline lui piquer des disques ou des bijoux. Gisèle et Henri retrouvent en permanence, cachées dans les tiroirs de Lucie, des affaires qu'elle a volées à sa sœur. Lucie dérobe aussi d'autres objets, qui sont toujours de famille : petites cuillères en argent, cadres contenant des photographies. Ces pillages témoignent d'une quête d'appartenance, d'une quête par rapport à ses origines. En subtilisant ces objets, Lucie cherche à s'approprier une partie de l'histoire familiale de sa famille adoptive. Mais il n'y a pas que cela. En effet, à travers ses troubles du comportement, qui lui donnent un aspect radicalement étrange et étranger à ses parents, elle fait aussi vivre une famille imaginaire qui lui a transmis les fameux « mauvais » gènes. Comment ses parents pourraient-ils oublier qu'elle est étrangère à leur histoire ainsi qu'à leur manière d'être et de penser ?

Ce genre d'histoire se produit parfois dans des familles « traditionnelles » mais, dans ce cas-là, la question génétique n'est pas soulevée de la même manière. Les parents se demandent alors : *« Qu'est-ce que j'ai fait de mal ? »* Les familles adoptives se posent la même question, mais y ajoutent une interrogation qu'elles n'osent pas formuler, à laquelle elles n'osent même pas penser : *« Qu'est-ce que ses parents biologiques lui ont transmis ? »* De même que Lucie se comporte un peu comme Docteur Jekyll et Mister Hyde, tantôt charmante et adorable, tantôt monstrueuse et totalement rebelle, ses parents ballottent comme tous les parents adoptifs entre ces deux interrogations : *« Qu'est-ce que j'ai bien pu faire de mal ? »* et *« Qu'est-ce qui lui a été transmis génétiquement ? »*. Comme tous les parents qui ont des difficultés avec un de leurs enfants, ils se demandent s'ils n'auraient pas dû lui fixer davantage de limites, être plus vigilants, avec par ailleurs cette pensée aussi inavouable qu'inavouée : *« De toute façon, on n'y est pour rien, c'est certainement génétique. »*

Cette hésitation intérieure des parents entre deux pensées contradictoires, cette ambivalence, est certainement ce qui empêche la « greffe » de prendre harmonieusement.

Un tournant se produit dans la thérapie lorsque nous demandons à Gisèle :

« À qui Lucie vous fait-elle penser dans votre famille ? »

Gisèle marque alors un moment d'indécision. La question la déconcerte, comme si elle n'y avait jamais pensé dans ces termes-là. Et puis, brusquement :

« Elle est exactement comme mon oncle Albert, le frère de ma mère ! »

Le fameux oncle Albert, la brebis galeuse de la famille ! C'était un gamin insupportable, une tête brûlée qui faisait les quatre cents coups. Les mots qu'utilise Gisèle pour parler de son oncle sont assez proches du vocabulaire qu'elle emploie à propos de Lucie. Cet oncle Albert était le fils préféré de la mère de Gisèle qui avait eu sept enfants et éprouvait une tendresse particulière pour celui-ci. Elle le protégeait, couvrait ses bêtises, lui donnait de l'argent en cachette, dans un lien que l'on pourrait qualifier de quasi incestueux. De toute évidence, la mère de Gisèle a transmis quelque chose de cet amour à sa fille. L'oncle Albert qu'elle n'a pratiquement pas connu est devenu dans l'imaginaire de Gisèle un personnage mythique très important. Le fait qu'elle fasse revivre ce personnage-là en séance et qu'elle dessine une analogie entre Lucie et cet homme rattache Lucie à la famille de sa mère et l'ancre dans une généalogie à laquelle elle n'avait pas pu se raccrocher jusque-là.

Lucie, qui passait les séances à insulter les thérapeutes (*« Qu'est-ce que c'est encore que ces conneries de psy que vous racontez ? », « Qu'est-ce que vous avez à parler tout le temps de ces histoires d'adoption ? J'en ai ras le bol ! Vous me faites chier avec vos histoires »*), se met alors à poser des tas de questions. On sent que ça l'intéresse. Enfant, elle s'est sentie très proche de cette grand-mère, disparue quand elle avait sept ans, et dont le souvenir lui est resté très cher.

Elle en parle souvent en disant à sa mère : « *Tu n'es pas comme Mamie, elle au moins me comprenait.* » L'évocation de l'oncle Albert, cher au cœur de sa grand-mère malgré (ou peut-être à cause de) son comportement, donne tout à coup une logique à ce lien d'affection particulier qui unissait l'aïeule à sa petite-fille.

La possibilité pour Lucie de se raccrocher à des branches généalogiques de sa famille adoptive maternelle a permis d'aborder différemment la question de l'origine des deux sœurs. En s'affiliant ainsi à la famille de sa mère, Lucie a libéré les fantômes de ces deux mères biologiques, la sienne et celle de Pauline, qui avaient accouché sous X. Elles cessaient de devenir « dangereuses » et pouvaient désormais sortir des placards de la mémoire et des non-dits dans lesquels on les avait soigneusement enfermées. D'autres personnages que cette famille de quatre personnes qui vivait dans un huis clos étouffant se sont mis à exister dans la pièce, et l'imagination de chacun a pu s'abandonner à les évoquer. La galerie de portraits s'est mise en mouvement.

Pauline comme Lucie ont alors pu commencer à dire tout ce qu'elles imaginaient de leur histoire et de leur mère de naissance et comment elles se les représentaient, sans que cela blesse les parents. Gisèle ne s'est plus sentie en danger, menacée par la concurrence de ces mères génétiques. Pauline avait une vision romanesque de son histoire et imaginait une jeune fille ayant eu une histoire d'amour très jeune avec un homme, contrainte par sa famille d'accoucher sous X, déchirée, aimant son enfant et obéissant parce qu'elle n'avait pas le choix. À l'inverse, Lucie se représentait sa mère comme une toxicomane, vivant dans la rue, qui avait eu un enfant sans le vouloir et sans même savoir qui était le père : elle imaginait une histoire très chaotique et très violente. Cette « scène primitive » qu'elle concevait par rapport à sa venue au monde cadrait parfaitement avec la violence de l'adoption telle qu'elle lui avait été racontée et expliquait la violence de son propre comportement.

En libérant ainsi leur imagination, Pauline et Lucie ont libéré celle de leurs parents qui s'est, finalement, avérée assez proche de la leur. Ils ont pu tisser des histoires.

La fonction de Lucie paraît désormais claire. D'une part, elle donne de la vitalité et du tonus au couple vieillissant de ses parents. Gisèle et Henri sont obligés de faire preuve de vigilance et d'attention vis-à-vis de leur cadette, de « faire couple » pour l'aider. Cette fonction se situe également à l'intersection de plusieurs histoires. Lucie reste fidèle à son histoire d'adoption. Elle est dans la continuité logique de la violence de cette adoption. Enfin, il est devenu évident que quelque chose, dans les symptômes de Lucie, reproduit un pan de l'histoire de sa mère adoptive. Comme si Gisèle avait repris à son compte, avec Lucie, la fascination qu'éprouvait sa propre mère à l'égard de l'oncle Albert, le mouton noir de la famille. Cette fascination empêche Gisèle de donner des limites à sa fille. Finalement, la fonction de Lucie maintient actif le principe de pluriparentalité. Elle empêche d'oublier. Lucie est tellement étrange et étrangère, qu'elle ramène constamment l'étrangeté de son origine dans sa famille.

Les mères biologiques que nous avons fait naître dans la pièce de thérapie sont désormais assises en permanence autour de la table de la salle à manger de la maison familiale. Le simple fait d'avoir pu en parler donne de l'oxygène. Tous les fantômes sortent du placard : ceux de

Gisèle qui a libéré l'oncle Albert et ceux des filles qui ont libéré leurs mères de naissance et que Gisèle et Henri avaient envie d'écarter. Tous ces personnages fantomatiques ne peuvent plus nuire puisqu'ils ne s'interposent plus entre Pauline, Lucie et leurs parents.

Le propre d'une fonction est d'être utile au groupe. Le propos de la thérapie familiale est précisément de recadrer le comportement apparemment « anormal », symptomatique, pathologique, d'un adolescent pour donner à voir cette utilité. Ce que fait cet ado, même à son insu et à l'insu de ses parents, a une logique. Il s'est mis dans la tête que c'était utile. Il le fait sans le vouloir parce que cela a une utilité dans sa famille.

C'est ainsi que nous dirons à Lucie :

« Ton comportement est tout à fait insupportable, mais tu t'es mis dans la tête que si tu n'étais pas comme cela, tes parents allaient s'ennuyer, qu'ils n'auraient rien à se dire ou rien à faire ensemble. Ou bien, on ne sait pas pourquoi, tu t'es mis dans la tête que ton comportement allait faire vivre le fantôme de vos mères biologiques en permanence à la maison et que vos mères biologiques allaient dormir dans le lit de vos parents. On ne sait pas pourquoi tu t'es mis dans la tête, aussi, qu'il fallait que ces mères-là soient présentes à la maison. »

Nous disons ce genre de choses. Elles sont un peu déstabilisantes pour les familles mais permettent de donner du sens à des comportements incompréhensibles autrement.

Lola ou la petite fille qui était aussi grand-mère

Les recompositions familiales ont complètement bouleversé les relations de fraternité. Nous avons déjà souligné comment, dans certains cas, la famille pousse « à l'envers » : au fil des divorces et des remariages, les adultes finissent par être beaucoup plus nombreux que les enfants – tels Lucas et son « faux frère », venus spontanément consulter avec sept parents. Dans les contes de fées classiques, un prince et une bergère se rencontrent et ont beaucoup d'enfants. Dans les contes de fées modernes, deux enfants se rencontrent et « font » beaucoup de parents, ce qui confère à certains enfants une fonction fondatrice parfois lourde à porter.

Ingrid et Laurent se présentent à la consultation de thérapie familiale avec leurs deux enfants, David, dix-neuf ans, et Lola, treize ans. Lola a un comportement anorexique et boulimique qui inquiète beaucoup ses parents. Nous apprenons très vite qu'Ingrid et Laurent sont séparés depuis six ans. Laurent vit désormais avec Valérie et la fille de cette dernière, Élise, âgée de dix-huit ans. Ingrid a une relation avec Pierre dont elle est tombée folle amoureuse alors que son couple avec Laurent battait un peu de l'aile et a quitté Laurent pour lui. Mais Ingrid ne vit pas avec Pierre parce que Lola « interdit » sa présence à la maison. Au début de leur histoire, Ingrid et Pierre ont essayé de vivre ensemble. Quelques mois après qu'Ingrid a quitté son domicile conjugal, Pierre a lui-même abandonné de façon très brutale sa femme, Laure, et leur fils, Kévin, quinze ans aujourd'hui, en faisant ses valises du jour au lendemain pour aller s'installer chez Ingrid.

Chez Ingrid, la situation se révèle catastrophique.

Lola, sept ans à l'époque, développe des troubles alimentaires, insulte Pierre, pleure toute la journée, allant jusqu'à menacer sa mère de se jeter par la fenêtre si Pierre reste à la maison. Pierre retourne chez lui où il retrouve Laure et Kévin. Laure supporte très mal la situation : sa jalousie la conduit à des crises terribles ; sur les murs, elle écrit au rouge à lèvres : « Je te hais. Va retrouver ta pute », « Salaud ». Vaisselle cassée, et guerre des tranchées...

Six ans plus tard, la situation racontée par Ingrid est la suivante : David est parti étudier aux États-Unis. Il est venu à la première consultation parce que cela correspondait à un moment où il était de passage à Paris. Ingrid vit seule avec Lola dans l'ancien appartement familial. Laure est décédée un an auparavant d'un cancer. Et Pierre vit avec Kévin qui est extrêmement déprimé, fume du cannabis toute la journée et ne va presque plus au lycée.

Quand Lola est chez son père, tout se passe très bien. Elle s'entend très bien avec Valérie et adore sa fille Élise qu'elle appelle sa sœur alors qu'elles n'ont absolument aucun lien de consanguinité. Elle a néanmoins conservé intacte son animosité à l'égard de Pierre. Ingrid et Pierre sont donc obligés de se voir pendant les week-ends, quand Lola est chez son père, et de temps en temps en semaine. Ils continuent à avoir des moments volés ensemble, ce qui maintient sans doute leur passion comme un amour interdit mais demeure en même temps très fatigant pour l'un comme pour l'autre.

Ingrid et Laurent, les deux parents de Lola, se sont présentés spontanément à la première séance, alors que ce n'est plus la famille réelle de Lola puisqu'ils sont séparés depuis plusieurs années. Dans la réalité, Lola se trouve effectivement entre plusieurs situations familiales. Elle a plusieurs « familles » : d'un côté, celle que Laurent forme avec Valérie et Élise ; d'un autre côté, la famille monoparentale dans laquelle elle vit avec Ingrid, comme si toutes deux constituaient un couple. Par ailleurs, elle a quand même quelques moments de relation avec Pierre qui ne vit pas complètement caché, au cours desquels ils donnent tous deux le sentiment de jouer à cache-cache. Lola est assez incohérente avec lui : de temps en temps, elle le rejette très violemment, mais à d'autres moments, elle lui demande de lui fixer des limites. Quand la situation est trop conflictuelle entre elle et sa mère, les interventions de Pierre permettent malgré tout d'empêcher l'escalade. Lola semble ainsi jouer le rôle de chef d'orchestre entre plusieurs groupes. Par ailleurs, l'adolescente manifeste une grande curiosité à l'égard de Kévin. Elle l'a rencontré deux ou trois fois et se montre assez fascinée par cet adolescent qui a deux ans de plus qu'elle. On sait qu'elle aimerait non seulement mieux le connaître, mais aussi l'aider.

Lola donne l'impression d'être plusieurs personnages à la fois. Elle joue différents rôles sans en être consciente, bien évidemment. Ainsi, dans la famille de son père, elle peut être une petite fille enjouée. Seule avec Ingrid, elle devient extrêmement autoritaire : elle joue le rôle de « mère de sa mère ». En bonne anorexique, c'est en effet elle qui s'occupe des repas et des courses. Elle n'a jamais beaucoup mangé mais n'est véritablement anorexique que depuis quelques mois. Elle réglemente la relation d'Ingrid avec Pierre : elle autorise ou interdit la présence de Pierre à la maison, comme si elle était la mère d'Ingrid, comme si cette dernière devait demander à sa mère l'autorisation de faire venir son petit ami à la maison. Enfin, elle a visiblement envie d'être très maternelle avec Kévin, non pour exercer son autorité sur lui mais pour le protéger.

La première tâche des thérapeutes familiaux consistera à moduler les rencontres avec cette famille en tenant compte de la réalité, c'est-à-dire de ne pas accepter cette image de la famille biologique traditionnelle que nous présentent les parents à la première séance et qui constitue, finalement, la partition que Lola a envie de jouer en reconstituant le quatuor qui est pour elle le groupe idéal – ses parents biologiques, son frère et elle. En effet, il faut tenir compte de la réalité : la famille a pris une autre forme. Nous organisons donc des rencontres familiales d'une part avec Laurent, Valérie, Élise et Lola, qui constituent une famille ; d'autre part avec Ingrid et Lola et, enfin, nous introduirons petit à petit Pierre et Kévin. Il est essentiel que Lola prenne conscience que ses parents sont séparés et ont recomposé une famille chacun de son côté. Or, elle réunit Ingrid et Laurent pratiquement tous les jours au téléphone. Elle leur impose de passer les fêtes ensemble. Elle arrive même à les convaincre de l'emmener ensemble quelques jours en vacances. Et ses parents la laissent prendre cette place et cette fonction qui ne devrait pas être la sienne de réunificatrice d'un couple qui n'existe plus.

Ingrid et Laurent reconnaissent d'ailleurs que le fait de se voir et de se parler aussi souvent ne les enthousiasme ni l'un ni l'autre. Mais ils sont tellement paralysés par l'idée que Lola puisse aller mal, qu'elle puisse être triste ou malade, qu'ils continuent à jouer la partition du couple.

Pendant tout un temps, nous préférons dans la thérapie ne pas être complices et lui faire plutôt prendre conscience des nouvelles fonctions qu'elle occupe : cette fonction de petite fille chez Valérie et Laurent et cette fonction de grand-mère avec Ingrid et Pierre. Il faut qu'elle puisse petit à petit se dégager de ces deux fonctions qui la morcellent pour endosser une fonction plus juste, au sens musical du terme, qui corresponde à ce qu'elle est : une adolescente qui n'est ni une petite fille ni une grand-mère.

Nous découvrirons d'ailleurs au cours de la thérapie que la fonction que Lola jouait auprès de sa mère avait une dimension transgénérationnelle. En effet, Ingrid est fille unique. Enfant, elle était très soumise à sa mère. Lola est née très peu de temps après le décès de sa grand-mère et, d'une certaine manière, elle la « réincarne », comme c'est d'ailleurs souvent le cas avec les anorexiques. Ingrid a ainsi transposé avec sa fille la très forte relation de dépendance qu'elle entretenait avec sa propre mère. D'une certaine manière, Lola est devenue le fantôme de cette femme autoritaire.

Pour réussir ce travail de thérapie familiale, la présence de Kévin se révèle absolument indispensable. Au bout de quelques mois de thérapie au cours desquels l'anorexie de Lola s'améliore – d'autant que ses parents ont eu l'intelligence de consulter très tôt –, Kévin et Lola s'apprivoisent mutuellement et se découvrent beaucoup d'affinités. Rapidement, Lola parle de Kévin comme de son « frère ». Cette relation de fraternité leur fait du bien à tous les deux et permet de donner naissance à la famille qui n'avait pas pu se créer avec Pierre et Ingrid.

À la fin de la thérapie, Ingrid, Pierre, Kévin et Lola vivront tous ensemble et les symptômes de Lola vont grandement s'améliorer. Il ne s'agit pas d'un magique « happy end » car tous les problèmes ne sont pas gommés. Le fantôme de Laure, morte d'un cancer, pèse encore très lourd sur la relation de Kévin avec son père.

« Mon demi-chien »

Les familles recomposées posent des questions spécifiques. Nous manquons souvent de vocabulaire pour nommer les différents protagonistes de ces familles. Mais chacun bricole à sa manière et les enfants inventent parfois des expressions, et des plus cocasses : l'un d'eux parlait ainsi de son « demi-chien ». Les « faux frères » ne supportent en général que de se désigner suivant les termes traditionnels de « mon frère » et « ma sœur ». Il peut apparaître aux côtés de maman une « maman Jeanine ». Un parent biologique qu'on n'aura jamais connu peut devenir au gré de l'histoire de l'enfant « mon vrai père »...

L'absence de nomination traduit un manque de repères institutionnels fortement générateur d'angoisse, une absence de règles culturelles, morales et juridiques auxquelles se référer. Chacun occupe une place, joue un rôle qu'il doit réinventer au quotidien, dans des interactions avec des protagonistes qu'il ne connaît pas forcément. Nous manquons nous-mêmes de repères pour définir les droits et les devoirs des uns et des autres : jusqu'à quel point privilégier les liens biologiques, les liens affectifs ou les liens légaux ?

Ces mêmes questions se posent dans notre pratique de thérapie familiale : comment délimiter un groupe familial ? Qui en fait partie, qui est exclu ? À partir de quel moment, par exemple, l'ami de la mère va-t-il être reconnu comme remplissant une fonction parentale, et ses enfants acceptés comme frères ou sœurs ? En choisissant tel ou tel sous-groupe, nous le validons implicitement, nous « créons » de la famille.

La reconnaissance sociale du nouveau couple est fondamentale. Il est important par exemple de savoir à quel moment le nouveau conjoint participe aux différents événements familiaux ou religieux[4]. L'importance de l'enfant du nouveau couple s'avère ici fondamentale : un couple parental est plus solide qu'un couple conjugal et c'est à l'occasion de la naissance d'un enfant qu'il acquiert cette reconnaissance.

Les enfants du même âge entrent certes en compétition mais surtout apprennent à coopérer et à collaborer, à négocier et à s'allier ; c'est souvent plus facile qu'à travers la rivalité féroce qui relie les fratries biologiques ; il est plus souvent nécessaire d'expliciter les relations, de renouer des appartenances familiales grâce à cette appartenance élective.

Les émotions qui circulent sont souvent très vives : culpabilité, agressivité, désir de réparation – surtout vis-à-vis des enfants – chez l'un, sentiment d'injustice et de trahison, d'abandon, dépression chez l'autre.

Une histoire officielle de la séparation, un scénario rigide peut se mettre en place avec son lot de bourreaux et de victimes, scénario auquel les enfants adhèrent massivement, jusqu'à ce qu'ils se rendent compte de leur erreur. L'enfant soutient toujours le parent le plus faible. Il a en général deux manières d'effectuer ce soutien : la maladie ou la parentalisation – s'enfoncer dans des symptômes de dépression, d'anorexie, de dépendance ou se transformer en un adulte plus adulte que les autres.

Aux fonctions assumées par les membres du groupe peuvent s'ajouter les fonctions remplies par des personnages que l'on ne connaîtra jamais mais qui occupent une place fondamentale dans la famille : les parents biologiques, pour Lucie, les parents donneurs de gamètes, en cas de procréation médicalement assistée. Ils sont des fantômes, comme tous les membres de la famille disparus, mais présents dans l'imaginaire commun. À la différence près qu'il est le plus souvent interdit d'en parler, voire d'y penser. J'expliquerai plus loin comment ils reviennent parfois en force. À l'image des fantômes, ils peuvent s'incarner au présent, hanter un descendant, conférer des missions énigmatiques. Même les fantômes ont leur fonction.

3

L'illusion démocratique

Ah qu'elles étaient jolies les familles d'autrefois, avec leurs pères tout-puissants, leurs femmes soumises et leurs enfants au garde-à-vous ! Et que la vie était simple quand on savait qui commandait, quand on ne plaisantait pas avec les règles, quand les rôles et les lois familiales étaient clairs et nets ! Mais en était-elle plus facile pour autant ?

La psychanalyse est née au début du siècle dernier des dégâts causés par ces familles autocratiques et cette écrasante hiérarchie que certains semblent aujourd'hui regretter amèrement.

Il n'est donc pas surprenant qu'à ce mode d'organisation autoritaire et « vertical » ait succédé un mode horizontal et plus démocratique, né du désir – mais aussi de l'obligation – de l'auto-organisation du groupe. Ce mode repose à la fois sur l'autonomie et l'interdépendance de chacun – une équation complexe –, et s'appuie sur des règles implicites et des buts communs.

Le modèle ancestral est celui du dirigeant d'entreprise

ou du chef d'orchestre, le second pourrait être comparé à un groupe de jazz qui improvise...

La famille contemporaine est donc devenue plus égalitaire.

Mais s'agit-il vraiment d'une « famille démocratique » ?

La société et la famille poursuivent une longue évolution démocratique entamée en 1789, qui proclame l'autonomie de l'individu face à la tradition. Si chacun a conscience que la société ne peut survivre sans règles ni contraintes, il est désormais acquis que chaque règle, chaque valeur se doit d'être discutée, analysée, critiquée. L'autorité n'est plus un droit absolu et doit faire la preuve de son bien-fondé, de sa légitimité.

Parallèlement, l'éducation des enfants est devenue l'affaire de chaque famille. Certes, elle s'appuie toujours sur des références et des idéaux, mais les parents doivent définir leur modèle et leur vision du monde, déterminer ce à quoi ils tiennent et l'expliquer à leurs enfants. Aujourd'hui, les croyances religieuses se sont effritées, les idéologies ont du plomb dans l'aile, « les lendemains qui chantent » ne sont plus à l'horizon et le respect des traditions familiales s'est envolé. Que reste-t-il alors à transmettre ? Les nouvelles valeurs sont justement celles de la démocratie – la défense des libertés et des égalités –, valeurs certes nobles mais qui introduisent peu de hiérarchies et ne lèguent aucune tradition, aucune identité, aucun ancrage. C'est un héritage plus riche, mais aussi plus complexe et aléatoire, et les parents finissent par se sentir bien seuls face à cette nécessité de transmettre à leurs enfants un cadre et des limites.

Ces enfants, devenus rares, sont de plus en plus idéalisés, d'autant que l'avenir des couples est incertain. Et la vénération pour les enfants est à la mesure des déceptions qu'ils engendrent et des difficultés familiales et personnelles que sous-entendent ces deux extrêmes. L'exemple de la Chine est édifiant : l'obligation imposée aux familles par l'État de limiter les naissances à un enfant par foyer y a considérablement multiplié les troubles psychiatriques à l'enfance et l'adolescence.

L'autorité en question

Les liens familiaux, régis par le libre choix, peuvent désormais être remis en question. Cette réalité fragile s'oppose à la relation d'éducation, fondée sur la dépendance affective, qui nécessite un attachement fort et durable.

Nous voulons être heureux. Notre vie d'adulte, notre épanouissement de parent et le bonheur de nos enfants sont devenus notre principal objectif. Beaucoup de parents sont donc convaincus que s'ils exercent trop de contraintes sur leurs enfants, ils empêcheront leur merveilleuse personnalité de s'épanouir. Cette croyance, bien que vraie dans une certaine mesure, introduit une confusion entre la tyrannie qui empêche et interdit, et l'autorité qui permet et autorise. Les parents d'aujourd'hui sont par ailleurs persuadés que les conflits vont à l'encontre du rapport affectif et que l'amour ne peut se manifester que d'une manière positive. Cette conviction, alliée à une admiration sans bornes pour les potentialités de leur enfant, les conduit à se prosterner devant lui et à tout mettre en œuvre pour ne pas le « gâcher ». Comme s'il existait en lui un individu unique, singulier et spontané qui n'a nul besoin d'être « dressé ». Or, les conflits, inhérents à toute relation, ne mènent pas à la destruction des liens ; bien au contraire, ils permettent de les construire.

Enfin, nous avons appris que l'enfant est une personne. Mais nous oublions parfois qu'il n'est pas un adulte pour autant. L'autorité chancelle, la famille est en crise et pédagogues, psychanalystes et chercheurs en sciences sociales se bousculent à son chevet.

Comment s'en étonner ? Toutes ces croyances nous ont amenés à considérer la famille comme une sorte de « démocratie » dans laquelle tout le monde doit donner son avis avant que la moindre décision puisse être prise et au sein de laquelle l'autorité doit être perpétuellement négociée entre ses différents membres. Les enfants sont de plus en plus consultés pour toutes les options familiales, à tel point que les études marketing montrent qu'ils sont devenus « prescripteurs » et décisionnaires. Comment ne pas imaginer, dans ces conditions, qu'ils ont voix au chapitre sur tout, y compris sur ce qui ne les regarde pas, et que leur avis n'est pas uniquement consultatif ? C'est d'ailleurs ce qui se passe, dans la réalité, lorsque, au moment de la séparation de leurs parents, on leur demande s'ils préfèrent habiter avec papa ou avec maman. On leur donne ainsi un pouvoir qu'ils ne peuvent pas assumer parce qu'ils ne sont malgré tout que des enfants, même s'ils sont des personnes.

La philosophe Hannah Arendt [1] l'a souligné : l'autorité ne réside ni dans la contrainte ni dans la persuasion, mais tout simplement dans la reconnaissance de la hiérarchie, c'est-à-dire lorsque les places et les fonctions sont fixées et reconnues par tous les membres d'une collectivité.

« C'est lui qui dirige la maison »

Nous sommes de plus en plus sollicités pour des troubles d'enfants ou d'adolescents liés à un dysfonctionnement de l'autorité dans les familles.

Mais ces familles qui consultent en s'inquiétant de ne pas avoir d'autorité ne se rendent pas compte que le véritable problème est ailleurs. Pourquoi est-il devenu nécessaire de faire appel aux psys quand *« il n'a que cinq ans et on a l'impression que c'est lui qui dirige tout à la maison »* ? Ou pour demander : *« Docteur, faites-lui entendre que ce n'est pas bien pour son âge ! »*, *« Comment peut-on lui faire comprendre qu'on ne se couche pas à une heure du matin quand on n'a que neuf ans ? »* ?

S'en prendre à la société moderne, déplorer un contexte où l'exercice de l'autorité est devenu impossible me paraît simpliste. Il me semble aussi qu'aujourd'hui les valeurs partagées par les adultes, comme par leurs enfants, sont avant tout celles de l'adolescence. D'une part, les enfants se révèlent tirés de plus en plus tôt vers l'adolescence : leurs tenues sont sexualisées, on les attire vers le monde de la consommation et vers des jeux plus ou moins troubles qui ne sont que les simulacres de ceux des adultes. D'autre part, et c'est un lieu commun, les adultes restent longtemps fascinés par le style adolescent : la démocratisation de la chirurgie esthétique, la vogue du sport, l'engouement pour le souci diététique et hygiéniste témoignent à l'évidence du jeunisme ambiant.

Or, l'adolescence des enfants précipite toujours les parents dans une régression vers leur propre adolescence. Ce moment, autrefois fantasmatique, offre aujourd'hui aux adultes fascinés par l'adolescence de nouvelles possibilités bien réelles. Comme si, cette fois, les parents allaient pouvoir revivre une nouvelle adolescence, joyeuse, jouissive et autrement plus agréable que celle de leur génération. S'habiller comme un ado, même à quarante-cinq ans, ou se livrer au scalpel n'a rien de grave en soi, même si cette régression contribue à gommer la barrière des générations et fragilise l'adolescent – qui a déjà du mal à sortir du cocon de l'enfance, et doit s'opposer pour se construire. Mais la crise du parent peut aussi déboucher sur de nouvelles rencontres, sur une séparation, sur des choix de vie immatures et peu propices à l'épanouissement de leurs ados.

Il me semble ainsi qu'on pourrait analyser ces phénomènes comme une crise d'adolescence généralisée qui frappe en même temps toutes les générations, abolit les frontières et empêche l'inévitable séparation entre enfants et adultes. Or, pour que l'autorité puisse exister, il faut que ces frontières psychiques préexistent. C'est un préalable et tout le reste vient après.

Cette fusion, souvent inconsciente, entre les différents membres du clan familial, l'absence de différenciation et des frontières psychiques, sensorielles et émotionnelles qui lui sont inhérentes, aboutit à une confusion extrême des générations et des sentiments, empêchant certains parents de faire preuve d'autorité.

Émile ou l'enfant roi

Une anecdote de la vie quotidienne, dans laquelle beaucoup de parents se reconnaîtront, illustre les dérapages auxquels peuvent conduire un « excès » de démocratie. Sophie et François décident d'aller au restaurant avec leurs enfants, Marine, quinze ans, et Émile, dix ans, ainsi que les parents de François. Après avoir hésité entre restaurant chinois et pizzeria, ils optent pour le chinois.

Émile entre alors dans une colère spectaculaire et se met à hurler dans la rue : *« Je ne veux pas aller au restaurant chinois, on y est allés la dernière fois, je veux une pizza ! »* Pour apaiser son fils, Sophie propose de tirer à pile ou face et, manque de chance pour Émile, c'est face, le chinois, qui gagne. Fou de rage, le jeune garçon se rue sur sa mère. Il est tellement fâché qu'il lui attrape le bras et la secoue comme un prunier. Sophie réagit vivement en lui donnant une gifle et déclare : « Puisque c'est comme ça, on rentre à la maison et personne n'ira au restaurant. » Sa belle-mère intervient alors en disant que, tout compte fait, elle préfère également la pizzeria, et tout le monde se retrouve au restaurant italien. Émile a donc gagné. C'est lui qui a décidé de la destination de toute la famille, appuyé par sa grand-mère. Mais, au moment de passer la commande, il déclare qu'il n'a pas faim. Il fait trop chaud, il est très fatigué. C'est ainsi que sa mère justifiera d'ailleurs l'agressivité de son fils : *« J'ai compris qu'il était tout simplement épuisé. »* Il n'empêche que toute la famille a obéi à Émile.

Dans cet exemple, il n'est d'ailleurs même plus question de « démocratie ». En effet, comme beaucoup d'enfants désormais, Émile est un enfant roi, un petit tyran. Et, comme beaucoup de parents, Sophie a abdiqué parce qu'elle a douté de la légitimité de son pouvoir, comme si elle se demandait : *« De quel droit et de quelle légitimité puis-je me prévaloir pour exercer cette autorité ? Dans le fond, pourquoi ne pas aller à la pizzeria si cela lui fait tellement plaisir ? Après tout, nous hésitions entre deux restaurants, s'il tient tellement à sa pizza, allons-y ! »* D'autant que, finalement, personne n'a protesté. Histoire de ne pas avoir le sentiment d'être dans la peau d'un gendarme et de se livrer à un abus de pouvoir, elle a laissé son fils de dix ans décider pour six personnes.

D'autres parents auraient peut-être réagi autrement. Dans les mêmes circonstances, une autre mère ou un autre père aurait tenté de convaincre Émile d'aller quand même au restaurant chinois *« pour faire plaisir à maman »*, éventuellement en l'implorant – *« parce que je te le demande »* –, voire en lui promettant que *« la prochaine fois, nous irons à la pizzeria »*, etc. Ce qui revient à lui demander implicitement : *« Montre-moi que tu m'écoutes et que j'ai de l'autorité. »*

On voit bien que l'exercice de l'autorité parentale oscille entre deux pôles. Les parents ont parfois le sentiment de faire preuve de violence et se demandent s'ils ont vraiment le droit d'imposer leur volonté à leurs enfants. D'autres supplient presque leurs enfants d'obéir pour qu'ils leur donnent cette légitimité de parents qui exercent un pouvoir ; ils finissent par se justifier avec des explications à n'en plus finir : *« Si je t'interdis de faire ci ou ça, c'est parce que... »*.

Récalcitrants à cette autorité, l'enfant et l'adolescent vont chercher à convaincre leurs parents qu'il y a effectivement de la violence et un abus de pouvoir[2]. L'enfant joue ainsi, inconsciemment bien sûr, avec la culpabilité de ses parents (qui se disent : *« Je suis coupable d'exercer une pression intolérable qui va perturber l'épanouissement psychologique et affectif de mon enfant – et le mien en tant que parent »*) et, comme par un effet de boomerang, finit par se sentir lui-même envahi par cette culpabilité. Comme Émile qui voulait tant aller à la pizzeria et qui n'a plus faim une fois qu'il a gagné, l'enfant se sent coupable d'être arrivé à ses fins et d'avoir inversé l'ordre des générations : l'enfant « roi », devenu enfant « tyran », incarne cette figure d'autorité dont il veut se débarrasser. Il se crée alors un cercle vicieux entre les conduites tyranniques et les sentiments de culpabilité et d'insécurité. Car il est très angoissant pour un enfant d'avoir le sentiment qu'il fait la loi.

La représentation de l'enfant tel un être merveilleux et unique qui doit s'épanouir se heurte en permanence à une autre, opposée : l'ouragan des pulsions de l'enfant qu'il s'agit de discipliner, de canaliser, bref de socialiser.

Si l'excès d'autorité est nuisible, l'absence d'autorité est-elle réellement épanouissante ?

Le couple ou l'autorité parentale

C'est en 1970 que la notion juridique de puissance paternelle cède la place à l'autorité parentale conjointe. La loi du 4 mars 2002 stipule : *« L'autorité parentale est un ensemble de droits et de devoirs ayant pour finalité l'intérêt de l'enfant. Elle appartient aux pères et mères jusqu'à la majorité de l'enfant ou l'émancipation de l'enfant, pour le protéger dans sa sécurité, sa santé, sa moralité, pour assurer son développement dans le respect dû à sa personne. Les parents associent l'enfant aux décisions qui le concernent selon son âge et son degré de maturité. »* Dans le même temps se développent des textes de loi spécifiques aux droits de l'enfant (le « droit de correction » par exemple, inscrit dans le Code civil de 1803, n'est aboli qu'en 1958).

Depuis que la notion juridique d'autorité paternelle a disparu au profit de celle d'autorité parentale, c'est un couple, aux rapports souvent complexes, qui exerce cette autorité. Le pouvoir doit donc être en permanence partagé et discuté entre les deux parents, et cette perpétuelle négociation renforce la tension inhérente au couple. Chaque parent peut ainsi être tenté – notamment dans les moments conflictuels – de susciter une relation affective exclusive avec l'enfant, où l'objectif est avant tout de plaire et de se faire aimer.

Parce que les hommes et les femmes ont des représentations très contradictoires de l'autorité, tous les niveaux se télescopent à la fois. Une femme peut ainsi être prise entre la conviction qu'elle est l'égale de son compagnon pour exercer l'autorité *(« Il n'y a pas de raison qu'il soit plus autoritaire que moi pour imposer quelque chose »)* et l'envie que son compagnon soit un père classique. Les représentations traditionnelle et moderne coexistent, rendant parfois le quotidien incohérent. Hommes et femmes se trouvent tous confrontés à ces contradictions internes : en s'occupant de plus en plus de leurs enfants, les pères ont aussi du mal à « dé-fusionner », à se décoller de leurs enfants, et à imposer leur autorité. Or, implicitement, chaque membre du couple reproche à l'autre sa propre difficulté. Ces contradictions créent une sorte de nœud, que l'enfant perçoit très bien et dans lequel il s'engouffre tête la première.

Un père divorcé téléphone systématiquement à ses enfants chez leur mère à vingt heures, en rentrant du travail. Son ex-femme lui répond invariablement que les enfants sont à table et qu'elle ne veut pas interrompre leur repas. Le père se met à hurler : *« Je ne veux pas que tu m'empêches de parler à mes enfants ! »* ; et la mère renchérit tout aussi violemment : *« Arrête de nous pourrir la vie, arrête de te comporter comme un père minable. »*

Ces parents poussent à l'extrême les impasses de l'autorité conjointe, lorsque seul le conflit mène la danse. Mais on trouverait mille exemples de ce genre, et pas seulement dans les couples divorcés. Tous les parents qui éprouvent des difficultés à imposer leur autorité ne se précipitent pas en thérapie familiale, mais ces problèmes sont néanmoins évoqués par nombre d'entre eux dans mon cabinet.

Lancelot ou l'angoisse partagée

André vient nous consulter avec son fils de dix-sept ans. La mère de Lancelot, enseignante comme son mari, n'a pas pu venir à cause d'une réunion. Le jeune frère de Lancelot, quatorze ans, est également absent. La ressemblance entre Lancelot et son père est frappante : tous deux ont un air engageant, assez doux, fragile et timide. Lancelot, qui est en terminale, a toujours été bon élève. Mais, depuis quelques mois, ses résultats sont en baisse. Ce fils modèle, gentil et plutôt docile, est devenu un adolescent comme tant d'autres. Il sort le soir, rentre de plus en plus tard, s'emporte et répond mal à ses parents. En outre – et c'est le principal souci de son père, qui en est littéralement malade d'inquiétude –, il fume du cannabis. On sent que l'épanouissement et la réussite scolaire de Lancelot sont au centre de la vie d'André, totalement angoissé par l'idée que son fils puisse se trouver en échec.

Lancelot tente de le raisonner et de le rassurer. *« C'est vrai, je sors en bande avec mes copains. C'est vrai, on fume du shit ensemble, mais tout le monde le fait et, de toute façon, je ne fume jamais seul ni trop. »* Il finit pourtant par reconnaître qu'il fume aussi parfois *« un peu »* seul le soir dans sa chambre quand il est tendu, parce que cela l'aide à dormir et à se détendre.

André s'accable alors de reproches : « *Je me rends compte que je n'ai aucune autorité sur lui. Ma femme me le reproche d'ailleurs sans cesse. Même si je voulais l'empêcher de sortir avec ses copains et de fumer, j'en serais incapable. Ce qui me fait le plus peur dans toute cette histoire, c'est qu'il pourrait être entièrement livré à lui-même et commencer à fréquenter des voyous. Je ne sais pas comment je pourrais faire pour arrêter cela. Ces histoires de drogue m'angoissent. J'ai peur qu'il ne contrôle plus sa consommation et que ce soit l'escalade.* »

Le père et le fils ne sont visiblement pas dans le même registre émotionnel. Mais Lancelot semble plus cadré, plus raisonnable et tient des discours plus adultes que son père. Il a l'impression d'avoir des limites, de savoir où il va. Il ne s'inquiète pas pour son bac et pense maîtriser la situation.

Au bout d'une vingtaine de minutes d'entretien, Lancelot annonce : « *De toute façon, je connais les psychiatres. J'en ai déjà vu. J'ai fait une psychothérapie de douze à quatorze ans.* » J'apprends alors que, préoccupés par ses insomnies et un certain nombre de troubles obsessionnels compulsifs dont ni le père ni le fils n'avaient parlé jusque-là, ses parents l'avaient adressé à un psychothérapeute.

André prend la parole : « *Moi aussi, j'ai été très angoissé à l'adolescence. Mon père est mort quand j'avais dix-sept ans. Je ne m'en suis jamais remis. J'ai beau avoir fait une psychanalyse pendant quelques années, j'ai le sentiment de n'avoir jamais réussi à combler ce manque.* »

Lancelot sourit : « *Maman aussi est très angoissée !* » Il se tourne vers son père et lui dit : « *Finalement, l'angoisse est le ciment de notre famille !* » Alors que la séance avait démarré sous le signe de l'affrontement et du cannabis, voilà qu'une sorte de complicité surgit entre le père et le fils, comme si l'angoisse évoquée constituait le lien familial. À ce stade, il n'est peut-être pas inutile de préciser qu'André enseigne la philosophie. Autant dire qu'il a fait son métier des questionnements existentiels !

La consommation festive et limitée de cannabis entre adolescents ne présente pas un grand danger en soi, mais fumer pour apaiser une angoisse profonde prend un autre sens et André a sans doute raison de s'inquiéter. D'ailleurs, l'inquiétude crée du lien : l'angoisse peut aussi être une manière de relier les uns aux autres. *« Je suis si inquiet pour toi, j'ai peur de te perdre »* signifie en effet : « *Je tiens à toi.* » Il est parfois difficile de se rejoindre autour de sentiments plus calmes et plus sereins.

Dans une famille, on n'est pas toujours en prise directe avec les sentiments et les émotions des autres. Heureusement, d'ailleurs ! Quand on est trop proche, on peut se sentir menacé d'étouffement ou d'envahissement. À l'inverse, quand on est très autonome, on peut vivre pour soi, dans son petit monde, sans tenir compte des autres. Il y a une sorte de déchirement perpétuel entre ces deux extrêmes. D'où la nécessité que l'on éprouve parfois de mettre les liens à l'épreuve en faisant circuler des émotions, qu'elles soient positives (amour, joie, bien-être) ou négatives (colère, inquiétude, tristesse). Cette « circulation » d'affects est assez démocratique dans la mesure où tout le monde se retrouve alors sur le même plan. Encore faut-il que chacun fasse la part entre ce qu'il éprouve et ce qui lui appartient en propre, ce que l'autre ressent, ce qui est suscité par l'autre, etc. Il faut pouvoir donner un sens à toutes ces émotions sans pour autant entrer dans celles des autres membres de la famille – bref, encore faut-il pouvoir se différencier les uns des autres.

Lancelot met ainsi l'amour de ses parents à l'épreuve : il s'est arrangé pour que son père s'aperçoive qu'il fumait des joints et la baisse de ses résultats scolaires ne risquait pas de passer inaperçue. Mais la question est ailleurs : d'où vient l'angoisse qui circule dans cette famille, qui nourrit, pénètre et relie les différents membres ? Elle leur pèse mais, en même temps, elle leur semble indispensable. André et son fils viennent consulter parce qu'ils aimeraient s'en débarrasser, mais qui dit qu'ils ne redoutent pas que sa disparition dévitalise la famille et qu'il n'y ait alors plus de liens ? Mieux vaut encore de l'angoisse que rien du tout !

Tout ceci n'est pas sans rapport avec la question de l'autorité. Il n'y a rien de révolutionnaire à rappeler que le parent est détenteur de la loi et doit faire preuve d'autorité parce qu'un enfant a besoin de repères et de limites. Aujourd'hui, tout le monde s'accorde à dénoncer la défaillance de l'autorité ambiante. Mais ce constat ne mène à rien si l'on n'a pas compris qu'un certain nombre de parents, de plus en plus nombreux, se trouvent dans une incapacité psychique à assumer ce rôle dont ils sont pourtant les premiers à reconnaître l'importance. On a beau dire et répéter que les parents actuels n'ont pas envie d'exercer leur autorité parce que c'est ingrat, parce qu'ils redoutent le conflit et ont peur de perdre l'amour de leurs enfants, cette explication me semble un peu courte : elle ne prend jamais en compte la question de la différenciation, pourtant au cœur de leurs difficultés. En effet, pour avoir de l'autorité, avant même de songer à l'exercer, encore faut-il admettre que l'on est différent de l'autre : ne pas se projeter dans son enfant, ne pas s'identifier à lui, ne pas rejouer à travers lui une trop grande part de sa propre enfance.

Lancelot est un fils plutôt obéissant, pas franchement rebelle. Il est très gentil et cherche à rassurer son père. Mais André sent bien qu'il n'arrive pas à marquer une limite entre eux deux. Entre André et Lancelot, on pourrait presque dire que le père est dans le fils et le fils dans le père !

La séparation, prélude à l'autorité

Pour être juste, au sens musical du terme, l'autorité ne doit pas simplement être adaptée ou cohérente, elle doit être en harmonie avec une intime conviction. André est certainement un professeur très clair, capable d'enseigner sans se poser de question une autorité qu'il détient naturellement dans l'exercice de son métier, mais il vacille quand il s'agit de l'exercer sur son fils aîné. Beaucoup de parents, qui assument ainsi sans état d'âme leur autorité professionnelle, se sentent en difficulté par rapport à leur autorité parentale parce que ce n'est pas tout à fait la même fonction, bien qu'ils soient la même personne !

L'autorité ne devient un « gain » pour l'enfant qu'à partir du moment où il peut l'intégrer en s'identifiant au parent qui interdit. Ainsi, quand une petite fille joue avec sa poupée, elle la gronde, elle la tape, elle lui dit : *« Tu es insupportable. Je vais te punir. Je vais te mettre au coin. »* En faisant la maman, elle s'identifie à la mère qui interdit. Il est important de comprendre comment un enfant intègre l'interdiction de ses parents jusqu'au moment où elle fonctionne toute seule. Le parent dit : « *Ne mets pas les doigts dans la prise* », jusqu'au moment où il n'aura plus besoin de le dire ; l'enfant aura intégré cette interdiction, elle fera partie de lui-même et il ne mettra plus les doigts dans la prise de courant. Mais avant d'en arriver là, l'enfant passe par une période d'ambivalence, un peu comme s'il était partagé en deux. Son envie de suivre ses désirs et ses pulsions coexiste avec une sorte de gendarme intérieur, reflet du parent qui dit non et lui intime de ne pas céder à ses pulsions. Plus tard, ce gendarme intérieur deviendra ce que l'on appelle le « surmoi ».

Ce que veut l'enfant s'oppose à ce qui est interdit. Il est donc en proie à un conflit intérieur, ce qui est bien plus compliqué qu'un conflit avec les autres ! En effet, tant qu'on a un parent derrière qui dit : « *Tu ne dois pas ouvrir ce placard et manger du chocolat* », on peut le détester tranquillement et s'aimer soi-même entièrement, pauvre petit garçon qui a juste envie de chocolat. Et c'est finalement assez reposant. Mais quand l'envie devient un conflit intérieur (« *J'ai envie de chocolat, mais je n'y vais pas. J'ouvre le placard, je regarde le chocolat, mais je referme le placard parce que je sais qu'il ne faut pas* », etc.), c'est beaucoup plus compliqué ! L'interdit a été si bien intégré que l'enfant est devenu son propre gendarme et c'est avec lui-même, avec le vilain gourmand qui a vraiment envie de chocolat, qu'il se trouve en conflit.

L'exercice de l'autorité doit permettre d'acquérir un surmoi qui n'est pas vécu comme une instance tyrannique, mais comme une protection[3] : si l'on ne vole pas dans un magasin, ce n'est pas parce que l'on a peur d'aller en prison, mais parce que l'on a acquis des valeurs et une morale qui permettent de différencier ce qui se fait de ce qui ne se fait pas, ce qui est bon de ce qui est mauvais, ce qui est bien de ce qui est mal. L'autorité a été intériorisée. Ainsi, l'enfant peut se différencier et se détacher de l'adulte. Il commence à sentir qu'il n'a pas besoin de l'adulte qui lui dit ce qu'il doit et ne doit pas faire. L'autorité impose donc au jeune enfant de renoncer à ses envies et à son plaisir immédiats. En contrepartie, il y trouvera la sécurité d'appartenir à une famille. Adulte, c'est au nom de l'appartenance à un groupe social et de l'adhésion aux valeurs d'une civilisation qu'il renoncera à la satisfaction immédiate de ses moindres pulsions[4].

Si les parents exercent leur autorité dans la violence et la tyrannie, cette autorité n'est pas comprise et reste externe. Elle ne peut pas être intériorisée et l'enfant aura toujours besoin de se confronter à l'interdit.

À l'inverse, s'ils l'imposent par la persuasion et la séduction *(« S'il te plaît, fais ça pour faire plaisir à maman, sois gentil »)*, cette relation crée un lien affectif d'emprise et une grande confusion : l'enfant ne peut plus se différencier de ses parents, perpétuellement présents dans sa tête, car il ne se soumet que pour se sentir aimé ; et il aura toujours besoin de rester collé à ses parents pour vérifier qu'ils l'aiment. Or, l'autorité est une mise à distance qui permet de se séparer de l'autre pour exister.

David ou l'autorité excessive

Voici une autre famille d'enseignants confrontée à un problème de cannabis. Aude et Bernard sont les parents jusque-là heureux d'un fils modèle, David, très beau garçon, excellent élève et grand sportif. Autrefois, deux ans plus tôt, Bernard et son fils partaient bras dessus, bras dessous, escaladant les montagnes, dévalant les pentes à skis. Mais aujourd'hui, David a seize ans, il est en première, et l'ancien prix d'excellence s'est transformé en cancre : il consomme du cannabis à tour de bras, se fiche de l'école et du sport. Bref, le fils idéal, l'enfant adoré est devenu un monstre et toute la vie de la famille tourne autour du cannabis, désigné par les parents comme le diable.

Dès le premier entretien en présence des parents, de David et de son jeune frère Thomas, le conflit entre père et fils – un conflit massif, à la mesure de la connivence passée – vire au conflit conjugal : « *Tu es trop rigide* », se plaint Aude. « *Tu ne l'as jamais laissé s'exprimer, jamais laissé dire réellement ce qu'il pensait. Il a toujours tellement voulu te faire plaisir qu'il n'a jamais existé par lui-même, et je suis sûre que c'est pour pouvoir se détacher de cette relation qu'il s'est mis à faire toutes ces bêtises.* »

De ces quelques phrases Bernard a très bien compris que sa femme lui reproche son autoritarisme, non seulement en tant que père, mais aussi dans le couple. Sa réaction est violente : « *Puisque tout est de ma faute, je pars.* »

Puis il se ravise et commence à se livrer. Il parle de son propre père, un homme violent, intransigeant, inaccessible et insatisfait, qui surveillait tout et l'empêchait de vivre. Un homme auquel il s'était juré de ne pas ressembler et dont il était convaincu d'être différent : « *Voyez comme je suis proche de mon fils, voyez comme on est copains, voyez comme on fait du sport et plein de choses ensemble.* »

Nous voyons surtout combien cette complicité affichée est lourde de réparations pour Bernard qui cherche à tout prix à compenser la relation qu'il n'a pas eue avec son père, et pesante pour son fils qui doit supporter tout le poids de ce conflit non réglé.

Au cours d'un entretien ultérieur, Aude se confie à David : avant de rencontrer son mari, elle était très amoureuse d'un homme qui ne pouvait pas avoir d'enfant. Si amoureuse qu'elle s'était résignée à ne jamais en avoir. Un été, alors que son amant était absent, elle a une petite aventure avec Bernard et se retrouve enceinte. Surgit alors un intense conflit intérieur. Gardera-t-elle cet enfant, l'élèvera-t-elle avec son soupirant qui saura inévitablement qu'il n'est pas son père ? Finalement, après des semaines de grande tension et une demande en mariage de Bernard, très épris, elle se résout à oublier son grand amour et à avoir ce bébé.

Devant nous, le fils apprend cette histoire qu'il ne connaissait pas et qui le propulse au rang pas forcément enviable de créateur – et de ciment – du couple de ses parents ; un poids supplémentaire, encore plus lourd pour ses épaules de seize ans. Le voilà non seulement baume sur les souffrances passées de son père, mais garant du couple de ses parents.

Cette famille, comme tant d'autres, recèle son lot de difficultés : une relation ratée entre Bernard et son père, et une histoire pour le moins complexe entre les parents, qui ne semble pas fondée sur l'amour mais sur la naissance d'un enfant. Ce passé trop présent génère forcément de grandes tensions et le fils, qui supporte tout le poids du roman familial, les perçoit sans pouvoir les nommer.

À l'âge des révoltes adolescentes, il ressent aussi l'extrême fragilité de ses parents. *« Comment s'opposer à eux ? »*, se demande ce gentil garçon, qui comprend intuitivement qu'il peut briser son père et mettre en danger le couple de ses parents.

Le cannabis est la réponse à cette impossible révolte. Une réponse qui a le double avantage de calmer ses angoisses et de souder ses parents contre lui. Contre le cannabis, Aude et Bernard sont toujours d'accord : d'accord pour fouiller la chambre, d'accord pour crier, pour le forcer à ouvrir sa porte... Le couple qui, voici seize ans, s'était formé sur l'enfant peut encore se cristalliser sur lui et, en l'occurrence, contre le cannabis.

Bernard, pris dans un « conflit de paternité », lié à une révolte encore active à l'encontre de son père, se trouve dans l'impossibilité de « lâcher » son fils.

Le joint, ciment de la famille

La famille de Lancelot, famille très intellectuelle mais incapable d'aborder des sujets émotionnels trop douloureux, commence à s'unir autour d'une histoire tragique commune : le deuil impossible du père d'André. Dans cette tragédie, le cannabis jette comme un voile sur des conflits incapables de s'exprimer ; parce que l'angoisse est si profonde qu'on ne peut en parler sans souffrir, parce que chacun ne peut que la vivre seul dans son coin. Et parce que les conflits semblent impossibles à évoquer, encore plus à résoudre : conflit entre un père et un fils, qui n'ose pas s'opposer sous peine de le casser en mille morceaux ; conflit entre la mère et le père, auquel elle reproche d'être resté un petit garçon ; conflit entre un adolescent et une mère dont il ne peut supporter l'intrusion.

En thérapie, ils apprennent aujourd'hui à communiquer autrement qu'en évacuant les véritables conflits. Et le garçon a réussi à se dégager de cette angoisse qui sourd de l'atmosphère familiale et à s'approprier l'angoisse normale et somme toute ordinaire d'un adolescent : bref, il s'est détaché du conflit à l'intérieur de chacun de ses parents pour vivre son jeune destin et affronter ses propres conflits relationnels.

Dans la famille de David comme dans celle de Lancelot, le cannabis n'a donc pas surgi un beau matin comme un trouble-fête dans un ciel serein : s'il vient se mettre en travers de la vie familiale confrontée à l'inévitable processus d'autonomisation de l'adolescence, c'est que d'autres difficultés sont en jeu qui rendent l'autonomie et les processus de séparation trop complexes pour les aborder frontalement.

Comment parvenir, à partir du conflit autour du cannabis, à déplacer les enjeux pour que d'autres conflits familiaux puissent s'exprimer ? C'est toute la question qui se pose à nous et que pose l'adolescent à travers son cannabis.

Car plus la famille se cristallise autour du cannabis, plus l'adolescent se l'approprie – sa drogue, ses pétards, ses copains, sa vie – afin de poser une question ouverte à sa famille ; une question qu'il ne peut pas poser autrement et qui aggrave encore les conflits. Le cannabis entraîne donc la famille dans un cul-de-sac : il cristallise les conflits, mais en même temps, il les bloque, condamnant parents et adolescents à un immobilisme où on ne parle plus de rien d'autre que de la consommation de drogue. C'est toute la dimension de l'adolescence qui se joue au fond de ce cul-de-sac.

Le processus d'adolescence précipite les parents dans une régression vers leur propre adolescence et remet en circulation les conflits qui n'avaient pu être dépassés à cette époque. Cette régression, douloureuse réplique de la période fusionnelle avec l'enfant nourrisson, active l'indifférenciation entre parents et enfants. Parents et enfants peuvent vivre une expérience d'absorption réciproque, source de terreur ou de rage, mais aussi de satisfaction mégalomaniaque pour l'enfant : *« Sans moi, mon père ou ma mère tomberait en morceaux. »*

Une sensation commune vague et indifférenciée menace d'envahir le groupe : l'anxiété, *« ciment de la famille »*, qu'évoque Lancelot, ou la colère qui se propage dans la famille de David. La consommation abusive de cannabis, traitement de l'anxiété ou de la colère pour ces adolescents, fige paradoxalement la circulation émotionnelle familiale autour de ces affects. Le cannabis devient réellement un « problème de famille ».

Ce n'est certainement pas « parce que » le père de Lancelot n'a pas pu dépasser le deuil de son propre père, « parce que » sa mère ne peut aborder la séparation avec son fils ou « parce que » les parents de David sont en conflit que ces adolescents dérapent dans leur consommation. Il existe, dans cette famille comme dans d'autres, une vulnérabilité de l'enfant, du père et de la mère qui favorise les dérapages et paralyse la situation jusqu'à la rendre irrespirable. Pour ces jeunes, le comportement devient automatique et la répétition des actes court-circuite les capacités de penser, de sentir et, plus encore, de se séparer. Dans la famille, on s'organise rituellement autour du « patient désigné ». La famille devient pour tous une horde sauvage qui détruit l'individualité psychique. Elle cesse d'être un tremplin vers le monde et la vie.

La transmission inconsciente

Même si c'est une injonction, et même si elle est étrangère au besoin et au désir immédiats de l'enfant, l'autorité s'accorde quand même affectivement. Dans l'accordage affectif le parent favorise la création chez l'enfant de « quelque chose » qui n'était que discrètement présent avant qu'il n'en confirme l'existence, par une injonction ou par une suggestion [5]. L'autorité s'exerce dans une empathie où le parent est proche des besoins de l'enfant, peut les percevoir et les anticiper. Si l'autorité est trop rigide, si elle est imposée à l'exemple d'un chef donnant des ordres à ses subordonnés (*« Il faut faire cela parce que c'est comme ça et pas autrement »* : tous les parents du monde ont évidemment utilisé un jour cette « explication », néanmoins problématique lorsqu'elle est systématique), alors elle signifie que le parent lui-même n'a pas intériorisé cette autorité. Il la ressent comme extérieure à lui : on fait les choses parce que c'est ainsi qu'on doit les faire et pas parce qu'on a l'intime conviction que c'est bien et juste.

Si, comme c'est le cas pour Bernard, le « surmoi » du parent – le gendarme intérieur – s'est constitué avec violence ou rigidité, il n'a pas été intégré mais vécu comme une tyrannie extérieure ; il ne peut que se transmettre avec la même rigidité. L'autorité est alors davantage véhiculée par la haine que par l'amour. Dans le cas d'André, on peut concevoir qu'il ait du mal à avoir de l'autorité sur Lancelot parce qu'il a lui-même perdu son père à dix-sept ans, au moment où il était justement en train de pouvoir s'en « séparer ». Il ne peut donc transmettre à son fils que son angoisse de la séparation et du deuil ; des sentiments tellement insupportables qu'ils interdisent la séparation : Bernard va alors rester « collé » à Lancelot. D'où son incapacité à exercer son autorité paternelle.

Comme le souligne Daniel Marcelli, *« la différence essentielle entre la conscience morale telle qu'elle est décrite par de nombreux philosophes et le surmoi tient au fait qu'une grande partie de ce dernier est inconsciente et repose sur les identifications aux images parentales*[6]*... »*. Autrement dit, le renoncement à la satisfaction des pulsions infantiles passe par une intériorisation de l'interdit et une identification au parent.

Le surmoi s'enrichit dans un deuxième temps des apports de l'éducation, des lectures, de données religieuses, des différents apprentissages et se charge de valeurs plus abstraites édictant un code moral et éthique, auquel le sujet adhère plutôt que de le subir.

Cette identification du surmoi de l'enfant au surmoi parental, mécanisme essentiellement inconscient, explique que la sévérité et les contraintes du surmoi ne sont pas en rapport direct avec la nature des interdits et des contraintes exercées. Il m'est arrivé ainsi de rencontrer par hasard le père d'un de mes patients ; il me l'avait décrit comme un personnage terrible tout au long de sa psychothérapie, un véritable ogre, et j'ai eu la surprise de me trouver face à un personnage totalement falot ! C'est ce qu'on remarque en lisant la fameuse *Lettre au père* de Kafka : l'auteur y présente son père comme un monstre mais lui fait des reproches anodins – il laisse des miettes sur la table, il se tient mal et voudrait que son fils soit différent. Nous comprenons que son père n'est qu'un homme comme les autres.

Lisa ou l'impossible partage

Christine vient consulter avec Philippe, Lisa, quinze ans, et Julien, neuf ans, qui est le fils de Christine et de Philippe alors que Lisa est la fille de Christine. Depuis quelques mois, la gentille Lisa, jusque-là bonne élève et sans problème, s'enfonce dans une crise d'adolescence bruyante et brutale. Elle n'accepte plus aucune limite, fait ce qu'elle veut comme elle veut. Silencieux au début de l'entretien, Philippe prend la parole, pour expliquer son sentiment que Christine l'empêche de jouer un rôle auprès de Lisa.

Christine a eu Lisa avec Benoît alors qu'elle était assez jeune et partageait une maison avec des amis, dans une sorte de communauté. Benoît n'était qu'un copain mais, enceinte, elle décide de garder cet enfant. Benoît accepte cette naissance, tout en restant à la même place : il n'a jamais été question, ni pour elle ni pour lui, de former un couple. Philippe faisait partie du groupe d'amis. Petit à petit, Christine et Philippe tombent amoureux et décident de vivre ensemble. Lisa a trois ans, et Christine et Philippe quittent la maison commune pour emménager dans un appartement. C'est donc avec Philippe que Lisa a grandi, et c'est lui qui a joué le rôle de père les neuf dixièmes du temps.

Les rapports entre Philippe et Lisa ont toujours été excellents. Benoît passe voir sa fille quand il en a envie, s'invite à dîner ou l'emmène au fast-food. Rien n'est institutionnalisé et tout se déroule plutôt facilement, dans un flou total correspondant à la personnalité de Benoît, qui s'est toujours comporté comme une sorte de parrain, sans aucune ambiguïté. Lisa sait depuis toujours que Benoît est son père et l'appelle papa, alors qu'elle appelle Philippe par son prénom.

Arrivée à l'adolescence, Lisa commence à s'opposer à Philippe, d'ailleurs assez clair quant aux limites qu'il peut donner. C'est moins simple pour Christine, qui a du mal à affirmer son autorité avec sa fille, qu'elle a eue assez jeune. Elle se projette beaucoup en elle et la considère un peu comme une copine. À aucun moment, elle ne cherche à délimiter le territoire de chacune, ni d'ailleurs sa propre situation entre deux hommes, dont l'un n'est pas trop présent et l'autre, son compagnon, lui convient à merveille. Elle a une notion assez floue des frontières, bien qu'elle n'ait plus aucune relation sexuelle avec Benoît qui est resté son grand copain. Philippe le trouve d'ailleurs beaucoup trop présent. Il a le sentiment que Benoît habite avec eux : il possède la clé de leur appartement, entre sans frapper, etc.

Philippe se trouve donc en conflit avec Christine parce qu'ils n'ont pas la même conception des frontières et des limites. Lisa perçoit les tensions entre sa mère et Philippe et s'y appuie pour s'opposer de plus en plus à Philippe. Christine n'est pas vraiment complice de cette rébellion au sens conscient du terme, mais elle ne parvient pas à soutenir l'autorité de Philippe. Christine a été élevée seule par sa mère, sans père. Elle ne sait donc ni ce qu'est l'autorité paternelle ni ce que sont les frontières générationnelles. Tout cela se rejoue assez clairement.

Au cours du premier entretien, Christine dit : *« C'est Benoît qui est le père de Lisa. Maintenant qu'elle est adolescente, elle est à la recherche de son père. Ce serait peut-être bien que ce soit lui qui s'en occupe. Je suis convaincue que le comportement de Lisa est un appel pour qu'il s'occupe d'elle. »*

Christine n'a sans doute pas tort. Lisa reproduit une marginalité qui est un peu celle de son père. À ce moment-là, Christine lâche : « *De toute façon, on ne peut pas avoir deux pères !* »

A-t-elle dit : « *On ne peut pas avoir* de *père* » ou « *On ne peut pas avoir* deux *pères* » ? Les deux s'entendent de la même façon et la phrase est ambiguë. Nous lui faisons donc préciser son propos : « *Mais pourquoi ne peut-on pas avoir deux pères ?*

– *Mais enfin, ce n'est pas possible ! Tout le monde sait que l'on n'a qu'un père. Comment pourrait-on en avoir deux ?* »

Je reprends alors :

« *Mais si, on peut avoir deux pères. Il y a beaucoup de cultures dans lesquelles les enfants ont plusieurs pères et plusieurs mères. Chez les Trobriandais, par exemple, c'est l'oncle maternel qui est considéré comme le père des enfants de sa sœur. Les enfants se repèrent très bien parmi ces différentes figures, cela ne leur pose aucun problème et c'est même très riche pour eux.* »

L'adolescente renfrognée, qui assistait à la consultation à laquelle on l'avait traînée et n'en voyait pas l'utilité, semble soudain s'amuser beaucoup. Nous nous mettons alors à jouer avec elle et à explorer cette idée. Qu'est-ce que peut apporter d'avoir deux pères ? Philippe écoute avec intérêt.

Au cours de l'entretien suivant, nous faisons venir Christine, les deux hommes et les enfants. Plutôt que de créer deux contextes différents, il nous a semblé plus judicieux de n'en créer qu'un seul, avec les deux pères qui intègrent progressivement leur pluriparentalité comme une collaboration au lieu de la vivre dans le conflit. Ils comprennent qu'ils se différencient parce qu'ils ont chacun un rôle et des fonctions complémentaires.

Avant son adolescence, Lisa n'avait pas de problème particulier par rapport à l'autorité : c'était Philippe qui l'incarnait puisqu'elle vivait avec lui. Mais, à l'âge des révoltes adolescentes, deux figures d'autorité qui ne pouvaient pas coexister ont surgi en elle. Celle de Philippe était devenue de plus en plus rigide et menaçante parce que Lisa le poussait dans ses retranchements et qu'il finissait par taper sur la table. Non soutenu par sa femme, il devenait effectivement de plus en plus coercitif. Une autre figure d'autorité plus séductrice incarnée par Benoît est venue se juxtaposer, ce qui a plongé Lisa dans un violent conflit interne. Par ailleurs, Lisa entretenait un rapport fusionnel d'amour-haine avec sa mère dont elle n'arrivait pas à se détacher.

Finalement, le fait d'avoir souligné en séance les fonctions de chacun et de les avoir présentées comme un enrichissement pour Lisa a permis à l'adolescente de réconcilier les deux parties d'elle-même qui étaient en conflit. En démontrant que l'on peut avoir deux pères, nous avons contribué à l'apaisement psychique de la jeune fille. Elle a accepté de différencier des adultes qui pouvaient, chacun à sa manière, lui apporter quelque chose de rassurant et non d'inquiétant. Ce qui était inquiétant, c'était le conflit.

Benoît et Philippe peuvent créer ensemble un père acceptable que nous pourrions appeler « PhilipBenoît ». Les deux hommes ne font pas les choses de la même façon. Philippe dira, par exemple : *« Tu peux sortir ce soir avec tes amis, mais tu dois être rentrée à vingt-deux heures trente. »* Benoît, lui, dira plutôt : *« Tu comprends, ma chérie, il vaut mieux que tu ne rentres pas trop tard, cela risque d'être dangereux pour toi et je m'inquiéterais.* » Chacun incarne l'autorité dans les deux registres dont nous avons parlé plus haut.

Il est intéressant de souligner que Christine n'a jamais remis en question l'autorité de Philippe sur Julien. Est-ce parce que c'est leur enfant commun, ou parce qu'un garçon introduit moins de confusion qu'une fille ; ou est-ce encore parce qu'elle était plus âgée quand elle l'a eu ?

Quoi qu'il en soit, la création de notre « PhilipBenoît » a mis fin à une relation projective trop forte entre la mère et la fille, alors qu'aucun des deux hommes n'avait la possibilité séparément d'aider Christine et Lisa à « défusionner ». En effet, Christine ne soutenait pas Philippe et le renvoyait dans ses buts. En même temps, elle disait du mal de Benoît à Lisa quand, par exemple, il avait promis de venir chercher sa fille pour l'emmener au restaurant et qu'il faisait faux bond à la dernière minute *(« Il exagère, on ne peut vraiment pas compter sur lui ! »).*

Les trois âges de la personnalité

Les familles contemporaines confrontées aux difficultés inhérentes à l'exercice de l'autorité paient au prix fort les contraintes paradoxales de la liberté.

Selon le philosophe Marcel Gauchet[7], les changements du rapport de l'individu à l'autorité correspondent à une évolution de sa personnalité au cours des siècles. Il évoque ainsi trois « âges » de la personnalité.

— La personnalité traditionnelle est tout entière dévouée aux normes collectives. L'individu est littéralement « fabriqué » par ces normes. Il se trouve assigné à une place selon son âge, son sexe, son statut et son rang. La place de l'honneur et, à l'opposé, de la honte est fondamentale : l'opprobre le menace s'il venait à déroger à ces règles collectives. Le « chef de famille » est le pivot du lien social et son autorité ne saurait être remise en question. Cette vision perdure encore, non sans mal, dans les sociétés dites « traditionnelles ».

— La personnalité moderne est placée sous le signe du compromis. Chacun « intériorise » la norme collective : il s'agit de s'approprier volontairement ce qui était de l'ordre du reçu et du subi ; la place du devoir devient fondamentale. On assiste à la fameuse apparition du conflit entre le désir (individuel) et l'interdit (la règle sociale). La famille moderne penche vers la responsabilité individuelle. La personnalité est à la fois dirigée du dedans et du dehors. On peut donc s'opposer à l'autorité mais non sans culpabilité !

— Enfin, la personnalité contemporaine cherche à rejeter toute obligation d'appartenance. Seule compte l'identité privée et la devise commune devient : « C'est mon choix. » Dans le même temps, comme nous le verrons au chapitre suivant, le sens de la dette et des loyautés tend à s'effacer. Dans ce contexte, l'autorité n'est plus ressentie, autant par les parents que par les enfants, comme une instance qui structure mais comme un obstacle à la liberté. Tout nous éloigne donc de la famille traditionnelle, au sein de laquelle l'autorité s'inscrivait dans une logique remontant à la nuit des temps. Seul le consentement même critique à cet héritage rendait possible l'acceptation de l'autorité.

Vers une autorité contemporaine

Il n'est pas facile d'exercer l'autorité de manière juste. L'adulte s'appuie sur une conviction que l'enfant a du mal à intégrer. Le parent comme l'enfant se transforment en s'accordant affectivement selon cette asymétrie.

Cet exercice de l'autorité fait partie du jeu familial avec ses règles, ses lois, ses mythes et ses fonctions. C'est lui qui délimite plus que toute autre chose la barrière générationnelle car il s'appuie forcément sur une hiérarchie.

C'est ainsi que se développe la capacité de vivre ensemble dans le groupe, familial puis social. Parce qu'elle se fonde chez l'adulte sur des conflits intérieurs liés à sa propre intégration des interdits, l'autorité peut devenir inadéquate, par excès ou par défaut : d'un côté, la force brutale, le pouvoir et la violence, la menace (s'appuyer sur une autorité externe telle que la loi) ; de l'autre, la persuasion, la séduction, l'imploration *(« reconnais-moi comme père ou comme mère et rassure-moi »)* et surtout l'abus d'explications.

La culpabilité inconsciente ne peut que conduire à l'anéantissement de l'autorité. Elle surgit d'autant plus facilement s'il existe chez le parent un sentiment de préjudice : l'enfant qui se plaint de son manque de liberté fait ressurgir toutes les occasions où le parent a vécu sans le comprendre ce sentiment de préjudice. Celui-ci peut être particulièrement actif dans certaines situations d'adoption, de divorces conflictuels, d'immigration, d'homoparentalité.

On se complaît aujourd'hui dans une vision apocalyptique de familles sans frontières générationnelles, sans limites, sans différence de sexes, de rôles, de places, de fonctions, sans hiérarchie, livrées à la seule puissance de l'auto-organisation... Entre le fonctionnement hiérarchique et vertical du groupe et son mode horizontal et démocratique, c'est très certainement dans la souplesse et la subtile alternance entre ces deux modes que réside l'autorité contemporaine.

Oublions la nostalgie d'un passé où tout semblait tellement plus harmonieux et naturel pour reconnaître que plus personne n'est prêt à recourir à la seule autorité verticale, celle du chef incontesté ou de Dieu le Père.

Mais n'oublions pas les hiérarchies : il s'agit seulement de tirer profit de l'autorité horizontale qui respecte les interactions à base d'arguments, de négociations, de raisonnements. À condition que l'asymétrie fondamentale entre l'enfant et l'adulte soit respectée et que la barrière générationnelle ne fasse aucun doute.

Comment partager l'autorité, comment montrer que l'autorité conjointe est un espace de création et non un espace de contrainte, comment la répartir et la négocier quand l'enfant est confronté à une pluralité d'intervenants ou de parents ? Voilà la question « moderne » de l'autorité.

4

Ce que disent les mots

« Dans ma famille, on ne se parle jamais », *« Dans notre famille, on ne parle de rien »*. Ces plaintes, je les entends dans trois séances de thérapie familiale sur quatre. Comme si c'était mieux dans les autres familles. C'est d'ailleurs ce que prétendent les adolescents : chez leurs amis, on se parle toujours plus, toujours mieux. Nous entretenons tous l'illusion naïve qu'une véritable famille devrait permettre la transparence totale, l'échange idéal qui autoriserait les uns et les autres à communiquer leurs états intérieurs et à « tout » se dire dans la plus grande liberté et la plus parfaite harmonie. Et tous, bien sûr, nous pensons que lorsqu'à notre tour nous fonderons une famille, nous ferons mieux que nos parents et que nous saurons vraiment parler et communiquer avec nos enfants.

L'interaction entre les membres d'une famille est avant tout fondée sur le langage. On connaît l'histoire du roi Frédéric II qui voulait savoir quelle langue parleraient spontanément les enfants si on ne leur en enseignait aucune. À cette fin, il avait fait enfermer des nouveau-nés dans une pièce où ils étaient nourris et pris en charge sans que personne leur adresse la parole. Tous ces enfants sont morts prématurément parce qu'ils n'étaient pas immergés dans ce bain de langage verbal et corporel qui leur aurait permis de se développer.

Le langage est donc vital, mais l'injonction à se parler, héritée des années Dolto, doit-elle vraiment être prise au pied de la lettre ? Et faut-il *tout* se dire ?

La communication est une véritable nourriture affective qui ne se cantonne pas à un simple échange d'informations. Dans la mesure où existent des liens entre ceux qui communiquent, le langage et les gestes véhiculent de l'affectivité. L'enfant grandit et se structure par le langage des mains et du corps, il se nourrit de l'affectivité de l'adulte qui s'occupe de lui. Il doit y avoir une concordance entre ce qui est dit à l'enfant et le langage du corps qui l'accompagne. Une mère qui dit à son enfant *« Viens dans mes bras que je t'embrasse »* et qui détourne la tête ou se contracte quand il monte sur ses genoux utilise ce que l'on appelle « la communication paradoxale[1] ». Dire une chose avec des mots et exprimer l'inverse avec son corps peut rendre l'autre fou : le langage ne saurait à lui seul rendre compte de la communication.

Lorsqu'une mère se dispute avec sa fille adolescente parce que cette dernière n'a pas rangé sa chambre ou n'est pas rentrée à la maison à dix-huit heures comme promis, le motif de leur conflit a évidemment de l'importance mais devient très rapidement un prétexte pour mettre en scène un contenu affectif passionnel, reflet de la relation qui existe entre elles deux.

Pour décrypter la communication dans une famille, comme dans n'importe quel groupe, il faut donc pouvoir distinguer le contenu du message et la relation entre les protagonistes. Lorsque vous demandez une baguette à la boulangère, c'est le contenu du message qui compte et la relation est posée d'emblée : c'est celle d'un client avec un commerçant. La relation affective n'a *a priori* pas grande importance, seule compte la baguette, qui est l'objet de la communication. Dans les familles, c'est exactement l'inverse. L'essentiel est la relation qui sous-tend le contenu de la communication.

Une femme demande à son mari : *« Est-ce que tu aimes cette soupe que je viens de préparer ? »* Si le mari n'aime pas la soupe, il peut répondre : *« Non, je n'aime pas cette soupe. »* Parce que le langage ne différencie pas le contenu et la relation, il sait très bien que cela va être entendu comme : *« Non, je ne t'aime pas. »* S'il répond *« Oui, j'aime cette soupe »* alors qu'elle ne lui plaît pas, il répond au niveau de la relation mais pas du contenu. Il dit *« Oui, je t'aime »* mais s'expose à vivre la même expérience que l'homme dont parle Paul Watzlawick[2] : pour n'avoir pas osé, au lendemain de leur première nuit d'amour, dire à la femme avec laquelle il allait vivre vingt ans durant qu'il n'aimait pas les céréales au petit déjeuner, il en a avalé pendant vingt ans ! Il espérait le lui dire une fois la boîte vide, mais c'était une femme aimante et pleine d'attentions, elle en avait acheté une autre pour qu'il ne manque pas de ces céréales qu'il aimait tant... Vingt ans après, l'aveu était devenu impossible.

De l'influence de la soupe de carottes sur la communication familiale

Dès son plus jeune âge, et à travers les petits événements de la vie quotidienne, l'enfant fait l'expérience de la complexité des relations affectives.

Antonin, trois ans, refuse de manger la soupe de carottes que lui a préparée sa mère. Il dit : *« Je n'aime pas ça. »*

Supposons qu'il s'agisse réellement d'une aversion pour les carottes et non de l'occasion d'exprimer un conflit larvé avec sa mère. Que peut répondre sa mère ?

« Si tu ne l'aimes pas, ne la mange pas » reconnaît la perception de l'enfant et l'importance de ses sensations.

« Tu dois manger cette soupe même si tu ne l'aimes pas » emploie le langage éducatif le plus simple. Dans ce système d'éducation, on doit se forcer à manger même ce que l'on n'aime pas. La mère dit en fait à son enfant : *« J'entends et je comprends que tu n'aimes pas cette soupe, mais tu dois la manger quand même. »* Ce qui est transmis à l'enfant, c'est que le monde est fait d'obligations auxquelles il faut se plier.

« Tu dois aimer la soupe de carottes parce que c'est très bon » ou *« Tu dis n'importe quoi, tu aimes la soupe de carottes »* ou encore *« Maman sait bien que tu aimes la soupe de carottes »*. Si la mère le dit, le jeune enfant la croit. Il se dit alors : *« Ce que je ressens n'est pas bon. »* Il s'interroge sur lui-même et se dit que sa perception est mauvaise et qu'il doit en changer pour faire plaisir à sa mère.

La mère peut même enfoncer le clou en disant : *« Dans notre famille, tout le monde aime la soupe de carottes. »* Les voici un cran plus loin. Cela signifie que, pour faire partie de cette famille, il faut partager ce goût. L'enfant doit donc modifier ses perceptions par fidélité et loyauté.

Puis viennent les suggestions relationnelles, avec tout le non-dit que peut contenir la phrase la plus ordinaire :

« Mange ta soupe pour me faire plaisir. » Toute la dimension affective est mobilisée sous forme de chantage pour que l'enfant mange sa soupe de carottes : *« Si tu aimes ta maman, tu vas manger ta soupe pour lui faire plaisir. »* La mère reconnaît à l'enfant le droit de ne pas aimer sa soupe, mais lui enseigne que l'amour qu'il éprouve pour elle doit être plus fort que son amour-propre.

« Tu dois aimer la soupe parce que je la trouve bonne. » La mère implique que la vraie bonne perception est la sienne et pas celle de son enfant. Il faut que l'enfant ressente comme elle. Il y a un façonnage sensoriel de l'enfant dans l'indifférenciation et l'intrication.

On pourrait également imaginer des réponses qui correspondent aux célèbres chantages des mères italiennes et des mères juives : *« Mange ta soupe, sinon je te tue »*, profère la mère italienne. *« Mange ta soupe, sinon je me tue »*, dit la mère juive. L'enfant se voit ainsi conférer un pouvoir de vie ou de mort sur sa mère dans l'histoire juive. Dans l'histoire italienne, c'est la mère qui a un pouvoir de vie ou de mort sur lui...

Toute la rivalité fraternelle peut également s'exacerber autour de cette soupe. *« Regarde ton frère : lui mange sa soupe. Il est beaucoup plus gentil que toi. Tu devrais faire comme lui. »*

« Mange ta soupe, sinon j'appelle ton père » fait intervenir la triangulation œdipienne et introduit l'autorité paternelle (dont on peut imaginer une variante plus

pathologique du type *« Mange ta soupe, sinon papa va m'engueuler ! »*).

Certaines réponses peuvent être délirantes : *« Mais ce n'est pas une soupe de carottes ! C'est une soupe de betteraves. »*

Ou télescoper les générations : *« Moi non plus, à ton âge je n'aimais pas la soupe de carottes, mais je m'y suis faite pour faire plaisir à ma mère. »*

On aura compris que la soupe ne contient pas que des carottes et qu'un simple plat peut précipiter l'enfant dans un abîme de sous-entendus, dont la plupart consistent à parler de sa relation avec son environnement. Il est ainsi aspiré dans une spirale affective complexe qui inscrit le monde des perceptions et du langage dans celui des sentiments et du lien affectif. Cette scène entre un enfant de trois ans et sa mère va également contribuer à la création du monde intérieur d'Antonin : un concentré d'expériences psychiques inconscientes qui s'enracinent dans ses premiers affects. La soupe de carottes devient ainsi une métaphore : celle de la vie familiale, où se dissimulent derrière des phrases et des comportements ordinaires des sous-entendus inscrits dans un passé lointain. Si les sous-entendus sont en accord avec les paroles ou les comportements, les relations pourront être harmonieuses. Si le désaccord est flagrant, si la moindre phrase, le moindre geste soulèvent une foule de sous-entendus et d'hypothèses relationnelles, leur poids devient écrasant : chaque mot est un détonateur, chacun est alors « dans » la tête de l'autre, occupé à décrypter le message et le non-dit ; alors les sentiments s'enchevêtrent et la vie familiale vire au conflit permanent.

Le bouquet de fleurs ou comment sortir de la spirale

Un homme rentre de son travail avec un bouquet pour sa femme. Cette dernière peut se dire : « *Comme j'ai de la chance d'avoir un mari qui m'aime, qui pense à moi et qui m'offre des fleurs* » ; ou « *Qu'a-t-il à se faire pardonner ? Pourquoi m'offre-t-il des fleurs aujourd'hui ?* » ; ou encore « *Je vois bien que ce bouquet est un message. Il a pitié de moi parce qu'il va me quitter et me rendre malheureuse.* » Elle s'interroge toujours, dans ces différents cas, sur la qualité de la relation. Or, il est difficile de changer de niveau de langage et de trouver des mots qui évoquent cette relation. Autrement dit, il est difficile de sortir de la communication sur le fait et de s'extraire des sous-entendus.

Pour en revenir au mari qui offre son bouquet, la femme peut dire : « *Cela me fait vraiment plaisir que tu m'offres des fleurs.* » Et les choses en resteront là.

Mais elle peut aussi dire : « *C'est bizarre. Pourquoi est-ce que tu m'offres des fleurs aujourd'hui ?* », s'exposant ainsi à une escalade symétrique que l'on pourrait imaginer sous la forme du dialogue suivant :

Lui : « *Tu pourrais me remercier.* »

Elle : « *Justement tu ne m'en offres jamais, alors je me demande pourquoi tu le fais aujourd'hui.* »

On peut toujours sortir du système de communication dans lequel on est enfermé et de l'escalade en disant quelque chose sur la relation, comme : « *Je suis inquiète pour toi parce que tu n'as pas l'air d'aller bien en ce moment. Tu as l'air fatigué.* »

De la même manière, un enfant peut intervenir comme un tiers et dire à ses parents : « *Arrêtez de vous disputer. J'en ai marre que vous vous engueuliez toujours.* »

Les parents peuvent l'entendre et aller s'enfermer dans leur chambre pour essayer de trouver un terrain d'entente, envoyer l'enfant en question dans sa chambre en lui disant que cela ne le regarde pas, le faire entrer dans leur conflit en le prenant à témoin ou l'utiliser. L'un des parents pourrait ainsi dire à l'autre : *« Regarde dans quel état tu mets cet enfant. C'est de ta faute »*, etc.

Qu'est-ce qui fait que la communication s'emballe et dérape dans ce que l'on appelle des escalades symétriques, chacun répondant en miroir à l'autre, se contentant de dire exactement l'opposé ? C'est une des versions de l'histoire de la poule et de l'œuf.

« *Moi je te dis que c'est la poule qui fait les œufs.*

– Et moi je te dis que c'est l'œuf qui fait la poule.

– Tu dis n'importe quoi ! C'est la poule qui pond les œufs... », etc.

Dans une dispute de couple au cours de laquelle l'homme se replie et la femme devient agressive, un observateur extérieur va remarquer une séquence ininterrompue d'échanges stéréotypés. Mais, pour chaque partenaire, le décryptage est simple :

La femme se dira : *« Il me met hors de moi à ne pas vouloir me parler »*, c'est-à-dire : *« Il se replie, donc je suis agressive. »*

L'homme pensera : *« Comment pourrais-je avoir envie d'échanger le moindre mot avec cette virago ? »*, soit : *« Elle est agressive, donc je me replie. »*

Bref, chacun pense que son comportement est induit par le comportement de l'autre sans voir le côté inducteur de sa propre attitude : *« Ce n'est pas ma faute, c'est lui qui a commencé... »*

Dans les familles comme dans les couples, l'écrasante majorité des échanges se déroule sur ce mode avec toutes les conséquences de jeux sans fin, de conflits insolubles, de victimisations. L'enjeu est toujours le même : éviter de parler de soi, éviter de parler de la relation, alors que c'est elle qui nous préoccupe.

Des jeux sans fin

Voici un autre exemple de jeu sans fin, où chacun croit « penser » pour l'autre[3] :

Lui (au thérapeute) : *« Si je veux être tranquille chez moi, il faut que je la laisse décider de tout sans prétendre m'en mêler. »*

Elle : *« C'est absolument faux ; je rêverais de te voir prendre des initiatives, de décider les choses, même une fois de temps en temps... »*

Lui (l'interrompant) : *« Mais tu ne me laisses jamais rien faire... »*

Elle : *« J'ai déjà essayé, mais si ça n'est pas moi qui prends l'initiative, tout reste en plan, et c'est moi qui dois tout faire à la dernière minute... »*

Lui (au thérapeute) : *« Vous voyez le problème, il faudrait tout organiser, tout planifier une semaine à l'avance ! »*

Elle (haussant le ton) : *« Donne-moi un seul exemple de quelque chose que tu aies fait pour la maison ou pour la vie de la famille ces dernières années. »*

Lui : *« Évidemment, c'est impossible, j'ai bien compris qu'il valait mieux pour tout le monde, y compris les enfants, que je te laisse agir à ta guise, et ça, je l'ai compris dès les premiers jours qui ont suivi notre mariage. »*

Elle : *« Mais les choses ne se sont jamais passées autre-*

ment, tu n'as jamais essayé, tu t'en es toujours remis à moi pour tout ! »

Lui : « *Qu'est-ce qu'il ne faut pas entendre !* », etc.

Ce sont les mêmes discussions sans fin lorsqu'on demande à un enfant de ranger sa chambre ou à un adolescent à quelle heure il va rentrer.

Chacun est convaincu que sa vision du monde est la réalité, chacun la ressent ainsi. À trop s'y accrocher, on finit par avoir une vision binaire du monde – il est mon bourreau, je suis sa victime –, et à toujours chercher un responsable et un coupable.

Chacun est convaincu que l'autre est la cause de son malheur intime ; chacun se sent attaqué par l'autre et ressent que son comportement est une réponse à cette attaque. Un des deux peut se sentir le plus faible, convaincu de ne pas avoir le pouvoir. L'autre, celui qui a le dernier mot, possède l'illusion de le détenir. Nous savons que ces convictions sont erronées, que le pouvoir n'appartient ni à l'un ni à l'autre. Le pouvoir est logé dans les règles du jeu qui se sont établies peu à peu entre les protagonistes : la relation possède les individus, et non l'inverse[4]. Une relation dans laquelle le fait de projeter dans l'autre toutes les mauvaises parties de soi – ses angoisses, sa violence et ses doutes – empêche de sortir de la répétition de l'insatisfaction pour y impulser une nouvelle énergie.

On voit bien que l'escalade symétrique est précisément ce qui englue les protagonistes, ce qui les empêche de sortir du jeu, de redéfinir des règles relationnelles plus satisfaisantes. Que l'on soit toujours d'accord (chacun à sa place, et rien ne bouge, ce que l'on appelle la complémentarité rigide) ou toujours en conflit (la symétrie rigide), tout concourt à jouer indéfiniment le même jeu, à occuper les mêmes rôles, à proférer les mêmes répliques. On pourrait tenter l'analogie avec un match de rugby : à un moment du jeu, tous les joueurs forment une « mêlée ». Mais pour que le match continue, pour que des points soient marqués, ce qui est la finalité de ce sport, il faut que le ballon sorte de la mêlée. Les échanges que nous venons de décrire sont comme une mêlée sans fin, qui bloque le match et interdit sa poursuite. Alors que le langage devrait permettre de parler de la relation, l'escalade qui en découle ne fait que bloquer chacun dans des ressentis indistincts.

Pour Lui comme pour Elle, c'est l'autre qui détient les clés de l'incomplétude de sa propre existence...

Au-delà des mots

Une famille que je ne connais pas entre dans mon bureau. Je m'installe et les observe : la grande sœur s'est assise la première, elle me regarde intensément ; elle a l'air préoccupée de contrôler cette situation nouvelle qu'elle craint sans doute de ne pas savoir maîtriser. Je lui souris, et je sais que dans mon sourire est inscrit le message suivant : *« Ne t'inquiète pas, je ne cherche pas à prendre ta place dans cette famille, je veux juste te permettre de te reposer un peu pendant une heure... »* Je ne sais pas encore pourquoi j'ai envie de lui transmettre cela.

Au même moment, les deux jeunes frères se bousculent, chacun veut occuper le siège à côté de la sœur, ou peut-être éviter celui en contact direct avec le père.

La mère semble furieuse, à bout de nerfs, elle ne me regarde pas, prend le siège le plus éloigné du groupe familial ; se défait bruyamment de son manteau, fait claquer ses bracelets. Tout en elle transpire l'hostilité, la détresse, le désespoir.

Le père a déjà l'air pris en faute ; en s'asseyant, il bafouille : *« Excusez-nous, docteur... embouteillages... impossible de se... ga-ga-garer. »*

Je ne sais pas encore pourquoi ce bégaiement me transperce le cœur. Les deux garçons échangent alors un regard complice et se frappent une paume l'une contre l'autre, comme une victoire ou un pari qui vient d'être gagné.

Vingt secondes viennent de s'écouler, la séance n'a pas encore commencé et, mine de rien, nous avons déjà abordé tous les thèmes importants de la vie de cette famille.

J'ignore absolument ce qui les amène en thérapie mais je sais que je commencerai cette séance par ce geste entre les deux frères, qu'il sera mon fil conducteur pour tisser un système thérapeutique.

En réalité, les mots importent parfois peu dans la communication, précisément parce que même une conversation totalement anodine, qui n'aborde jamais de sujets dits « intimes », en apprend beaucoup sur la relation. Une mère *ne parle pas* de sa relation avec son enfant. Elle *est* dans la relation et celle-ci est harmonieuse ou pas. Un geste, comme celui de ces deux frères qui se frappent la paume au moment où leur père ne contrôle plus son élocution, dévoile autant l'intimité familiale que bien des discours.

Dans cette scène, chacun est bloqué dans un ressenti : exaspération pour la mère, honte pour le père, contrôle pour la sœur, complicité ironique pour les frères. Ces sensations se nourrissent les unes des autres, entrent en résonance et tissent l'intimité familiale.

Intimité, complicité et rivalité se télescopent dans ce qui est éprouvé, même si chacun le ressent à sa façon. Dans une famille, il est important de laisser circuler les sentiments des uns et des autres et que chacun se sente accepté avec ses points faibles et ses différences. La famille devient enchevêtrée quand chacun est non seulement immobilisé dans une même et unique perception mais épuise son énergie à surveiller, par-delà les mots et les gestes, les perceptions des autres.

Or, la principale « utilité » de la famille est de permettre à chacun de pouvoir supporter d'être seul en présence des autres : c'est le prélude à l'autonomie. Il faut accepter que chacun soit différent, avec ses propres sentiments et ses pensées bien à lui. Bref, qu'il soit un autre. C'est à la fois ce qui nous fonde, ce qui nous permet de vivre avec les autres sans que ce soit dangereux pour eux et de savoir ce que l'on peut partager avec eux si on le veut et si on décide de le faire. La vraie communication est là !

Dans la famille, comme d'ailleurs dans le couple, les relations s'appuient sur des liens très archaïques. Le couple se fonde sur un état amoureux qui fait régresser chacun des partenaires à un état semblable à celui du nourrisson, dans une relation proche de celle de la mère et du bébé, fondée sur l'identification projective avec l'autre. Cette identification, qui consiste à « prendre » une part de l'autre et à la « mettre » en soi, crée dans le couple un lien sensoriel et émotionnel très fort. Lorsque l'enfant paraît, la famille commence à s'organiser autour du lien mère-enfant et père-enfant. Ce lien, très intense sur le plan sensoriel, amène la mère, et désormais le père aussi, à régresser. L'intimité qui se met en place dans la relation mère-enfant fait appel à des processus psychiques inconscients très puissants. Comme le dit si joliment Winnicott[5], l'enfant se construit dans le miroir du regard de sa mère – et de son père. Pour se sentir exister comme individu, l'enfant voit son propre reflet dans le regard de sa mère et perçoit dans ce regard ce qu'elle-même reçoit. Telle est la base du mécanisme fusionnel : on est dans l'autre et l'autre est dans soi. Sauf que la mère n'est pas captée par cette relation vingt-quatre heures sur vingt-quatre : elle va travailler, voit d'autres personnes, etc. Mais chaque fois qu'elle est prise dans cette relation, elle témoigne une capacité psychique de compréhension, d'anticipation et de décryptage de tout un tas de modalités sensorielles auxquelles elle donne du sens. Le langage de la famille est donc archaïque, il renvoie et s'appuie sur des ressentis très anciens : il n'est qu'à voir tout ce que peut signifier un enfant à travers son comportement alimentaire.

Dans les relations amoureuses et familiales, quel que soit l'âge que l'on a, on est toujours dans un va-et-vient entre sa construction psychique actuelle et des régressions : il s'agit de mécanismes fusionnels antérieurs où l'on se projette dans l'autre qui est lui-même projeté dans soi. C'est ce qui crée l'intimité familiale.

Il n'y a que dans la famille que l'on peut se laisser aller ainsi à régresser sans en avoir conscience. Parce que l'on peut en sortir. Mais régresser dans ces mécanismes fusionnels et sensoriels d'amour extrêmement puissants, très producteurs de plaisir, de joie et de bonheur, c'est également régresser dans la haine parce que l'autre n'est jamais parfait, ne se trouve jamais exactement où il devrait, s'en va trop tôt, reste trop longtemps, etc. L'angoisse, la peur, la séparation et la haine sont indissociables de l'amour, de la joie, du bonheur et du bien-être. Il en va ainsi dans toutes les familles, quelles qu'elles soient et quelle que soit la manière dont elles évoluent. La spécificité de la famille réside dans cette possibilité que tout le monde a de régresser, c'est-à-dire de fusionner puis de se séparer pour explorer le monde.

En famille ou l'intimité contrôlée

Quoi de plus intrigant, de plus passionnant que l'intimité familiale ? Le succès de la télé-réalité, l'engouement pour les reportages ou les livres dévoilant l'intimité et les secrets montrent bien l'intérêt d'un public avide de percer le fonctionnement des autres familles pour s'y comparer et essayer de comprendre.

L'intimité familiale est le nid et le prélude de sa propre intimité, elle autorise des pensées secrètes qui ne sont pas vécues comme dangereuses pour le lien. L'intimité autorise à aller et venir souplement entre sa propre intériorité et la relation avec l'autre. C'est cette souplesse que l'enfant apprend dans la famille ; ou, plus exactement, c'est ce qu'il devrait apprendre.

Le psychanalyste Daniel Stern[6] prend l'exemple d'une mère qui voit que son nourrisson, couché sur le ventre, essaie de tendre la main pour attraper un objet coloré. La mère peut prendre l'objet et le lui donner, ou accompagner le mouvement et l'encourager de la voix : *« Allez, vas-y, ho hisse, ho hisse ! »* Cette voix impulse le mouvement du bébé qui avance la main un peu plus loin et attrape l'objet. Sa mère le félicite : *« Bravo ! »* Le nourrisson crée ainsi son monde intérieur, en incorporant cet accompagnement, cette voix, cet effort musculaire, le plaisir d'avoir attrapé l'objet et donc atteint son but. Tant que la mère donne l'objet à l'enfant, il existe une continuité entre la mère et l'enfant. Mais il y a toujours un moment où il faut anticiper le fait que l'enfant va y arriver tout seul. On passe alors à un processus de « séparation accompagnée » : l'enfant accomplit son geste seul, tout en étant accompagné et encouragé par l'autre. Il remplace progressivement sa mère par le rythme de la voix, par les gestes de sa mère, puis par le langage. C'est ainsi que l'on crée petit à petit son univers intérieur : avec l'autre mais seul en même temps, et en sécurité.

La solitude n'est pas la même quand on est seul dans sa famille et quand on est vraiment seul. Car la famille offre les conditions nécessaires pour pouvoir être seul tranquillement et sans inquiétude. Il faut apprendre à être seul en présence de l'autre, admettre que l'on a un monde intérieur bien à soi et accepter de rester en dehors du monde intérieur de l'autre. Le lien existe toujours : c'est une fabrication psychique qui n'a pas besoin de se concrétiser en permanence dans la réalité pour exister. C'est ce que nous appelons l'« introjection du lien » : le lien à l'autre devient une donnée psychique et pas seulement une donnée de la communication.

Pour le nourrisson, le lien n'existe que tant que la personne avec laquelle il a établi ce lien est physiquement là. Petit à petit, il fabrique un monde dans lequel il a intériorisé ce lien. La mère n'a plus besoin d'être près de lui. Il sait que, même s'il ne la voit pas, elle existe et que le lien qui les unit ne se désagrège pas quand elle échappe à son regard.

Le lien survit à l'absence. Des familles séparées pendant des années se retrouvent et retrouvent immédiatement le lien qui ne s'était jamais perdu. Les liens d'intimité de l'enfance sont indestructibles. Le lien passionnel amoureux qui s'est mis en place à un moment de la vie ne disparaît jamais lui non plus. On peut retrouver vingt ans plus tard quelqu'un que l'on a follement aimé, le lien survit toujours et l'on en sent tout de suite la densité parce qu'il est dans la tête : c'est comme si on retrouvait un bras ou une jambe. Il est pratiquement inscrit dans le schéma corporel. Ces liens-là ne sont pas n'importe lesquels : ils s'appuient sur une régression fusionnelle.

Sébastien ou la confusion des sentiments

Claudine et Bernard vivent avec le fils de Claudine, Sébastien, vingt-cinq ans. Bernard a élevé Sébastien depuis l'âge de quatre ans. Il a lui-même un fils qui a quitté le foyer parental il y a un an. Sébastien a été un enfant phobique qui a souffert de troubles obsessionnels compulsifs. Les contacts avec l'extérieur continuent à lui être très difficiles et il est bien souvent déprimé. Fort intelligent, il a fait de bonnes études mais a du mal à s'insérer dans la vie active et à sortir de cette famille très chaleureuse. Claudine culpabilise beaucoup par rapport à son fils. Elle a vécu des moments très douloureux avec le père de Sébastien pratiquement dès sa naissance. Il buvait, il était violent. L'atmosphère familiale était très conflictuelle et Claudine a reporté beaucoup d'amour sur cet enfant qui est devenu le personnage central de sa vie. Elle est convaincue que toutes les difficultés de Sébastien viennent de sa dépression et des traumatismes qu'il a subis dans sa petite enfance.

Elle raconte comment elle a été sauvée par sa rencontre avec Bernard qui lui-même était veuf avec un enfant de l'âge de son fils. Ensemble, ils ont créé un noyau familial solide. Elle s'est reposée sur Bernard pour assurer l'autorité paternelle. Le père de Sébastien n'a pas disparu de la vie de son fils mais est très défaillant quant à sa place de père. Il y a malgré tout depuis toujours une tension dans le couple de Claudine et Bernard. Ce dernier reproche à sa femme de trop couver et protéger Sébastien, de ne pas lui laisser assez d'autonomie. Or, Sébastien a toujours suscité l'inquiétude de sa mère. Outre ses phobies et ses inhibitions, il a également dû abandonner le sport parce qu'il avait très mal au dos. Il y a toujours eu des prétextes pour que le lien mère-enfant s'éternise.

Sébastien a travaillé pendant deux ans et touché un salaire confortable dont il reversait une partie à ses parents pour contribuer aux dépenses de la maison. Après avoir perdu son emploi, il touche désormais le RMI. Il s'est spontanément adressé à son beau-père pour lui demander à combien il estimait désormais sa participation aux dépenses familiales. Ce dernier lui a demandé la moitié de son RMI. Claudine raconte cela avec des sanglots dans la voix : *« Pour moi, cela a été insupportable. Vous vous rendez compte ? Ce pauvre enfant ! Il n'a que le RMI pour vivre. Si on lui en prend la moitié, il ne lui restera pratiquement plus rien pour s'habiller ou pour sortir. »*

Claudine vit la proposition de Bernard comme une violence. Elle l'implore de revoir sa position, l'accusant d'être trop rigide et de toujours fixer des normes impossibles à atteindre. Le couple se dispute. Claudine me demande qui a tort et qui a raison dans cette histoire qui représente le paradigme de ce qui s'est toujours passé dans ce couple-là. Un processus très régressif se met en place entre la mère et l'enfant, qui évacue la place d'un tiers.

Le beau-père et la mère se disputent donc pour des histoires matérielles. Combien faut-il demander à Sébastien ? La moitié de son RMI ou le quart ? Qu'est-ce qui est juste ? Ils sont venus consulter sans Sébastien pour réussir à se mettre d'accord.

Ce qui se joue autour de cette communication n'a finalement pas grand-chose à voir avec ce qui se dit. La question de la somme qu'il faut demander à Sébastien mesure très précisément la manière dont chacun des parents se représente son degré d'autonomisation.

Je demande à Claudine quel indice son fils lui a donné pour lui faire penser qu'il trouvait injuste et excessif le montant de la participation réclamée par Bernard. Elle est interloquée. Il ne lui en a donné aucun. Elle répond : *« J'ai senti pour lui qu'il avait honte de parler d'argent parce qu'il a honte d'être encore dépendant de nous à vingt-cinq ans et qu'il n'osait donc pas dire qu'il trouvait que c'était beaucoup. »*

Je lui demande alors si la honte qu'elle ressent est celle de Sébastien ou la sienne. Il y a en effet une grande différence entre anticiper les sensations de son fils et les projeter. S'il s'agit de la colère de Claudine, son fils la sentira et la ressentira également. Claudine se fustige aussitôt : *« Vous avez raison, je suis une mère trop intrusive. Je l'étouffe, vous me l'avez déjà dit plusieurs fois* (ce qui est parfaitement faux en l'occurrence, je n'ai jamais rien dit de tel), *vous allez encore me faire sentir que je l'étouffe. »*

Je la rassure : *« Non. Vous faites tout ce que font les mères. Une mère essaie toujours de précéder son enfant pour qu'il ne se fasse pas de mal. Mais il y a des moments où il faut laisser les enfants éprouver eux-mêmes ce qu'ils ressentent pour leur permettre de grandir.* »

Bernard intervient alors : « *Quand j'ai eu cette discussion avec Sébastien, je me suis rendu compte qu'il s'arrangeait pour que nous ne l'ayons pas en ta présence et que c'était important pour lui que nous en parlions tous les deux en te tenant à l'écart.* »

Sébastien ne voulait visiblement pas que sa mère parle à sa place. Dans les familles, on parle souvent à la place de l'autre. Il y a un temps pour être le porte-parole de son enfant et il y a un temps où le porte-parole étouffe l'enfant. Si Sébastien a voulu parler seul à son beau-père, c'est soit qu'il veut se débrouiller seul en adulte avec lui, soit – comme semble le subodorer Claudine – pour aller ensuite se plaindre auprès de sa mère (« *Tu as vu comme il est dur* », « *Tu te rends compte, il me demande la moitié de mon RMI ! Comment vais-je me débrouiller ?* », etc.).

La deuxième hypothèse est peut-être la bonne et, dans ce cas, Claudine a raison de l'anticiper, mais, ce faisant, elle ne laisse à la première hypothèse aucune chance de se vérifier. Il ne s'agit pas d'incriminer Claudine, juste de lui montrer qu'il faut peut-être laisser Sébastien profiter de cette opportunité de devenir autonome.

Cette histoire montre comment la communication familiale peut se dérégler à partir du moment où chacun se met, non à parler pour l'autre – ce qui est assez courant –, mais surtout à penser et sentir pour l'autre. Quand la mère pense que son enfant ressent la même chose qu'elle, elle renoue avec la relation fusionnelle de la première enfance.

La séance suivante va se révéler comme la symétrique de la précédente. Mike, le « faux frère » de Sébastien (comme ils s'amusent à se nommer l'un l'autre), c'est-à-dire le fils de Bernard, âgé de vingt-six ans, a été élevé par le couple depuis la mort de sa mère quand il avait quatre ans. Mike et Sébastien ont développé une relation fraternelle particulièrement complice. Claudine a toujours dit de son fils adoptif : « *Je l'aime autant que Sébastien, et en plus je ne fais pas avec lui les mêmes erreurs qu'avec mon fils ; je ne le couve pas comme une mère poule angoissée, je ne suis pas inquiète pour lui en permanence...* » Du reste, Mike fait preuve d'une plus grande autonomie que Sébastien et cause moins de soucis à ses parents. Il se révèle même volontiers un soutien attentif pour son père qui traverse parfois de graves moments dépressifs. Au moindre nuage qui assombrit l'existence de Mike, c'est Bernard qui s'affole et Claudine qui se charge de le rassurer.

Mike a quitté le domicile familial quelques mois auparavant pour voler de ses propres ailes. Il s'est installé dans un petit studio. Bernard est mort d'inquiétude pour son fils : va-t-il se nourrir correctement, saura-t-il se réveiller seul le matin ? Il n'a toujours pas de petite amie, est-ce que ça n'est pas bizarre à son âge ?

Pourtant, remarque Claudine, le père n'appelle jamais le fils au téléphone, ne lui propose à aucun moment de le voir ou de déjeuner avec lui, alors qu'ils avaient avant son départ de longs moments d'intimité ; c'est elle qui prend des nouvelles, qui tente de maintenir le lien entre le père et le fils. « *Je n'y arrive pas,* me confie Bernard, *je pense à lui toute la journée, mais je n'arrive pas à lui téléphoner.* »

Cette famille s'est décidément construite autour de deux relations fusionnelles parent-enfant liées à des histoires traumatiques d'un côté comme de l'autre. Comme si chaque parent avait pu développer des capacités de souplesse relationnelle avec l'enfant de l'autre alors que la relation à son propre enfant restait engluée dans le deuil et la souffrance. Chacun a également pu intervenir comme un tiers pour médiatiser le lien émotionnel étouffant de son conjoint avec son enfant.

Ainsi que je l'ai déjà souligné, dans ces familles fragilisées, le processus d'autonomie n'est pas vécu comme une chance, comme la possibilité de s'affilier à d'autres groupes et à d'autres projets, mais plutôt en termes de menace de rupture, de séparation définitive, d'abandon. Bernard se sent à son insu « abandonné » par son fils, ce qui explique son incapacité à maintenir un lien avec lui.

Entre fusion et différenciation

Dans toutes les familles, les relations évoluent entre fusion et différenciation, au sein du couple parental comme entre les parents et les enfants.

La fusion est préalable à toute différenciation. C'est à partir de l'appartenance, des relations fusionnelles que la différenciation, la fabrication du soi, va pouvoir avoir lieu selon un processus continu de fusion, différenciation, séparation.

Dans les fonctionnements fusionnels, les capacités intellectuelles se trouvent complètement envahies par l'émotivité[7]. On éprouve ce que l'autre ressent, et ce ressenti commun fait que chacun ne sait plus exactement quelle est la nature de l'émotion éprouvée. S'agit-il de colère, de tristesse, d'envie ou d'angoisse ? C'est l'émotion elle-même qui devient « indifférenciée », impossible à nommer, à qualifier. Bernard et Mike, comme Claudine et

Sébastien, sont de temps à autre envahis par cette angoisse commune. Sans l'intervention d'un tiers qui les sépare, cette angoisse s'amplifie, se nourrit d'elle-même, les submerge et devient génératrice de symptômes (phobie chez Sébastien, impossibilité à téléphoner chez Bernard...).

Il s'agit pour chacun de faire la part entre les réactions émotives archaïques, l'angoisse indifférenciée qui submerge les processus de pensée, et les processus émotionnels différenciés, essentiels à l'équilibre du vivant, déterminants pour les choix, les réactions, la pensée, la vie affective, l'action.

Plus une émotion est perçue, reconnue, représentée, donc utilisable pour mieux se connaître, plus le processus de différenciation du moi pourra s'opérer.

Une patiente boulimique se rend à un spectacle de danse qui la ravit et produit en elle une transe émotionnelle peu commune ; sitôt rentrée chez elle, elle se précipite dans une orgie boulimique particulièrement intense. Ce qui signifie que, dans son cas, toute sensation d'excitation, même des plus agréables, est ressentie comme une angoisse, puis décryptée comme de la faim.

Autre décor : une scène tirée d'un enregistrement que me montrait une de mes étudiantes lors d'une séance de supervision ; alors qu'elle s'interrogeait sur le sens des symptômes d'un patient toxicomane, je remarquai les attitudes et réactions du petit frère de celui-ci, âgé d'environ deux ans : il avait la capacité, lors des montées de tension, particulièrement lorsqu'elles impliquaient le père et le patient, d'attirer l'attention sur lui par une expression gestuelle ou émotionnelle bruyante ; il était aussitôt happé par sa mère qui lui enfournait avec autorité un biberon, un bonbon ou un gâteau dans le gosier... Ici, c'est dans la relation à l'autre que se produit cet apprentissage.

Une personne faiblement différenciée est totalement prisonnière de ses sentiments[8]. Quand l'intellect est submergé par l'émotivité, l'existence se trouve gouvernée par les processus émotionnels. Dans les familles, cette primauté de l'émotionnel se traduit par l'indifférenciation. Un individu prisonnier de ses émotions va passer son temps à s'efforcer d'accéder au bien-être grâce à une relation émotive étroite, ce qui va accroître la fusion, donc accroître son aliénation à l'autre, et ainsi de suite.

Des personnes plus différenciées peuvent participer aux échanges émotionnels sans craindre de se fondre dans le groupe. Une personnalité différenciée aura construit des croyances, des opinions, des convictions : *« Voilà ce que je ressens, ce que je suis, ce que je crois, ce que je soutiens, ce que je veux faire ou ne pas faire... »* ; elle pourra s'appuyer sur cette possibilité de différenciation, même dans les situations de grande angoisse ou de grande violence.

Au contraire, les personnalités indifférenciées vont chercher à fusionner en perdant leur contour et leur frontière. Elles vont se conformer à l'environnement, dissoudre leurs besoins et leurs croyances pour conserver la cohésion du groupe ; elles pourront « sentir » qu'il y a quelque chose qui ne va pas mais seront incapables d'en être conscientes intellectuellement.

Ces personnes sont totalement orientées vers les relations. Une telle énergie est dépensée à rechercher l'amour et la reconnaissance et à conserver l'harmonie des relations qu'il ne reste plus rien pour construire sa propre existence. Les enfants risquent en grandissant de demeurer des appendices, des prolongements de leurs parents.

Toute personne qui fuit sa famille d'origine en reste tout aussi dépendante émotionnellement que celle qui n'arrive jamais à la quitter.

Comme le montre la famille de Bernard et Claudine, nous possédons tous des « îlots » différenciés et indifférenciés qui habitent notre personnalité. Happés par une foule qui panique, nous ne pouvons le plus souvent que céder à cette angoisse. Or, l'intrication affective de la famille contemporaine va souvent, hélas, dans le sens du fonctionnement fusionnel.

Par ailleurs, les adolescents que nous recevons avec leur famille sont d'autant plus sujets à une angoisse vague et indifférenciée que la culture adolescente d'aujourd'hui les pousse à rechercher l'excitation. Cette culture englobant de plus en plus l'univers des adultes, nous sommes tous davantage soumis à une recherche d'excitation qu'à l'exploration attentive des palettes subtiles de l'univers émotionnel[9].

C'est alors le besoin de sensations, d'expériences violentes, d'une invasion du psychisme par d'intenses stimulations, qui fonde notre sentiment d'exister et nous rassure. Pour certains adolescents, l'ecstasy, les amphétamines, la cocaïne, le crack tout comme les conduites à risque, les aventures de l'extrême, les états de transe ou la généralisation de la violence urbaine deviennent les ingrédients indispensables pour lutter contre le vide ou simplement la platitude de l'existence.

Tout se passe comme si, incapables de se lier à des projets politiques, à des investissements sociaux, à des mobilisations intellectuelles, nos énergies ne pouvaient plus se répandre vers l'extérieur ; macérant dans l'univers de l'intériorité, ces énergies tournent en rond, perdent leur capacité de liaison et se transforment en un ferment émotionnel indifférencié, en un rythme biologique en quête de sens.

Tels des sacs tour à tour remplis et vidés de leur contenu sensoriel, nous sommes constamment menacés d'un trop-plein : trop d'excitation, trop de violence, voire trop d'informations. À l'inverse, nous nous trouvons exposés à un excès de vide et à son cortège d'angoisse et de dépression.

Penser pour l'autre

Enfant, Sébastien a tellement porté cette mère déprimée qu'il a beaucoup de mal à se séparer d'elle psychiquement : il risquerait de vivre cette séparation comme la rupture d'un lien vital pour eux deux, alors qu'une séparation n'a rien d'une rupture, au contraire. La séparation est un processus psychique permettant de se détacher de l'autre sans pour autant rompre la relation que l'on a avec lui. La rupture conduit à imaginer que l'autre n'existe plus, qu'il n'y a plus de lien à partir du moment où on est séparé et qu'il faut donc toujours maintenir le lien présent. Il ne peut donc pas y avoir ce va-et-vient entre la solitude et la relation. Se mettre à la place de l'autre, c'est faire un mouvement d'aller-retour entre soi et l'autre. On se met dans sa tête et on essaie de se représenter, par empathie, ce qu'il ou elle peut éprouver. Mais, après, on revient à soi. Quand on se met à la place de l'autre, on sait très bien faire la différence entre soi et l'autre.

En famille, il y a un minimum de secrets nécessaires. D'ailleurs, le premier acte majeur d'un enfant désireux de s'assurer qu'il a un monde intérieur à lui est en général d'inventer un mensonge, afin de vérifier qu'on ne lit pas dans ses pensées [10]. Il peut ainsi délimiter un espace public et un espace privé et se rassurer sur le caractère privé de sa pensée et, surtout, de ses fantasmes. C'est ainsi qu'il construit son espace psychique. Cette nécessité va évidemment à l'encontre des nouveaux idéaux de transparence et de ce que nous souhaiterions dans nos familles où, souvent, le mot d'ordre semble être *« Dis-moi ce qui ne va pas »*, *« Qu'est-ce qui te préoccupe ? »*, sans parler de l'agaçant *« À quoi tu penses ? »*. On doit bien sûr se parler pour mieux se comprendre, mais tout ce qui est important n'est jamais dévoilé qu'en partie.

Nous voici à nouveau dans un paradoxe entre l'injonction officielle *(« En famille, on doit tout se dire parce que c'est le lieu de l'intimité, c'est-à-dire de la transparence »)* et la réalité : en famille, tout ce qui relève de l'intimité est en fait secret. Ce paradoxe est lié à l'utopie née de l'aspiration au bonheur familial : hypocrisies et dissimulations ne doivent pas y trouver leur place. On pense toujours que l'on fera mieux que ses parents, jusqu'au jour où l'on se rend compte, à son corps défendant, que l'idéal de transparence est incompatible avec la réalité de la vie de famille. On se demande alors pourquoi ces enfants que l'on aime tant et à qui on veut tout donner nous cachent tout. Pourquoi ne me dit-il rien ? Pourquoi est-il hostile ? Pourquoi m'en veut-il ? Pourquoi me considère-t-il comme son ennemi ?

D'une génération à l'autre, cette désillusion se répète parce que c'est ainsi que l'intimité se construit : à la fois dans la famille et contre la famille. Cette dernière met en place les conditions de la confiance, mais ce n'est qu'en s'aventurant au contact des autres que la construction de soi peut se faire.

Il y a des secrets plus secrets que d'autres : par exemple, lorsqu'un enfant se devine une orientation homosexuelle. Il sent tout de suite qu'il ne doit pas en parler. Des milliers de signes lui indiquent qu'il n'est pas tout à fait comme il faudrait qu'il soit.

La tolérance apparente de notre société à l'égard de l'homosexualité n'y a rien changé. En effet, si le regard social semble s'être quelque peu ouvert sur ces questions, l'homosexualité n'en reste pas moins indicible quand on est adolescent. La norme est toujours à l'hétérosexualité et le groupe d'adolescents, toujours normatif. Quant aux parents, même s'ils sont très ouverts, on sait qu'ils vont souffrir. Sans compter que, dès l'âge le plus tendre, les enfants ont reçu toutes sortes d'interdits liés au sexe : *« Un garçon ne joue pas à la poupée »*, *« Un garçon ne pleure pas »*. *« Une fille ne grimpe pas aux arbres »*, *« Tu es tellement mignonne quand tu es en jupe »*...

Ce qui est dissimulé ne se résume pas à la seule fantasmatique sexuelle ; c'est tout un univers de sensations, d'émotions, de désirs qu'on ne peut partager et qui seront difficilement acceptés. C'est la capacité amoureuse qui est ainsi amputée.

Beaucoup peuvent alors acquérir l'habitude de se couper en deux, d'ignorer leurs sensations, de se sentir perpétuellement en porte-à-faux. Tout au long de ces traumatismes quotidiens liés au rejet social, on en vient presque à s'identifier à l'agresseur : on a vite fait d'adopter une merveilleuse ironie sur soi-même et sur la vie en général ; si les gays ont vis-à-vis d'eux-mêmes la dent si dure, c'est qu'ils ont depuis longtemps acquis du métier à cet exercice. La plupart des jeunes homosexuels passent, ne serait-ce que quelques années, par ce bouleversement profond qui leur fait intérioriser la honte de soi et cultiver des sentiments négatifs.

L'enfant concerné est en porte-à-faux entre ce qu'il montre de lui et ce qu'il sait être réellement, et sa construction psychique s'en ressent. N'oublions pas qu'il y a six à sept fois plus de suicides chez les adolescents qui se devinent homosexuels que chez les autres adolescents [11].

Le secret est nécessaire mais il peut s'avérer dramatique. Le secret qui aide est celui dont on est détenteur et que l'on peut décider de révéler, celui qui détruit est celui dont on se sent prisonnier et qui enferme [12].

Les nouveaux secrets de famille

J'ai reçu un jour une famille dont l'enfant présentait une phobie scolaire. Il ne pouvait plus aller à l'école. Il ne supportait plus le groupe et se repliait sur lui-même. J'ai été très frappé par le fait que la mère dénigrait le père, en permanence et d'une manière assez caricaturale. Elle le rabaissait systématiquement. Dès qu'il disait quelque chose, elle levait les yeux au ciel. Tout dans sa mimique semblait me prendre à témoin : comment un enfant aurait-il pu se développer normalement avec un père aussi falot ? La situation s'est éclairée le jour où cette mère m'a téléphoné pour me révéler le secret de famille : cet enfant était né par une fécondation in vitro, ce qu'il ignorait ; et elle avait choisi le sperme du donneur dans un catalogue anonyme – à l'époque, cela pouvait encore se faire –, en sélectionnant un donneur particulièrement intelligent. Dans son fantasme, le vrai père de son enfant était un homme tout à fait remarquable, comparé à celui avec lequel elle vivait. Dans cette famille, tout ce qui se communiquait par le langage n'avait finalement rien à voir avec ce que ressentait chacun.

Que devient la question du secret en cas de fécondation in vitro ? En instituant l'anonymat du donneur en cas d'insémination avec sperme de donneur, la loi crée les conditions d'un espace de secret très important dans la famille.

Cet enfant « agissait » un secret familial tout à fait à son insu. Comme le dit Serge Tisseron, les secrets de famille « suintent » toujours. Ils provoquent des clivages et des incohérences entre le langage analogique, c'est-à-dire le langage des gestes, des émotions, etc., et le langage verbal.

Autrefois, les secrets de famille concernaient des grossesses illégitimes, des enfants nés hors mariage, un grand-père emprisonné, une tante morte à l'hôpital psychiatrique, une grand-mère qui avait des amants. Ces secrets étaient liés à la moralité de la famille. Il semble que l'on s'accommode désormais mieux de la moralité. Personne ne se scandalise d'une grand-mère à la cuisse légère, on peut trouver cela plutôt sympathique et l'intégrer dans le folklore familial. C'est un secret qui ne pèse plus très lourd.

Aujourd'hui, la nouvelle « légèreté » familiale, les divorces, les séparations et les recompositions conduisent à une ignorance de plus en plus grande sur l'histoire des origines. Ce n'est sans doute pas un hasard si un million de Français se passionnent pour les recherches généalogiques et si les ouvrages exhibant les secrets de familles célèbres connaissent un tel succès.

Car les secrets n'en finissent pas d'interpeller les questionnements liés à la sexualité et à la transmission, c'est-à-dire à la fabrication du roman familial. Et ces « nouveaux » secrets tournent par exemple autour des procréations médicalement assistées ou du sida.

Cédric ou le secret qui saigne

J'ai rencontré Cédric et sa famille au sein d'un groupe de parole pour adolescents séropositifs que j'animais à l'hôpital Necker-Enfants malades avec Isabelle Funck-Brentano. Il a quatorze ans et se sait porteur depuis sa naissance d'une maladie bizarre qui l'oblige à prendre de nombreux médicaments. Tous les trois mois, il doit se rendre à l'hôpital pour une visite et des examens sanguins.

Cette maladie, il en ignore le nom et feint de ne pas s'en soucier. Du reste, son père prend journellement un traitement et se porte comme un charme malgré de courtes périodes de diarrhées et d'amaigrissement. Sans doute s'agit-il d'une particularité familiale : la santé de sa mère semble elle aussi nécessiter des médicaments mais, plus discrète, elle les dissimule le plus souvent dans un tiroir fermé à clé.

Si particularité familiale il y a, elle ne concerne que leur trio : Cédric est fils unique et ses parents lui ont plusieurs fois demandé de ne pas évoquer ses traitements devant ses grands-parents ou ses cousins, encore moins avec ses camarades de classe ; il ne faut inquiéter personne inutilement.

Bon élève, sportif, il se passionne pour les sciences naturelles et vient de faire en classe un remarquable exposé sur le sida. Cet intérêt le pousse à regarder un soir une émission de télévision consacrée aux perspectives ouvertes par les nouveaux traitements de la maladie. Un détail lors d'un reportage consacré à la vie d'un malade fige l'attention de Cédric : le nom d'un médicament ingéré par le patient apparaît à l'écran ; c'est celui d'un produit quotidiennement présent au côté de l'assiette du petit déjeuner de son père. Ce mot déchire un pan de voile, tourbillonne dans la tête du jeune garçon jusqu'à ce qu'il ne puisse plus tenir. Profitant d'un tête-à-tête avec son père, il lui pose LA question : *« Es-tu oui ou non malade du sida ? »*

Cédric se remet peu à peu de l'acquiescement paternel. Il paraît soulagé de détenir cette vérité, même s'il n'opère aucune liaison consciente entre la maladie de son père et la sienne. Quelques semaines plus tard, cherchant à raser les premiers poils qui ombrent sa mâchoire, Cédric pénètre dans la salle de bains paternelle, emprunte son rasoir... et s'entaille le menton. Affolé, certain d'avoir été ainsi contaminé, il court voir sa mère qui, n'y tenant plus, lui dévoile un autre pan de cette histoire : *« Toi aussi, tu es porteur de ce virus, mais rassure-toi, tout va bien, tu ne risques rien avec les traitements que tu prends tous les jours. N'en parle à personne, les autres ne comprendraient pas. »*

Cédric reçoit étonnamment bien cette information et semble poursuivre son chemin comme si de rien n'était. Rappelons que le jeune Cédric a fait un exposé sur le sida : il connaît parfaitement la maladie et son mode de transmission, mais il ne fait toujours pas le rapprochement.

L'effondrement dépressif aura lieu quelque temps plus tard, à la faveur d'une conversation avec sa mère : *« Tu dois être bien triste et inquiète, ma petite maman, de partager ainsi ta vie avec deux hommes séropositifs. »* Sa mère lui annonce alors sa propre contamination. *« Tu dois bien t'en douter. C'est moi qui t'ai transmis le virus quand tu es né. »*

À ce moment-là, Cédric reconstitue tout à coup le puzzle de ce qu'il ne voulait pas voir, cette énigme indéchiffrable qu'est pour quiconque la transmission sexuelle de la vie. Cela montre bien comment l'espace du secret interdit le raisonnement et sidère la pensée. On ne peut plus faire des connexions logiques : *« Mon père est séropositif, si je suis aussi séropositif, j'ai bien dû attraper ce virus quelque part. Comment l'ai-je attrapé ? Ce n'est pas par des relations sexuelles ni parce que je me suis drogué, c'est donc bien que ma mère me l'a transmis. »*

Et Cédric s'effondre, sombrant dans une dépression colossale. Il ne veut plus aller en classe, il est anéanti. Au-delà de la maladie, tout cela lui révèle un secret autour duquel il peut commencer à réfléchir : d'où vient ce virus ? *« Est-ce ma mère qui l'a transmis à mon père ou l'inverse ? Et si c'est mon père qui l'a transmis à ma mère, est-ce parce qu'il lui a été infidèle ? Est-il bisexuel ? S'est-elle droguée ? »* Une explosion de questions, plus dérangeantes les unes que les autres.

Voilà comment un non-dit ou un secret de la vie familiale peut finir par faire tache d'huile, c'est-à-dire intriquer tous les membres de la famille dans un espace, certes commun, mais où personne ne communique sur les choses essentielles. Ce silence va à l'encontre de l'intimité familiale : il n'y a plus aucune cohérence entre ce qui est dit, ce qui est montré et ce qui est ressenti. Comme dans la petite enfance, lorsque la voix de la mère dit une chose et son corps, l'inverse, le secret qui ne veut pas sortir hurle, à sa façon, et remplit le silence. Et les pauvres mots qui sont prononcés, malgré tout, ne veulent plus rien dire.

5

Contes et légendes de la famille

« Maman fait les meilleures tartes aux pommes, papa pourrait être champion de tennis, l'aîné peint des aquarelles fantastiques le dimanche, la cadette a déjà une élégance de reine, le dernier-né est si rond, si joufflu, si beau qu'il extasie la femme de ménage, la concierge, la grand-maman, le facteur.

« Ne pas conclure que ce bébé est vraiment beau, que papa manie bien la raquette, que la fille est élégante et le garçon talentueux, qu'on peut manger les tartes aux pommes. Ce ne sont que valeurs familiales à usage interne.

« En réalité, papa sur un court semble envoyer des citrouilles, la gamine est élégante comme une génisse en tablier, les aquarelles du fils vous salissent les yeux, le bébé adipeux et baveux vous reste sur l'estomac, et les tartes vous collent aux dents si on se risque à les mâcher...

« Comme Robinson Crusoé reconstruit sur son île, en bricolant à la diable, tous les biens de civilisation et la société

même, la famille refabrique entre soi et juste à sa hauteur, et avec les moyens du bord, la Peinture, le Sport, l'Enfance, la Star et la Tarte[1]. »

Ces quelques lignes de Tony Duvert illustrent avec humour l'image, pas vraiment objective, qu'une famille peut avoir d'elle-même : un joli mythe familial, un mini-conte de fées, qui exprime la façon dont la famille est perçue, non par des observateurs extérieurs mais par ses propres membres.

Partager ensemble un certain nombre de croyances, de convictions et de règles fonde l'identité d'une famille, lui donne une solidité et une solidarité en dépit des divergences et des conflits. Pouvoir dire ou penser « *Chez nous, on est comme ci ou comme ça* », c'est adhérer à des traits, des habitudes, des valeurs et des références qui nous distinguent des autres et marquent la frontière et la différence entre le familier et l'étranger : un sentiment d'appartenance si puissant et si complexe qu'il est aujourd'hui habituel de s'interroger sur son devenir ou sa persistance en cas de divorce ou de recomposition.

Pourquoi se limiter à ces familles « pas comme les autres », pourquoi les montrer encore du doigt ? Toutes les familles évoluent et changent au fil du temps : un enfant naît, puis un second ; un adolescent quitte la maison, une fille se marie ou part à l'étranger, le père change de travail ou perd son emploi, la mère recommence à travailler. Les enfants se marient, des « pièces rapportées » font leur apparition, puis des petits-enfants. Il est donc stupide de se focaliser sur les ruptures, les recompositions ou les drames, alors que la vie la plus simple se charge de modifier en permanence la morphologie de la famille, qu'elle soit « traditionnelle » ou « moderne ».

Ce qui nous ramène à notre sujet : que devient le sentiment d'appartenance, au fil de tous ces changements ? Comment, avec la vie et les années, chacun continue-t-il à éprouver ce sentiment ?

Nous savons bien qu'un enfant qui quitte la maison pour vivre seul ou en couple conserve le sentiment d'appartenir à sa famille. Ce sentiment est tellement enraciné, tellement fondateur et profond qu'il ne disparaît jamais. Quoi qu'il arrive, une famille reste toujours une famille, même si l'un ou l'autre de ses membres en doute ou perd de vue cette évidence qu'il faut parfois aider à restaurer.

« Qui est ta famille ? » Quand on pose cette question, chacun cite spontanément une liste de personnes qui partagent une même histoire, une même lignée, une même tradition, une même culture. On englobe dans cette appartenance des oncles, tantes ou cousins avec lesquels on est parfois fâché depuis des années ou que l'on ne voit qu'une fois par an à Noël, à l'occasion d'un mariage ou d'un enterrement. Ce n'est pas parce que l'on a coupé les ponts avec un membre de sa famille qu'il ne fait pas partie de « chez nous ».

Ces croyances partagées entre tous les membres du groupe *(« Il faut manger léger le soir », « Dans la famille, on a de beaux cheveux », « Dans la famille, on est généreux avec ceux qui sont dans le besoin »)* sont des valeurs conscientes, que l'on peut énoncer. Mais il existe d'autres croyances, plus inconscientes, qui se transmettent implicitement de génération en génération, aptes à créer des destinées qui nous échappent et nous poussent à reproduire à notre insu certains éléments de l'histoire familiale. Selon les familles et la pesanteur des histoires, il sera plus ou moins difficile d'échapper à son destin. On sait à quel point les enfants et petits-enfants de déportés ont présenté des pathologies très lourdes, alors que souvent rien ne leur avait été raconté ; mais on leur avait transmis une horreur et un passé indicibles. Plus une famille est marquée par des deuils brutaux, des ruptures, des transplantations, des crimes avouables ou inavouables, plus sa dimension mythologique devient importante et imprime des destins à chacun. C'est le sens de toutes les tragédies antiques et de tous les mythes.

Ne pas confondre le feuilleton familial et le mythe

Comme nous sommes de plus en plus familiarisés avec la « psy », nous savons qu'en cas de difficulté, il faut toujours chercher du côté de la famille. Il est tentant, lorsqu'un enfant va mal, d'« expliquer » : *« C'est normal. Il tient de son oncle (ou de sa grand-mère, etc.). »* Ou, mieux encore, *« de ma belle-mère »*, car on incrimine plus facilement sa belle-famille que la sienne, à moins d'avoir des comptes à régler avec celle-ci. Pour plausibles qu'elles soient, ces explications n'en restent pas moins à la fois partielles et linéaires. Rien n'est jamais aussi simple qu'on le croit. En cherchant à comprendre et à expliquer, on se « fait un film » : *« Il va mal, mais c'est "normal" parce que sa mère était dépressive »*, ou *« Dans cette famille, de toute façon, il y a toujours un raté »*. On reconstruit une histoire à partir de ce que l'on sait et de ce qui nous arrange, mais cela n'a rien à voir avec le mythe familial, qui se nourrit d'éléments inconscients et que l'on ne connaît pas vraiment. Chacun se fabrique son propre « feuilleton » familial pour pouvoir décrypter la réalité et donner un sens à son histoire. On attribue à sa mère, à sa grand-mère ou à son arrière-grand-père la « cause » de son bonheur, de son malheur ou de ses états d'âme et chacun se raconte une histoire différente. On le voit bien quand, au cours des réunions familiales, sont évoqués des souvenirs d'enfance : chacun a vécu tel ou tel événement d'une manière totalement personnelle et différente des autres.

Le mythe familial, au contraire du feuilleton, réunit l'ensemble des membres du clan, le plus souvent à leur insu, autour d'une légende commune. Le mythe familial explicite de la famille Kennedy, par exemple, semblait être : *« Nous sommes des gens courageux qui doivent accomplir un grand destin et se consacrer à leur pays. »* Il y a un côté tragique dans cette dimension mythique : soit elle est mise en pratique, avec tous les risques (assassinats, accidents, etc.) que cela implique ; soit elle est ignorée et ceux qui dérogent au mythe sont implicitement exclus du clan et sombrent dans la marginalité, la déchéance ou l'alcoolisme. Derrière cette dimension explicite *(« Nous devons avoir un grand destin pour mériter de porter le nom de Kennedy »)*, il y avait sûrement une histoire complexe, qui a sans doute échappé aux membres de cette famille et « imprimé » ce destin avec une telle force.

C'est dire tout ce que la famille et ses membres doivent faire, être ou devenir pour obéir au mythe, pour ne pas trahir l'image de la famille, de ses espoirs et de ses exigences. Certaines familles sont à cet égard plus contraignantes que d'autres. Il n'est pas toujours facile d'appartenir à une famille d'artistes ou de génies comme les Claudel, les Churchill ou les Depardieu !

Si le sentiment d'identité est ce qui permet à un individu, tout au long de son existence, de se sentir à la fois identique et différent des autres, le mythe familial procure à la famille son identité et son originalité. Comme tous les mythes, il s'enracine dans l'histoire fondatrice de la famille, mais ce qu'il exprime se réfère tout autant au présent et au futur.

Il confère le sens du bien et du mal, du vrai et du faux et, comme toutes les légendes, il se transmet en se transformant de génération en génération. Il organise la pensée et légitime les croyances. Pour vivre et se construire ensemble, un couple qui crée une famille crée son mythe conjugal, donne naissance à un ensemble de croyances qui seront partagées par les membres de la famille qu'il va fonder et qui ne sauraient être remises en question par l'extérieur[2].

Ces croyances communes ne sont pas toujours en phase avec les représentations sociales : ces idées et ces images, parfois folles, qui forgent les normes. Elles se confrontent souvent à la norme de la « bonne famille », celle dont on imagine qu'elle fonctionne bien et qui se confond avec le mythe de la famille idéale : une « famille Ricorée » avec deux ou trois enfants modèles issus d'un lien biologique entre les deux parents, une famille où tout le monde chante au petit déjeuner. Tous ceux qui sortent de cette norme et échappent à ce stéréotype éprouvent le sentiment de ne pas être une famille « normale ». Ces soi-disant marginaux ont beau être de plus en plus nombreux, ils sont rattrapés par le stéréotype et se retrouvent réduits à une de leurs particularités[3]. On dira d'eux : *« C'est une famille anorexique »*, ou *« c'est une famille toxicomane »*, *« c'est une famille immigrée »*, *« c'est une famille adoptante »* ou *« c'est une famille homoparentale »*. Ainsi désignée, la famille intègre l'image que lui renvoie le miroir du monde extérieur et se vit effectivement comme une famille d'immigrés ou d'anorexiques. Et finit par analyser et décrypter ses éventuelles difficultés à travers ce prisme réducteur pour se trouver réduite à une simple part de son identité : *« Il est communiste »*, *« il est homosexuel »*, *« elle est maternelle »*, etc. Or, lorsque l'on se sent prisonnier d'une image, on est toujours poussé à en exagérer les traits. Le regard porté par le monde extérieur alimente ainsi le sentiment d'appartenance et renforce le mythe familial.

Paradoxalement, à l'heure où la forme et la composition des familles se modifient de plus en plus, les normes de la « bonne famille » deviennent de plus en plus contraignantes. Il *faut* qu'un enfant « fasse » son œdipe de façon harmonieuse. Il *faut* tout dire aux enfants mais en même temps ne pas trop leur parler. À force de contraintes, toutes les familles finissent par se sentir hors normes. Même dans une famille traditionnelle, on peut estimer que le père n'est pas assez présent ou autoritaire, que la mère est trop fusionnelle, trop castratrice ou trop absente, que les parents n'arrivent pas à négocier l'autorité... Or, tout ce qui se passe dans les familles traditionnelles est vécu en surmultiplié dans les familles monoparentales, où la mère se reproche d'être seule ; dans les familles recomposées, où l'on se reproche d'avoir divorcé et de ballotter l'enfant entre deux maisons ; dans les familles adoptantes, où l'on se reproche de penser, malgré soi, à l'hérédité et à la génétique, etc. Les contraintes liées à la norme de la famille idéale où tout le monde serait heureux et dans laquelle il n'y aurait aucun conflit se resserrent paradoxalement alors que la manière de vivre de toutes les familles échappe concrètement à ce modèle très stéréotypé.

Laure ou quand le mythe familial devient une prison

Laure et John, environ trente-cinq ans chacun, viennent consulter avec leurs deux filles, Sarah, cinq ans, et Jane, deux ans. Ils sont très inquiets parce que l'aînée se montre très brutale avec sa petite sœur, au point qu'ils ont peur de les laisser toutes les deux seules dans la même pièce. Sarah jette ses jouets à la figure de Jane et a même failli une fois l'étrangler. Sa jalousie exacerbée oblige ses parents à une surveillance incessante. Sarah pique des crises, veut dormir la nuit dans le lit parental, se réveille quinze fois. De guerre lasse, Laure et John finissent par la prendre avec eux. Cette jalousie, assez typique et banale, a visiblement pris une dimension inquiétante. Par ailleurs, Sarah n'a aucun problème à l'école où elle ne manifeste aucune violence à l'égard de ses camarades de classe.

Laure et John forment un drôle de couple. Laure a la beauté glacée et l'allure classique des héroïnes d'Hitchcock. Plus excentrique, John porte des vêtements extravagants qu'il dessine et crée lui-même : styliste, il essaie de percer dans la couture. Il est un peu maniéré, assez maternel avec ses filles. Les rôles paraissent inversés dans ce couple, d'autant que John travaille à la maison et ne gagne pas d'argent avec ses créations. C'est donc Laure qui fait bouillir la marmite : elle a créé une petite entreprise d'import-export avec son frère aîné, François.

François est célibataire, homosexuel et séropositif. En apprenant la séropositivité de son frère, Laure s'est totalement investie à ses côtés pour l'aider et le soutenir. Elle s'est engagée dans une association de lutte contre le sida dans laquelle elle milite bénévolement. Jusqu'au moment où deux événements se produisent simultanément : la naissance de Jane et « quelque chose qui s'est passé » entre Laure et son frère, quelque chose, dit-elle, dont elle ne veut pas parler mais qu'elle ne peut lui pardonner.

À partir de ce fameux événement secret, la vie au bureau devient intenable entre le frère et la sœur. C'est une toute petite entreprise et ils travaillent dans la même pièce. D'après Laure, depuis ce jour, François pique en permanence des crises de nerfs, ils ne cessent de se disputer, passent leurs journées à s'insulter et elle finit par partir en claquant la porte. Du jour au lendemain, leur amour s'est transformé en haine. Or, ils ont toujours été très proches et s'entendaient très bien quand ils étaient petits. Ils n'ont que trois ans de différence et vivaient beaucoup ensemble, en vase clos. Leur famille n'était pas très grande, avait peu de relations sociales et était repliée sur elle-même.

Nous apprenons également qu'au moment où se produit l'événement mystérieux dont Laure ne peut parler, François, qui a toujours été célibataire, vient de rencontrer sur Internet un Américain dont il est tombé amoureux et qui s'est s'installé avec lui à Paris. Laure explique – ce qui sera confirmé par la suite par François – que son frère n'a pas eu beaucoup de chance. Il n'a eu que quelques expériences sexuelles et a été contaminé très jeune par le virus du sida. Jusqu'à ce qu'il rencontre son ami américain avec lequel il a l'intention de se pacser, François n'a eu aucune vie de couple.

John n'intervient pas pendant le récit de sa femme. Il connaît l'histoire. La sienne est plus simple : il a grandi en Angleterre dans une famille assez traditionnelle. Il a voulu venir vivre à Paris où il a rencontré Laure. Compte tenu de l'importance que prend François dans la famille, je leur demande de venir avec lui à la séance suivante.

Ce que raconte François au cours de cette séance corrobore le récit de Laure mais, de son point de vue, c'est sa sœur qui a des attitudes hystériques et un comportement très agressif à son égard. Nous comprenons alors à quel point cette famille vit dans un huis clos. En effet, le frère et la sœur partagent un local situé dans la cour d'un immeuble, propriété de leur grand-mère paternelle qui en occupe un des appartements. Habitent également cet immeuble les parents de Laure et François, leur tante paternelle, et enfin François et son ami. La grand-mère paternelle tient les cordons de la bourse pour toute la famille. Les parents de Laure et François s'occupent ensemble d'un restaurant qui appartient à la grand-mère paternelle. La tante paternelle de Laure et François, célibataire, travaille elle aussi dans ce restaurant. J'apprends que la grand-mère n'a jamais salarié son fils (le père de Laure et François) et que, tous les mois, elle lui donne de l'argent en liquide pour vivre, comme si elle lui octroyait de l'argent de poche. Il ne paie pas de loyer et, s'il a besoin d'acheter quelque chose d'un peu exceptionnel, il faut qu'il aille le demander à sa mère qui lui fait un chèque. La mère de Laure et François s'est coulée dans ce moule familial dont elle a accepté les règles, contrainte et forcée.

Le mythe insurmontable

La famille qui se dessine ici peut être qualifiée d'endogamique. En effet, les alliances, les « mariages » les plus importants se passent entre frères et sœurs et non avec les conjoints. C'est en général dans ce genre de familles fermées, rigides et autarciques que les dimensions mythiques sont les plus fortes. Le mari de Laure, John, est vécu par tout le monde comme une pièce rapportée. On le trouve très gentil et il est considéré comme un genre de plante verte qu'on entretient : on le laisse faire ses créations dans son coin, complètement en dehors de la passion familiale.

Jusqu'à l'apparition de son ami américain, François vivait en huis clos avec sa sœur. Le père de Laure et François a également vécu un grand amour fraternel avec sa propre sœur célibataire : ils ont toujours travaillé ensemble dans le restaurant familial. La mère de Laure et François reste une pièce rapportée qui n'a jamais eu le choix : soit elle entrait dans ce système, soit elle renonçait à se marier. Mais, toute sa vie, elle a dit à quel point elle souffrait de l'omniprésence de sa belle-mère.

Nous évoquons alors devant François l'événement mystérieux mentionné par sa sœur au cours de la première séance, et qui aurait précipité leur conflit. Un peu embarrassé, il finit par nous raconter, avec l'accord de Laure qui ne s'oppose pas à ce qu'il en parle devant ses filles, le terrible épisode qui les a brouillés.

François se ronge les ongles jusqu'au sang et s'arrache sans arrêt les peaux autour des doigts. Un jour, Laure aperçoit une tache de sang sur le clavier de l'ordinateur sur lequel elle travaille. Elle est alors envahie par la conviction que son frère veut la contaminer par le VIH. Et tout se retourne en elle.

Cette relation d'amour total, de fusion et de solidarité se transforme en haine et en certitude quasi délirante que son frère veut l'assassiner. Depuis ce jour, elle ne cesse de le reprocher à François et de l'accabler de critiques. Dès que le ton monte, elle le traite de salaud et d'assassin. Sans réaliser que ce passage de l'amour à la haine a coïncidé avec l'arrivée de l'ami américain dans la vie de son frère et sa volonté de se pacser, ainsi qu'avec la naissance de Jane.

De nombreux événements se sont ainsi télescopés. Par une projection inconsciente, la naissance de Jane, trois ans après celle de Sarah, a réactivé chez Laure – qui a elle-même trois ans de moins que son frère – les risques de fusion ou de rivalité fraternelles. François, que l'on croyait condamné à la solitude du fait de son homosexualité et de sa séropositivité, que l'on imaginait promis à la continuation de l'histoire familiale et au rôle de soutien de sa sœur (c'est lui qui a créé l'entreprise et qui la fait vivre), s'ouvre sur l'extérieur.

Ces événements mettent en danger le mythe familial, à savoir : *« On doit rester dans la famille et s'entraider entre frère et sœur, quitte à en payer le prix par un célibat. »* Et c'est bien ce qui s'est passé pour la sœur du père. Le mythe familial en danger provoque une crise familiale. Sans établir de relation de cause à effet, car ce n'est pas ainsi que nous raisonnons en thérapie familiale, on ne peut s'empêcher de constater un lien avec la jalousie de Sarah à l'égard de Jane. Sarah semble effectivement participer à cette histoire dont elle a apparemment intégré les éléments mythiques, en exacerbant la rivalité fraternelle qu'elle observe entre sa mère et son oncle.

Ce constat m'a autorisé à « travailler » sur plusieurs plans. D'une part, il faut que le frère et la sœur se différencient sur un mode moins conflictuel et moins délirant. Si l'on songe à la scène de contamination fantasmatique entre frère et sœur, on peut l'interpréter comme une représentation spectaculaire de viol, comme s'il y avait eu un acte sexuel à travers cette goutte de sang sur le clavier de l'ordinateur. L'inconscient familial, qui « unit » les frères et les sœurs, est à nu : *« Mon frère m'a transmis le sida ! »* J'ai donc pu dénouer tous ces aspects « incestuels[4] » et permettre à Laure et François de se détacher l'un de l'autre de manière plus supportable. J'ai en même temps aidé Laure et John à comprendre qu'ils avaient conclu un pacte implicite – qui s'insère dans le mythe familial –, comme si John avait dit à Laure : *« Moi, je m'occupe des enfants et toi, tu t'occupes de ton frère. »* Et cela afin qu'ils puissent créer ce qui n'avait pas été possible jusque-là : une famille nucléaire composée de Laure, John, Sarah et Jane, séparée de l'autre famille.

Une très gentille petite fille

Au cours de la thérapie, j'ai également convoqué les grands-parents des enfants ainsi que leur arrière-grand-mère. Au fil des séances, chaque fois que Laure et François parlaient de leurs conflits, nous établissions des liens avec la situation de Sarah et Jane pour qui Laure et John étaient venus consulter au départ. Par exemple, quand François et Laure parlaient de leurs disputes, je me tournais vers Sarah en lui faisant remarquer : *« Tu vois, tu n'es pas la seule à être agressive et à avoir envie de tuer ta petite sœur. »*

En thérapie familiale, nous effectuons souvent des allées et venues entre ce qui se passe ici et maintenant et ce qui se rattache à l'histoire et au mythe familiaux. Sarah, très attentive, était toujours très intéressée par ce qui pouvait se dire. Quand nous lui expliquions : *« Tu vois, on peut avoir l'impression de haïr son frère ou sa sœur, alors qu'en fait c'est trop d'amour, et trop d'amour c'est la même chose que la haine »*, cette explication la soulageait de ce qu'elle ressentait pour sa petite sœur. De même, je pouvais lui dire : « *Tu as été une très gentille petite fille parce que ta mère allait très mal, elle était très déprimée et très en colère contre ton oncle et tu as détourné son attention sur toi. Comme elle s'occupait de toi, elle pouvait se sentir une bonne mère et pas une mauvaise sœur.* »

La thérapie familiale mobilise et déplace des tensions et des émotions. Le but n'est pas de « faire comprendre » telle situation ou tel enjeu, mais de stimuler les processus de différenciation à partir de ressentis communs, tout en prenant conscience de l'importance du lien qui unit les protagonistes. Ainsi, dès le moment où les parents de Laure et François sont venus, le frère et la sœur se sont unis contre eux. Ils se sont ainsi retrouvés dans leur complicité adolescente et ont pu commencer à dire à leurs parents des choses qu'ils n'avaient jamais osé exprimer auparavant : ils leur ont reproché de les avoir étouffés, de les avoir obligés à prendre des orientations dont ils n'avaient pas envie. Ils ont dit à quel point ils avaient souffert de voir leur mère si soumise à leur père et comme ils auraient aimé avoir une mère plus autonome. En un mot, ils ont vidé leur sac et sorti une foule de reproches adolescents qu'ils n'avaient jamais pu exprimer. Sarah a participé à ces flux de tension qui se déplaçaient entre Laure et François vers ses grands-parents. Du coup, la petite fille s'est sentie libérée de quelque chose qu'elle ne comprenait pas bien mais qui, à l'intérieur d'elle, était sûrement une angoisse qu'elle extériorisait à l'encontre de sa sœur.

C'est exactement le même processus lorsque nous recevons une mère avec un nourrisson qui pleure dans ses bras. Nous parlons à la mère, elle se détend et le nourrisson arrête de pleurer. Tout cela reste très mystérieux, mais il y a certainement des tensions et des émotions qui se transmettent.

La thérapie s'est terminée par la création de deux sociétés à partir de l'entreprise commune de François et Laure. Chacun s'est mis à travailler séparément, et les parents sont partis s'installer dans leur maison de campagne.

Du mythe aux loyautés

L'histoire de Laure et François montre comment on peut être relié à sa famille d'origine (par opposition à la famille que l'on fonde) par une loyauté farouche[5]. Il ne faut pas confondre les lois et les règles familiales avec les loyautés. Les unes et les autres sont des forces qui s'affrontent, collaborent et se contredisent parfois. Les lois que l'on applique dans une famille n'ont rien à voir avec les loyautés. Les premières sont explicites et imposent une contrainte extérieure tandis que les secondes, comme les mythes, sont invisibles, souterraines, inconscientes et soumettent les individus à des contraintes intériorisées.

« On ne parle pas sur ce ton à ses parents », *« tu dois aimer et aider tes grands-parents »* sont des règles familiales qui reposent sur des valeurs au service de ces règles. *« Chez nous, les enfants doivent privilégier leurs parents à leurs conjoints »* n'est pas une loi énoncée mais une obligation interne qui se rattache au mythe familial et qui génère de fortes loyautés. Chaque membre de la famille y obéit sans très bien savoir pourquoi.

On peut avoir coupé les ponts avec sa famille depuis des années, la rejeter, ne plus jamais vouloir en entendre parler, la loyauté familiale demeure parce qu'elle est inconsciente, enracinée en chacun.

Les loyautés sont l'expression du sentiment d'appartenance. Elles se repèrent à travers ce que font les uns et les autres pour leur famille, sans très bien savoir pourquoi ni comment ils agissent ainsi. La loyauté sera d'autant plus contraignante que le groupe est fermé ou autarcique, comme dans la famille de Laure et François.

Nous sommes toujours pris entre différents groupes, donc entre différentes loyautés. Si, le même soir, on a un repas de famille, une réunion de parents d'élèves et une obligation professionnelle, amicale ou sportive, on se retrouve pris entre différents systèmes de loyauté : sa famille, ses enfants, l'école, ses engagements politiques, etc. ; la loyauté qui l'emportera désignera le groupe d'appartenance le plus fort. La loyauté familiale l'emporte sur tout le reste quand la famille est fermée et privilégie son monde intérieur à toute appartenance extérieure.

On n'échappe pas à l'air du temps : aujourd'hui le choix individuel et l'affranchissement priment sur les contraintes. Chacun veut pouvoir faire ce qu'il veut au moment où il le veut. Et les loyautés sont désormais vécues comme des contraintes. Le paradoxe est que plus on affirme son individualité, plus on veut s'affranchir des lois, moins on est conscient des loyautés qui nous rattachent à nos familles. Devenues inconscientes, les loyautés se font également plus profondes et plus contraignantes. En s'affranchissant des lois et des contraintes familiales, on a l'impression de s'affirmer sans se rendre compte que, paradoxalement, cette prétendue liberté peut renforcer les loyautés, avec tous les symptômes qu'elles véhiculent.

Le terme de loyauté peut sembler démodé. Il continue néanmoins à engager tous les rapports d'une génération avec celle qui l'a précédée et avec celle qui la suit.

Mais, tout aussi paradoxalement, ne rien recevoir crée le mouvement inverse : un enfant qui a été maltraité développe parfois une loyauté pathologique vis-à-vis de ses parents ; on le voit dans les faits divers et dans les prétoires. Si ces enfants refusent d'être séparés de leurs parents et placés en famille d'accueil, c'est parce qu'ils conservent l'espoir d'être enfin reconnus et aimés un jour.

Des loyautés déchirantes

La loyauté, surtout inconsciente, n'est pas facile à vivre : nous nous trouvons souvent déchirés entre notre loyauté pour certains groupes et notre volonté d'affranchissement.

Ces conflits touchent tous les milieux, les villes comme les campagnes, les quartiers chics comme les banlieues, les familles adoptives comme les autres...

Dans le milieu rural, les agriculteurs se voient pris dans de terribles conflits de loyauté parce qu'ils ne veulent pas continuer à travailler à la ferme ou dans l'entreprise qui appartient à leur famille depuis plusieurs générations. Ils veulent vivre autrement. De plus en plus de jeunes quittent leur famille pour aller s'installer en région urbaine où d'autres styles de vie et d'autres mouvements les éloignent des habitudes familiales. Les conflits de loyauté sont très fréquents dans ces milieux. *« J'y retourne ou je n'y retourne pas ? »*, *« J'y vais pour le week-end ou je reste en ville ? »*. Finalement, on y va parce que l'on se sent obligé, mais parfois ça fait quand même plaisir. Ce conflit entre le plaisir et l'obligation n'est pas seulement lié à des contraintes intérieures : il vient aussi de l'influence d'une époque qui préconise de « vivre sa vie », de se faire plaisir, etc.

Cette notion de loyauté peut aussi éclairer les comportements de certains jeunes des banlieues : c'est souvent par loyauté familiale – pour venger leur père ou leur famille humiliés, pour enrichir leurs parents – que, paradoxalement, ces jeunes tombent dans la délinquance. Ou expliquer l'adolescence tourmentée d'enfants adoptés déchirés entre leur famille adoptive et ce qu'ils imaginent de chaotique dans l'histoire de leur famille d'origine. Enfin, dans les familles recomposées, on imagine aisément comment l'appartenance à deux ou trois familles crée des conflits de loyauté chez des enfants qui ne cessent de se demander : *« Quelle est ma vraie famille ? »*, *« Quelle est ma véritable appartenance ? »*.

Boszormeny-Nagy, un thérapeute familial qui a beaucoup travaillé ce concept de loyauté et de don, raconte l'histoire d'un jeune Noir du ghetto de Philadelphie[6] – le seul parmi ses cinq frères et sœur à ne pas être fou, à ne pas être hospitalisé en milieu psychiatrique. Le seul aussi à aller voir tous les dimanches sa mère, obèse et schizophrène, dont l'unique occupation consistait à manger des hamburgers devant la télévision dans sa petite chambre. Tous les dimanches, ce fils rendait donc visite à sa mère avec laquelle il avait un rapport sexuel ! ! ! Cet exemple montre jusqu'où les loyautés familiales, même les plus folles, conservent, par certains de leurs aspects, la famille. Ce garçon n'était pas fou, mais il fallait qu'il commette un acte incestueux pour être loyal ! Alors que les autres qui ne voyaient plus jamais leur mère s'étaient complètement écroulés et dérivaient, sans racines ni attaches...

Vincent ou la loyauté écartelée

Vincent, quatorze ans, sort d'une hospitalisation de plusieurs mois pour une anorexie grave. Beaucoup plus rare chez les garçons que chez les filles, cette maladie traduit en général des problèmes psychiques plus aigus.

Dès son arrivée, accompagné de son père, Paul, et de sa belle-mère, Nadia, nous sommes frappés par le comportement extrêmement attentif de ces deux parents. À la fois très aimant et très à l'écoute, le couple témoigne d'une grande finesse psychologique et d'une immense compréhension à l'égard de ce garçon. Nadia se montre très maternelle et chaleureuse. Vincent va un peu mieux mais il est encore excessivement maigre, avec un visage très pâle, comme fantomatique, et quasi mutique. Très en retrait, il ne parle pas et ne répond aux sollicitations de ses parents que par des gestes, des hochements de tête ou de tout petits sourires.

Paul nous raconte que Vincent est né de ses amours avec une jeune femme rencontrée quand il avait une vingtaine d'années à Toulouse, où il vivait à l'époque. Très fragile sur le plan psychiatrique, toxicomane et marginalisée, cette jeune femme vivait sous la coupe de sa mère qui avait sans doute aussi des problèmes psychiatriques et exerçait sur elle une extrême autorité. La relation des deux femmes semblait très forte. Le père de cette jeune femme était inconnu et la mère et la fille avaient toujours vécu toutes les deux, seules. Paul tomba amoureux de cette jeune femme et, tel un chevalier, décida de la sauver. Il voulait s'occuper d'elle, la soigner, l'arracher aux griffes de sa mère. Le mythe de la famille de Paul est : *« Il faut aider ceux qui en ont besoin. »* Chez Paul, on a toujours exalté la morale et la vertu. Quand la jeune femme se retrouve enceinte, ils décident d'un commun accord de garder l'enfant : Vincent. Très rapidement, après la naissance de ce dernier, la situation se gâte. D'après Paul qui raconte l'histoire, la jeune femme retombe sous la coupe de sa mère, quitte son amant et lui interdit de voir son fils. Elle se met à vivre avec son bébé et sa mère dans un huis clos étouffant. Paul fait des pieds et des mains pour essayer de récupérer son fils. En vain. La grand-mère et la mère engagent des actions en justice pour que la mère ait la garde totale de l'enfant. Paul obtient quand même, semble-t-il, un droit de visite. Il peut voir son fils de temps en temps. Mais il repart chaque fois effondré parce qu'il trouve que cet enfant va très mal : il s'exprime très peu et n'a visiblement pas acquis la maîtrise du langage. Paul est d'autant plus inquiet qu'il pense que Vincent évolue dans une atmosphère particulièrement toxique.

Entre-temps, la mère de Vincent rencontre un autre homme dont elle partage très brièvement l'existence. Une petite fille naît de cette liaison. Vincent a donc une demi-sœur qui vit avec sa grand-mère, sa mère et lui. Il a huit ans quand sa mère meurt dans des circonstances inexpliquées. Vincent et sa petite sœur sont élevés par leur grand-mère qui ferme complètement la porte à Paul. Pour des raisons professionnelles, celui-ci s'installe alors en région parisienne. Paul est un homme courageux, autodidacte. Entré comme commercial dans une entreprise, il se bat pour en gravir les échelons. Au moment de la thérapie, c'est-à-dire quelques années plus tard, son entreprise est en train de lui offrir une formation professionnelle pour qu'il puisse devenir cadre.

En région parisienne, Paul rencontre Nadia. Elle est un peu plus âgée que lui (il a trente-quatre ans et elle, trente-neuf). À ce moment de sa vie, Paul est fatigué de se battre pour voir son fils, d'autant qu'à chaque fois, ça se passe mal : Vincent ne lui parle pas, lui fait la tête. Il renonce et abandonne cet enfant à sa grand-mère. Un an après, il apprend que cette grand-mère est morte d'un cancer et que Vincent a été placé dans une famille d'accueil. Il fait à nouveau des pieds et des mains pour récupérer son fils et se heurte, dit-il, à des obstacles terribles. Une fois qu'un enfant est placé dans une famille d'accueil, il est effectivement très difficile de l'en sortir. Il finit néanmoins par faire valoir ses droits paternels et accueille Vincent à son domicile avec Nadia. La petite fille, elle, reste dans une famille d'accueil. C'est donc un déchirement pour Vincent qui a perdu coup sur coup, à un an d'intervalle, sa mère et sa grand-mère qui étaient son seul univers, et se retrouve de surcroît séparé de sa petite sœur.

Quand Vincent débarque chez eux, Paul et Nadia ont l'impression d'avoir affaire à un petit animal sauvage. Ils mettent un an à l'apprivoiser. Vincent finit par s'ouvrir et par reprendre goût à la vie. Il devient plus souriant, plaisante et commence à s'insérer scolairement. Nadia est extrêmement attachée à lui et s'investit énormément dans son éducation. Au fil des mois, tous trois réussissent à constituer une famille unie et heureuse. Mais, au bout d'un an, la situation devient catastrophique. Vincent se réenfonce dans le mutisme, refuse de plus en plus de s'alimenter et sombre dans une anorexie assez grave qui aboutit à son hospitalisation dans un service de psychiatrie de l'enfant où il reste neuf mois. C'est un drame pour Paul qui s'est tant battu afin de récupérer son fils et se retrouve encore une fois séparé de lui au bout d'un an.

Au moment où nous les recevons, c'est-à-dire à la sortie de l'hôpital de Vincent qui va un peu mieux, Paul est très en colère. Il a l'impression de s'être fait avoir dans cette histoire. Il a donné toute son énergie, tout son courage, pour s'occuper de son fils et le sauver et éprouve un profond sentiment de trahison. Quand Vincent a commencé à aller moins bien et à tout refuser, avant que la situation ne devienne grave, Paul s'est senti rejeté. Il a eu le sentiment que Vincent se moquait de lui. Son fils cachait ses notes à l'école, s'arrangeait toujours pour salir ses affaires. Son père lui offrait-il un blouson neuf ? Le soir même, le blouson était tout déchiré. Lui donnait-il de l'argent ? Vincent disait qu'il l'avait perdu. Le jeune garçon accumulait des bêtises que Paul ressentait très profondément comme un insupportable rejet. D'où un cercle vicieux : plus Vincent se manifestait par des actes provocateurs, plus son père essayait de le secouer, de lui faire la morale et lui criait dessus, plus ils s'enfermaient tous les deux dans une relation que l'on pourrait comparer à celle d'un bourreau avec son souffre-douleur.

De son côté, Nadia essayait de s'interposer et de comprendre. Elle faisait le tampon entre le père et le fils, cherchant des excuses à Vincent dont elle prenait presque toujours la défense. Évidemment, il lui arrivait de craquer et de baisser les bras parce que Vincent ne l'épargnait pas davantage. Il lui mentait et elle avait de plus en plus de mal à lui faire confiance. Du coup, elle se rangeait du côté de Paul ; Vincent devenait alors le bouc émissaire du couple et se faisait réprimander toute la journée. Ils avaient bien conscience d'être tous trois enfermés dans un cercle vicieux, mais sans avoir la possibilité d'en sortir.

Le fantôme de sa mère

Nous avons travaillé avec cette famille pendant deux ans, à raison d'une séance par mois. Nous avons tenté de les rassembler autour de sentiments communs et d'aider le couple à décrypter différemment les actes de Vincent. Ils avaient en effet tendance à interpréter les comportements de Vincent comme des manifestations d'hostilité et de rejet à leur égard. Vincent était effectivement insupportable avec eux.

Avec sa pâleur et sa maigreur, Vincent nous apparaissait de plus en plus comme le fantôme de sa mère. Nous avons effectivement pu faire un parallèle entre la rage de Paul et sa colère contre Vincent, qu'il veut aider et qui refuse cette aide, et ses sentiments d'autrefois lorsqu'il avait cherché à aider la mère de Vincent. En décryptant le comportement de Vincent non pas comme l'expression d'une hostilité dirigée contre lui, mais comme la manifestation d'une loyauté vis-à-vis de la partie de sa famille avec laquelle il a été élevé – sa mère et sa grand-mère –, Paul réussit à différencier Vincent du fantôme de sa mère. Du coup, le jeune garçon put se positionner dans la famille.

Mais tout cela ne constituait qu'une partie de la problématique de cette famille. En effet, nous étions également frappés par le « don » inconditionnel de Nadia à l'égard d'un enfant qui n'était pas le sien et qui lui pourrissait la vie en l'empêchant d'avoir une vie de couple harmonieuse avec Paul. La situation dégénérait souvent en conflits entre Paul et Nadia. Or, Nadia ne racontait rien de sa vie et de sa famille. Nous la sentions sur la défensive. Chaque fois que nous tentions de lui poser des questions sur son histoire, elle éludait, recadrait l'échange sur Vincent. Toute l'énergie qu'elle investissait sur Vincent semblait l'aider à surmonter des éléments douloureux de sa propre histoire. Effectivement, au cours d'un moment émotionnel assez fort lors d'une séance, elle nous raconta qu'elle venait d'une famille kabyle algérienne de quatre filles. Ses trois sœurs avaient chacune eu des enfants. Elle-même essayait d'en avoir depuis sa rencontre avec Paul, plusieurs années auparavant, mais avait reçu un diagnostic de stérilité.

Finalement, la place de mère dans laquelle Vincent mettait Nadia en lui demandant de s'occuper de lui comme d'un nouveau-né la détournait de cette douleur et de ce difficile deuil de maternité. Ce n'était donc pas seulement sa loyauté vis-à-vis de sa famille maternelle qui aidait Vincent, mais aussi une loyauté envers Nadia. En s'en tenant aux faits, on aurait au contraire pu estimer qu'il était déloyal envers tout le monde : envers son père, parce qu'il faisait exactement l'inverse de ce qui correspondait aux valeurs de Paul ; et envers Nadia qui lui donnait tout et à qui il ne donnait rien. Nous avons pu reformuler cette situation comme une loyauté très puissante qui lui permettait à la fois de maintenir ses origines par rapport à sa famille maternelle et de détourner Nadia de sa douleur d'être stérile.

L'histoire de cette famille illustre la partie inconsciente du conflit de loyauté. Par le biais de son anorexie, Vincent manifeste une loyauté inconsciente envers sa lignée maternelle et marque également le deuil de cette sœur dont il n'a plus aucune nouvelle. Il ne sait pas où elle est, dans quelle famille elle a été placée, et il aimerait bien l'apprendre parce qu'il lui est attaché.

Tous les enfants des familles recomposées sont pris dans des conflits de loyauté conscients entre la famille de leur père et celle de leur mère, mais ce n'est souvent que la partie émergée de l'iceberg. On voit bien comment Vincent participait activement à la recomposition de sa famille en amplifiant la position maternelle de Nadia à son égard.

Si la mère de Vincent n'avait pas disparu, s'il avait eu des demi-frères et des demi-sœurs, il aurait tissé ses loyautés entre la famille de son père et celle de sa mère. C'est ainsi que le psychisme « répare » les coups du destin.

Ainsi, et quoique paradoxalement, Vincent maintient par ailleurs le mythe familial de sa lignée paternelle *(« Il faut aider son prochain »)*. Au cours de la thérapie, Paul a souvent dit : *« Dans ma famille, on est loyal. »* Pour lui, cela signifie : *« On dit toujours la vérité, on ne ment jamais. »* Quand il affirmait, comme il l'a fait à plusieurs reprises au cours de la thérapie : *« Moi, je n'ai jamais menti à mes parents. On m'a appris que la vérité était une valeur fondamentale de confiance. Vincent me ment en permanence »*, il disait implicitement : *« Vincent n'est pas de ma famille. Il n'est pas de mon sang puisque c'est quelqu'un qui n'est pas loyal. »* Nous avons pu lui répondre : *« Il est loyal à sa façon. »*

Paul est passé d'une femme totalement à l'encontre de sa culture familiale à Nadia dont les valeurs sont très semblables aux siennes : on ne ment pas, on dit la vérité, on est loyal, on aide les autres. Ils se sont retrouvés dans des mythes familiaux assez équivalents. Ils ont voulu créer ensemble une famille qui transmette ces valeurs. De ce point de vue, Vincent les a anéantis. En effet, tout ce qui se passait au quotidien allait à rebours de ce qu'ils voulaient transmettre. En recadrant Vincent comme quelqu'un de très loyal envers différents éléments de son histoire, ils ont pu le réintégrer dans le mythe familial de leur famille.

À la suite de cette thérapie, Vincent a retrouvé progressivement l'usage de la parole et a recommencé à s'alimenter normalement.

Mythe familial contre mythe social

Si cette histoire est particulièrement dramatique, elle n'en témoigne pas moins que toute séparation, même la moins conflictuelle, crée chez l'enfant un conflit de loyauté. Quelle que soit l'intelligence des parents pour éviter que leurs désaccords ne rejaillissent sur leurs enfants, leurs efforts n'y changent rien. Les enfants de parents séparés vivent toujours un conflit de loyauté non seulement entre leur père et leur mère mais aussi entre la famille de leur père et celle de leur mère. Ceci est également vrai, quoique de manière plus souterraine, dans les familles traditionnelles. À quelle famille se raccrocheront-ils le plus ? À quelle famille auront-ils davantage le sentiment d'appartenir ? En se rattachant ouvertement à l'une, il arrive qu'ils créent à leur insu un certain nombre de symptômes qui les accrocheront à l'autre.

De la même manière, les mythes familiaux se télescopent particulièrement dans les familles concernées par l'adoption. Ce n'est pas un hasard si de très nombreux mythes fondateurs de notre civilisation ont pour héros des enfants abandonnés puis adoptés : Œdipe bien sûr, mais aussi Moïse, Romulus et Rémus, Persée, Héraclès... Ces enfants devenus adolescents sont souvent pris entre deux histoires, deux destins. La tradition veut que ce soit l'origine qui l'emporte, ce qui par avance était écrit. Heureusement, ce n'est plus le cas et les adoptions permettent le plus souvent une affiliation aux mythes et aux croyances de la nouvelle famille.

Mais, là aussi, les mythes de la famille s'opposent aux mythes sociaux. Les familles adoptives se retrouvent ainsi sous l'emprise de représentations sociales particulièrement contraignantes : une conception humaniste, idéaliste de nouveaux héros généreux prêts à recueillir des enfants abandonnés et à les sauver de la misère et de la maladie ; et, à l'inverse, celle de riches Occidentaux comblés et sans scrupules qui achètent un enfant comme une marchandise supplémentaire nécessaire à leur bonheur égoïste, quand ils n'arrachent pas tout bonnement l'enfant du ventre de sa mère[7].

Ces représentations font cruellement souffrir les familles, qui doivent en permanence faire la preuve de leurs capacités et démontrer, pour obéir aux normes sociales, qu'elles sont avant tout des familles « normales ».

Les difficultés de l'adolescence, quand elles existent, réactivent cette dichotomie car elles peuvent s'exprimer de deux manières : soit par un hyper-conformisme, une extrême soumission qui gomme tous les conflits *(« Comment pourrais-je m'opposer à des parents si bons et si parfaits ? »)*, soit par une explosion de violence et d'agressivité *(« Suis-je aussi haïssable que ces parents qui m'ont lâché ? Est-ce que je ne mérite pas d'être à nouveau abandonné ? »)*.

À travers ces comportements, le mythe des « mauvais » gènes et d'une filiation suspecte (viol, inceste, parents porteurs d'une tare génétique) est remis sur le tapis par l'enfant, même s'il n'y songe qu'inconsciemment, et rappelé aux parents qui ne se l'étaient pas forcément formulé. Les parents risquent alors de rejeter à leur tour un enfant qui ne demandait qu'à mettre les liens à l'épreuve pour se rassurer sur l'amour de ses parents. Et c'est lui qui, à son tour, les rejette.

On connaît les terribles formules proférées à leur corps défendant par les protagonistes : du *« Et pourquoi je t'écouterais, tu n'es pas ma vraie mère »* au *« Comment peux-tu me parler ainsi alors que je t'ai tout donné, que je me suis sacrifié pour toi envers et contre tous ?... »*.

Françoise Dolto avait, dit-on, cette formule à l'emporte-pièce : *« Nous sommes tous des enfants adoptés. »* Elle n'avait pas tort. L'adoption est comme un miroir grossissant : elle caricature le processus même de l'adolescence qui consiste dans un premier temps à rejeter en bloc les parents avec leurs valeurs, leur mode de vie, leurs croyances pour pouvoir ensuite se ré-affilier, « adopter » à son tour, en les transformant, les croyances de la famille.

« Un père, une mère, pas un de plus... » Cette petite phrase d'un récent rapport au Conseil d'État résume les normes sacrées à l'œuvre dans nos représentations de la famille : la norme de la nature (la différence des sexes) et celle de la conjonction biologique procréation-parentalité. Or des millions d'enfants sont conçus hors mariage, ou sont élevés par des parents qui ne leur ont pas donné la vie (adoption, procréation médicalement assistée (PMA), beaux-parents dans les familles recomposées). Une centaine de milliers d'enfants vivent dans des familles homoparentales. Il n'est pas facile pour ces familles, même de

plus en plus nombreuses, de se sentir hors normes. Il leur faut absolument se raccrocher à une mythologie.

Les familles ayant recours à la PMA vont ainsi soit se conformer à la norme « naturelle » et taire la pluriparentalité biologique de leur progéniture, soit se soumettre aux nouvelles normes de transparence qui apparentent le droit à la connaissance des origines à une nécessité quasi métaphysique. Les couples homosexuels qui décident de fonder une famille alternent entre un modèle où ils ne sont que deux, avec un seul parent légal, et un modèle de « coparentalité » (parentalité partagée par exemple entre un couple d'hommes et un couple de femmes). Dans le premier cas, ils adoptent la norme selon laquelle il revient à un couple d'élever des enfants ; dans le deuxième, ils suivent celle qui place les parents biologiques au centre de la famille [8].

Mais, quels que soient les efforts accomplis, l'image renvoyée par la société est qu'ils ont tort et que, de toute façon, ce sont les enfants qui trinqueront. Comme toujours.

Léo et Juliette ou la similitude des contraires

Juliette a vécu une enfance chaotique, ballottée entre familles d'accueil, institutions et une mère qui la reprenait chez elle au rythme de ses nombreux déboires sentimentaux. Très tôt livrée à elle-même, sans toit ni loi, elle reproduit peu ou prou le destin maternel. Elle entre par hasard dans une secte et s'affilie du jour au lendemain à ses contraintes rigides, s'épanouit dans l'ingratitude des tâches quotidiennes, se consacre corps et âme à un gourou paranoïaque. Elle y rencontre Léo, en fuite d'une famille étouffante, fils unique de parents commerçants dans une petite ville de province, dévoués depuis toujours au magasin familial. Leur coup de foudre réciproque leur donnera la force de quitter la secte et de tenter, bon an mal an, de créer un couple, puis une famille.

Les mythes familiaux nourrissent nos sentiments d'appartenance. Absents de l'histoire de Juliette, trop contraignants dans celle de Léo, ils conduisent à la même fuite, à la même errance.

Les mythes familiaux sont à la fois un récit à propos des origines, une parole directe entre aïeux et descendants, et une illusion collective ; ils réclament autant d'attachement que de critique. Mais il faut dans un premier temps les connaître pour pouvoir s'en détacher.

La dimension mythique permet de raconter une histoire, de transmettre des croyances et des idéaux ; elle offre la capacité de transmettre à son tour. Au cours de la succession des générations, les loyautés verticales tournées vers les générations précédentes ou suivantes entrent en conflit avec les loyautés horizontales orientées vers les pairs et les compagnons : il faut savoir transformer les valeurs de sa famille d'origine pour pouvoir s'affilier à d'autres groupes ou pour fonder à son tour une famille.

Mais la dimension verticale, celle des générations passées et de leur légende, reste indispensable, et son manque menace les adolescents de la famille contemporaine : face à leur famille nucléaire, face à l'apologie du bonheur immédiat, à la méfiance vis-à-vis des loyautés transgénérationnelles, ils demeurent soumis aux seuls affects et aux émotions qui macèrent, tournent en rond, se chargent d'agressivité et de violence. Une apparente liberté *(« sois libre, fais tes propres choix »)* conduit à l'intensification des relations fusionnelles, à l'enchevêtrement familial. Parce qu'un présent flottant, sans attaches au passé, est trop angoissant. Cette même liberté « forcenée » fait aussi, on le sait, le lit de tous les communautarismes. Entre errance et enracinement, nous sommes désespérément à la recherche de liens souples, à la fois solides et élastiques, qui permettent – et ce n'est pas simple – la sécurité et la liberté.

Edgar Morin affirmait que l'autonomie est faite d'un tissu de dépendances. C'est en effet à partir de la reconnaissance des appartenances, puis de leur critique, que l'autonomie est possible ; on pourrait énoncer ce paradoxe : l'autonomie se fonde sur un renoncement conscient à l'autonomie !

6

Le poids écrasant de l'amour et du bonheur

Selon une étude récente sur les valeurs des Français[1], la famille arrive première au palmarès de leurs préoccupations : neuf sondés sur dix la considèrent « très importante », plus que la réussite professionnelle, l'argent ou la santé. Même dans les années 1990, caractérisées par un retour aux « vraies » valeurs, ce score n'avait pas été atteint. À l'aube du XXIe siècle, la famille est devenue ce qu'elle n'a jamais été : un objectif en soi. On ne la voit pas comme le nid où l'on forge son individualité, comme les *starting blocks* d'où l'on s'élance vers le monde et la vie. Le plus grand des bonheurs, indique cette même étude, c'est de « réussir » sa vie familiale : une belle maison, des enfants qui travaillent bien, une ambiance chaleureuse et des vacances « excitantes » avec toute la famille. Et, comble de joie, que tout le monde s'aime dans l'harmonie la plus parfaite et ce, jusqu'à la mort. Comme si les mythes, les contes, les tragédies, les textes sacrés et la réalité ne nous avaient pas bercés de la fatalité de la violence familiale, avec son cortège de meurtres, d'incestes et de luttes fratricides. Comme si la psychanalyse n'avait pas dévoilé le noir revers de la jolie médaille familiale, et comme si une ou deux générations n'avaient pas crié, dans le sillage de Gide : « *Familles, je vous hais !* »

Un sociologue pourrait sans doute expliquer comment on en est arrivé là. Pourquoi, après les acquis du siècle dernier, en est-on soudain revenu à ce *remake* du « *rêve américain, une famille unie recueillie autour d'une voiture et d'un pavillon de banlieue, de l'alliance du conjugo et du réfrigérateur sous le sourire extatique de la publicité*[2] » ? La fragilité du couple, l'incertitude des liens amoureux, l'amenuisement de la cellule familiale peuvent-ils expliquer cette subite nostalgie et cette foi inconditionnelle en ce qu'Henry Miller appelait « le cauchemar climatisé » ? Même les homosexuels, autrefois les premiers à dénoncer la famille comme l'instrument de leur oppression[3], réclament aujourd'hui une vie conjugale et familiale calquée sur le modèle hétéro ; comme si la famille était devenue le seul véritable havre de paix et de bonheur dans une société inhumaine et hostile.

Je suis sans doute présomptueux, mais j'aimerais vous débarrasser du poids écrasant de ce mythe. Vous le savez tous, vous l'avez vécu : on peut être très heureux en famille, mais on peut aussi y être terriblement malheureux. Car l'amour est bien trop complexe pour être vraiment pur et parfait. Je voudrais vous aider à comprendre que l'impossible confrontation à cet idéal fantasmatique – et ô combien fantaisiste – d'un bonheur familial sans nuage ne contribue qu'à vous écraser encore un peu plus et ne fait qu'exacerber vos difficultés.

Hortense ou la maladie d'amour

Coincés entre la réalité – le délitement de la famille traditionnelle – et l'idéal de l'amour parfait et du bonheur à tout prix, les liens d'amour avec les enfants souffrent de cette illusion collective. Dans un monde aléatoire, les enfants font au moins figure de certitude : on les a désirés, ils sont là et on les aime. Du coup, on attache une importance démesurée aux sentiments, qui deviennent écrasants alors même qu'ils fermentent dans un milieu très restreint, fragile et constamment menacé de multiples transformations.

« Nous lui avons tout donné, docteur, nous l'avons aimé plus que nous-mêmes, pourquoi nous rejette-t-il ainsi à présent ? » « J'aime tellement ma mère, si vous saviez... D'elle, je peux tout supporter, qu'elle me téléphone dix fois par jour, qu'elle dise du mal de mon compagnon, qu'elle me reproche de ne jamais faire assez d'efforts... » « Lorsque je suis arrivée à l'orphelinat, je l'ai vu dans son berceau, le monde s'est arrêté de tourner, j'ai su que je l'aimerais à la folie jusqu'à la fin de mes jours » « Depuis notre divorce, depuis la trahison de ma femme, je n'ai plus qu'elle au monde ; aucune autre femme ne pourra me détourner de cet amour pour ma fille »...

Des parents qui aiment leurs enfants plus que tout, des enfants qui rendent cet amour en retour... De quel droit oserions-nous critiquer ces situations idylliques, quand tant d'enfants sont soumis à la violence, la maltraitance, l'abandon, l'exploitation... ? Et pourtant, nous recevons tous les jours en consultation des enfants souffrants pour qui le seul diagnostic serait d'être « malades de trop d'amour ». Et nous voyons de plus en plus de parents aux attentes si excessives qu'ils sont en permanence habités par la frustration. Rongés par l'inquiétude et l'anxiété, ils passent leur temps à se demander comment faciliter la vie de leurs enfants, ce qui revient à se saisir de leurs responsabilités et à négliger leur propre existence.

Hortense, ravissante jeune fille de dix-neuf ans, me consulte sur les conseils de son psychothérapeute. Oscillant entre la colère et les larmes, elle arrive accompagnée de ses parents et de son petit frère Julien, douze ans. Sophie, sa mère, statue vivante de la déception, semble s'être murée dans un monde de souffrance et de réprobation. Jean, le père, secondé par son fils, essaie désespérément de maintenir le dialogue avec sa fille chérie. Hortense, petite fille modèle, idéale et idéalisée, élève surdouée, pianiste virtuose, est devenue selon les mots de Sophie un *« monstre d'égoïsme »*. Dès l'âge de quinze ans, elle a déserté l'école, découché de plus en plus souvent, fréquenté des jeunes gens *« peu recommandables »*. Elle fait ce qu'elle veut, quand elle veut et ne demande jamais la moindre autorisation, mettant ses parents devant le fait accompli. Sa conduite se résume à un perpétuel évitement : évitement de la demande, évitement du conflit. Mais, paradoxalement, elle se sent écrasée par la culpabilité et le remords de ce qu'elle inflige à ses parents, surtout à sa mère. Un gouffre s'est installé entre elles alors qu'elles partageaient une merveilleuse intimité : aucun dialogue n'est plus possible. Dans ce cercle vicieux implacable entre la déception maternelle et la culpabilité de la jeune fille, le moindre mot échangé vire au drame, et Hortense part en claquant la porte.

Dès le premier entretien, Sophie nous confie sa douleur : elle a perdu sa mère quand elle avait dix ans. Sa fille la confronte à un deuil et à une absence de représentation : elle ne sait pas ce qu'est être mère d'une adolescente, elle ne sait pas comment se négocie un processus de séparation. Hortense, étouffée par l'amour absolu de sa mère, écrasée par une mission réparatrice, ne peut que rejouer à son insu la brutalité d'un détachement qui réactive ce deuil impossible.

À l'image d'Hortense, les enfants « trop » adorés ont certes la douce certitude d'être aimés, mais se retrouvent oppressés par le poids de la culpabilité et la souffrance de n'être jamais à la hauteur des attentes démesurées et irréalistes de leurs parents. Comment comprendre que c'est à cause de cette extrême sollicitude que ces enfants vont mal ? Puisqu'on leur a tout donné, qu'ils ont tout reçu, tout l'amour, tout le bonheur, pourquoi sont-ils anorexiques, toxicomanes ou violents ?

C'est que l'attitude de ces parents vire à la codépendance – une véritable compulsion à aider l'autre, et donc à exercer un contrôle impitoyable sur son moindre besoin affectif ou matériel, et sur l'ensemble de sa vie. C'est l'intrication émotionnelle qui, une fois encore, est au centre du jeu : l'enfant n'est vécu que comme un prolongement du parent qui aime, souffre, s'angoisse et vit avec et pour lui. Alors, il finit par se sentir inconsciemment jugé de ne pas répondre aux attentes de son parent, même quand celui-ci le nie farouchement.

Ce n'est pas la même chose d'élever un enfant, de l'accompagner, de faire *avec* lui, que de faire *pour* lui, c'est-à-dire de le remplacer, et par là même, de le rendre incapable, voire inexistant. Dans ce dernier cas, le parent corrige inconsciemment ses insatisfactions et ses rêves non réalisés : comme s'il avait droit à une seconde vie pour réparer ce qu'il a raté. Il ne s'agit plus de combler ou d'aimer mais de compenser. Et il n'est jamais bon pour le développement d'un enfant – même si on l'aime « plus que tout » – de lui offrir ce qu'il est capable de faire lui-même.

Tout en étant paré de toutes les qualités *(« Tu es le plus merveilleux du monde »)*, l'enfant sent bien qu'il n'en fait jamais assez, qu'il ne correspond pas à l'image idéale qui lui est présentée. Et la dépendance entre celui qui demande et celui qui ne parviendra jamais à satisfaire cette demande insensée devient mutuelle, aussi forte que douloureuse.

Car les messages transmis sont paradoxaux : les enfants ont à la fois le sentiment d'être choyés, privilégiés, dignes de la plus parfaite considération et, en même temps, ils n'apprennent pas à mesurer leurs besoins, à faire confiance en leurs perceptions et en leurs sentiments, ni même à prendre des initiatives : ils ont davantage appris à paraître qu'à se connaître. Alors, ils s'appliquent à faire plaisir, à répondre aux exigences des parents et, en même temps, à manœuvrer pour les tenir à distance ; à désirer l'intimité et à la redouter. Pour eux, cette ambiguïté se rejouera dans toutes les relations sentimentales : exigence et distance, dépendance et arrogance, quête perpétuelle – et perdue d'avance – de l'approbation puisqu'il faut absolument plaire pour se sentir exister. Toute leur vie, ils conserveront le sentiment de culpabilité de leur enfance et redouteront les conflits, vécus comme une menace de séparation.

Habités d'un mélange contradictoire d'autocritique *(« Je suis d'une nullité absolue »)* et de toute-puissance

(« Je suis le roi du monde »), ces enfants perdent la notion de leurs propres qualités et se montrent incapables d'exprimer le moindre sentiment, la colère comme le plaisir. Ils vivent dans un monde irréel et trouble, ne savent plus qui ils sont et voient leurs parents comme une forteresse indestructible ; car ceux-ci, toujours armés à s'occuper des autres, ne montrent jamais les failles de leur propre histoire, ni leurs propres attentes. Ils ont davantage appris à donner qu'à recevoir. N'ayant eu aucune chance de construire une estime d'eux-mêmes, ces « parents de l'extrême » se nourrissent de l'estime qu'ils essaient d'inculquer à leurs enfants, de l'opinion de l'entourage et des apparences. Ce souci des apparences peut pousser les enfants à des manipulations pour se faire « bien voir » par les autres, tandis que les parents s'enfoncent dans des attitudes de déni *(« Notre fils est merveilleux »)*.

Comme dans le cas d'Hortense, le réveil peut être brutal : l'enfant adulé se vit comme un monstre, et devient en effet le tyran de sa famille.

Qui n'a jamais connu des familles « parfaites » où tout se déglingue ? La seule différence entre ces familles et la vôtre n'est souvent que le silence qui tait les difficultés et exacerbe les conflits. Car le lien amoureux parfait est un leurre ou, tout du moins, il est plus complexe qu'on ne le croit.

L'amour parfait n'existe pas

L'amour est un double mouvement. Il faut se montrer capable d'aimer et d'être aimé, ce qui n'est pas tout à fait la même chose. Schématiquement, pour aimer, il faut à la fois reconnaître l'autre comme différent de soi, apprécier cet autre et savoir donner du prix à cette relation ; mais il faut aussi avoir la capacité d'être aimé, c'est-à-dire de se rapprocher de l'aimé sans ressentir son amour comme une menace, soit qu'on sente le lien trop fragile ou, au contraire, trop intrusif et exclusif.

Indissociables de l'obligation d'être ensemble, les liens familiaux balancent toujours entre ces deux extrêmes. Quoi qu'on fasse, il n'existe pas de lien affectif idéal où l'on se tiendrait toujours à la bonne distance ; il faut donc, comme dans toute relation, renoncer à l'idée de perfection. À l'instar du couple, tous les membres de la famille dansent autour de ces deux écueils : la peur de perdre l'autre et son amour, et la peur d'une trop grande proximité qui nous étoufferait.

Ce balancement est à son apogée dans les rapports avec les adolescents. À ce moment délicat de la vie où se construit la personnalité, les ados sont les rois de la demande contradictoire : *« soutiens-moi »*, *« aime-moi »*, *« porte-moi »* et, en même temps, *« laisse-moi tranquille »*, *« je peux me débrouiller tout seul »*. D'où des conflits permanents : même si la contradiction vient d'eux-mêmes, ils ont le sentiment que leurs parents ne se trouvent jamais à la bonne place, à la bonne distance, à l'endroit où ils les attendent ; parce qu'ils ont à la fois envie d'être un enfant qu'on soutient et un adulte qu'on laisse se débrouiller. Un adolescent est parfaitement capable de dire à deux heures d'intervalle : *« Tu as l'air de te foutre complètement de moi, je te dis quelque chose et tu ne fais pas attention, je t'ai déjà dit ça hier et tu l'as oublié »* et *« J'en ai marre que tu me poses des questions, j'ai le droit d'avoir ma vie, qu'est-ce que cela peut te faire de savoir à qui je téléphone ?* ». Dans la vie quotidienne comme au sein des couples, parents et enfants sont enchevêtrés dans ce balancement.

« *La figure de l'enfant qui tète le sein de sa mère est devenue le modèle de tout rapport amoureux. Tout choix d'objet ultérieur tentera de rétablir le bonheur perdu* », disait Freud, montrant ainsi la continuité du lien affectif qui se constitue dès la naissance. Ce qui était révolutionnaire il y a cent ans est devenu une banalité : l'enfant tisse ses liens initiaux avec ses premières figures parentales ; et toutes les relations affectives ultérieures – amicales, amoureuses, sociales ou fraternelles – se rejoueront sur ce modèle.

Petite variation sur la théorie freudienne

Le nourrisson, qui est dans un état de passivité et de détresse totales, a un besoin fondamental de nourriture, de chaleur, de sommeil. Le bébé s'adresse à quelqu'un – sa mère ou toute autre figure maternelle – pour assouvir ce besoin. Mais, très rapidement, la demande en vient à dépasser son objet – le sein, le biberon – pour devenir un appel d'amour et de présence. Comme lorsqu'un enfant qui réclame un bonbon à sa mère demande parfois davantage qu'une petite sucrerie : son attention, sa présence et son amour. Le désir naît de l'écart entre le besoin et la demande. Le besoin – le biberon, le bonbon – peut être satisfait, mais la demande – l'amour, la tendresse – ne le sera jamais parce que l'autre n'est jamais complètement comme on aimerait qu'il soit.

Cet écart ouvre le champ du désir constitutif de l'être humain. Il nous faut bien admettre notre incomplétude : il nous manque et il nous manquera toujours quelque chose. Ce manque se transformera en énergie vitale pour nous pousser à comprendre, à connaître, à aller vers l'autre. À vivre, tout simplement.

Les premiers sentiments – amour total, haine féroce –, ambivalents mais en théorie supportables, naissent des premières expériences de fusion et de séparation et de la façon dont elles sont supportées par l'adulte comme par l'enfant. Quand il a faim, soif ou envie de câlins, le nourrisson apprend la perte, la solitude, la peur et l'angoisse. Dans la relation fusionnelle, il ressent toute l'ambivalence de cette fusion : sa mère (ou, aujourd'hui, la « figure » maternelle) est trop bonne, trop proche, trop excitante, un peu « cannibalique », ou trop loin, trop distante, pas assez présente et donc extrêmement angoissante. Nous avons tous éprouvé cette première ambivalence fondamentale : le lien affectif ne se crée jamais dans une sécurité et dans un bonheur totaux.

Apparaissent ensuite la fameuse « triangulation » et de nouvelles ambivalences. Suivant le schéma classique, le nourrisson est enfermé avec sa mère dans une relation fusionnelle et ambivalente, et fait très vite l'expérience de la séparation grâce à ou à cause d'une autre figure qui accapare la mère et la sépare de lui : la figure paternelle. Aujourd'hui, ce schéma s'est quelque peu modifié : le nourrisson est en général entouré d'au moins deux personnes, le père et la mère, qui lui font vivre très tôt l'expérience de la différence et de la séparation. On peut, par convention, appeler « mère » cette première figure qui lui apprend la fusion et « père » la deuxième figure, qui l'initie à la séparation, mais on voit bien que ces deux figures alternent très précocement pour le nourrisson. Les « nouveaux pères » donnent le biberon, changent les couches, cajolent et pouponnent tout autant que la mère. Bref, ils sont maternants. Et il y a de plus en plus de maternel chez le père et de paternel chez la mère, de sorte que les sentiments ambivalents s'adressent désormais alternativement à deux personnes dont on commence à apprécier les différences. Tous les pédiatres et psychanalystes qui s'intéressent au développement de l'enfant, notamment Daniel Stern qui a observé très finement les dyades mère-enfant, considèrent désormais que l'enfant se construit sur un apprentissage de la différence[4]. *« Je suis entouré de deux personnes. L'une me tient très serré contre elle quand elle me prend dans ses bras. L'autre me prend beaucoup plus vigoureusement, à bout de bras, et me porte en l'air. »* Une mère peut être tour à tour maternelle et paternelle et un père tour à tour paternel et maternel. Est-ce pour autant un brouillage des repères traditionnels ?

Oui, affirment ceux qui conservent une vision simpliste du triangle œdipien dans lequel l'un enseigne la fusion et l'autre autorise la séparation. Cette conception un peu caricaturale selon laquelle le père n'est là que pour séparer la mère de l'enfant et pour introduire le registre de la loi, du symbole et de la parole, est à l'origine de bien des confusions.

En fait, l'enfant est soumis à trois types de sentiments ambivalents. Il ressent d'abord l'ambivalence de la fusion : l'autre est soit trop proche soit trop frustrant. Vient ensuite l'ambivalence face au personnage séparateur qu'on peut formuler ainsi : qui est ce trouble-fête ? Aujourd'hui, ce « séparateur » peut être le père comme la mère. Enfin, l'ambivalence concerne aussi le couple des parents. L'enfant veut détruire cette relation pour pouvoir accaparer alternativement l'un et l'autre, et en même temps désire la protéger et la renforcer ; parce que, très vite, il sent que le couple de ses parents lui permet d'exister comme un individu qui n'est pas uniquement une partie de l'un et de l'autre et qu'il lui faut le sauvegarder.

Cette ambivalence infantile persistera tout au long de la vie.

L'amour fraternel est violent

Mais l'ambivalence avec les parents s'enchevêtre aussi dans les liens fraternels, qui, eux non plus, n'ont rien de parfait. J'aime beaucoup cet aphorisme de Bernard Shaw : *« S'il est un être qu'une jeune femme anglaise haïsse plus que sa mère, c'est certainement sa sœur aînée »*, version moderne d'un alexandrin de Racine : *« L'on hait avec excès lorsque l'on hait un frère. »*

On oublie trop souvent que le premier crime sanglant de l'histoire de l'humanité est un fratricide : celui d'Abel par Caïn, le meurtre du fils élu par le fils maudit. Et c'est ainsi qu'on demeure à tort persuadé que frères et sœurs s'aiment d'un amour pur et absolu, même quand les parents n'ignorent rien des disputes, des jalousies et des rivalités fraternelles.

La relation fraternelle confronte les enfants à une dualité : l'autre, cet *« étranger qui me ressemble comme un frère »*, est un rival, un intrus, un semblable dont il faut se différencier[5]. Cette dualité se définit à la fois par l'affection et le conflit, la rivalité et le pouvoir. Bref, par l'incontournable ambivalence. Mais ces rapports peuvent se modifier, contrairement au pouvoir des parents qui reste incarné à une place fixe du fait de la différence des générations.

La jalousie fraternelle est certes stimulante car elle conduit à se battre et à se différencier. Les rapports oscillent entre exclusion – « *c'est lui* ou *moi* » – et identification – « *c'est lui* et *moi* ». La violence des passions éprouvées mène aussi bien à la solitude qu'au soutien envers et contre tout, comme le racontent les contes dans lesquels les enfants abandonnés se retrouvent solidaires. Dans les fratries recomposées, soumises en permanence aux risques de la séparation, ces liens de solidarité sont particulièrement forts et la violence est reportée sur la génération parentale.

Les parents, de leur côté, multiplient les injonctions : « *Les frères doivent s'aimer, s'aider* » ou « *Ça me fait de la peine de vous voir vous disputer comme ça* »... Dans la relation fraternelle, il faut à la fois s'interdire la haine, l'agressivité et la sexualité. Cette maîtrise des passions, ce désir et sa répression, répète ce qu'il est convenu d'éprouver envers les parents.

Dans tous les contes ou récits mythologiques, c'est lorsque existe une préférence visible d'un parent pour un enfant que se déchaînent les passions rivales. Dans la tragédie d'*Hamlet*, le roi du Danemark a été secrètement assassiné par son frère cadet, Claudius. Celui-ci monte sur le trône et épouse la femme de sa victime. Il incombe à Hamlet, fils du roi assassiné, de venger son père. Mais Hamlet s'identifie inconsciemment à son oncle Claudius, ce qui le plonge dans d'infinis tourments. Shakespeare met ainsi en scène le meurtre du frère aîné par son cadet et le conflit entre un fils et son père[6].

On a souvent considéré les relations fraternelles telles qu'une reproduction des conflits œdipiens avec chacun des parents : comme si la relation d'amour-haine et la rivalité entre frères et sœurs se jouaient autour de la jalousie pour l'amour des parents. Cette idée est juste mais elle ne suffit pas à résumer la complexité des liens fraternels, qui ne tournent pas uniquement autour du désir de possession exclusive de la mère. Il existe des relations spécifiques entre les enfants, *grosso modo* indépendantes du système adultes / enfants, et que les nouvelles formes de la famille ont tendance à exacerber.

Les liens fraternels s'inscrivent dans ce que René Girard appelle la « relation mimétique », qui est à la base des liens sociaux[7] : le désir ne se construirait pas à partir de l'expérience du manque, mais à partir de ce que désire l'autre. Le parent est là pour combler le manque ; mais ce que désire le frère ou la sœur est toujours plus important que ce que l'on désire soi-même. *« Je veux cet objet parce que mon frère le possède. » « À travers cet objet, ce que je veux posséder c'est le désir de mon frère, que j'estime plus intéressant que le mien. »*

L'apprentissage du « même » et de l'« autre » se joue donc directement dans la relation entre frères et sœurs sans qu'intervienne la relation avec les parents. Ces relations fraternelles « horizontales » deviennent de plus en plus importantes dans les familles recomposées.

La rivalité n'est pas la jalousie. Mon frère joue avec ce jouet, et je veux ce jouet. Je hais mon frère, ce rival, car il est un obstacle à mon désir de possession du jouet. Dans le même mouvement, je désire son désir de cet objet. Il ne s'agit pas tant d'avoir ce que l'autre a, mais d'être qui il est, parce que je suis sûr qu'il est plus heureux que moi. La rivalité va à l'encontre de la différenciation progressive du « moi » et de « l'autre », elle s'appuie sur une confusion des désirs et un enchevêtrement entre moi et l'autre. C'est un genre de régression que l'on peut comparer à ce qui se passe lorsque l'aîné refait pipi au lit ou réclame un biberon lors d'une nouvelle naissance.

Au contraire, la jalousie ne se joue pas à deux mais à trois : je suis jaloux de cette sœur car je sais qu'elle est la préférée de mon père. C'est une situation triangulaire, où intervient un tiers, un parent le plus souvent.

En séances de thérapie familiale, nous assistons fréquemment à cette petite scène : un enfant fait un caprice car il veut monter sur les genoux de sa mère alors que son frère ou sa sœur y est déjà installé. Rivalité et jalousie s'y conjuguent à merveille. Je désire ma mère, cet « objet » que ma sœur accapare ; je ne supporte pas l'idée que ma mère préfère ma sœur. Cette scène provoque le désir d'y participer donc désigne à l'enfant son désir, ainsi que l'obstacle l'empêchant d'y parvenir – la sœur –, générateur de violence et de haine.

De ce fait, le passage de la rivalité à la jalousie est fondamental car il permet la différenciation de soi et de l'autre ; il permet de reconnaître et de vivre son propre désir. Car chaque enfant souffre de sa place dans la famille et a toutes les raisons de se sentir en rivalité avec ses frères et sœurs : l'aîné d'être celui qui ouvre la voie, le dernier d'être longtemps traité en bébé et celui du milieu d'être coincé. À l'image de Joseph, fils préféré de Jacob et jalousé par ses frères, le benjamin représente chaque enfant du monde, quelle que soit sa situation dans la fratrie, qui espère l'emporter un jour sur ses rivaux plus forts que lui. La *nursery* est une jungle dont il faut absolument sortir pour vivre sa vie.

Céline ou la rivalité en héritage

Jacques, quarante-six ans, et Michèle, quarante-cinq, viennent consulter avec leurs deux filles, Vanessa, vingt et un ans, et Céline, dix-sept. La cadette a été hospitalisée pour des problèmes d'anorexie et de boulimie. Nous constatons d'emblée une extrême rivalité entre les deux sœurs. Céline fait porter à Vanessa le chapeau de toutes ses difficultés : Vanessa est, assure-t-elle, la préférée de ses parents. Quant à elle, elle n'a jamais eu sa place dans la famille. Ce sentiment s'est aggravé quatre ans plus tôt, quand le petit ami de Vanessa s'est installé au domicile familial. Céline avait treize ans et n'a pas supporté l'installation de ce jeune couple, d'autant que Michèle ne cessait de se plaindre qu'ils étaient complètement à sa charge, qu'ils ne participaient en rien à la vie de la maison et qu'ils vivaient comme des parasites. Les disputes entre la mère et sa fille aînée étaient incessantes et Céline avait l'impression très douloureuse de ne plus exister : personne ne faisait attention à elle. C'est alors qu'elle a commencé à avoir des troubles alimentaires ; toute l'inquiétude familiale s'est évidemment reportée sur elle. Comme elle alternait crises de boulimie et d'anorexie, toute l'organisation de la famille s'est mise à tourner autour d'elle : que fallait-il acheter à manger ? Fallait-il enfermer certains aliments à clé dans les placards et verrouiller la porte de la cuisine la nuit au cas où elle se réveillerait pour manger ? Les difficultés matérielles et les stratégies à déployer avec les anorexiques et les boulimiques mobilisent en général une énergie folle. Les parents ont alors décidé de mettre à la porte le petit ami de Vanessa.

Michèle, l'aînée de trois filles, nous raconte sa

propre famille. Sa mère, alcoolique, l'a toujours dénigrée. Alors que c'était elle qui réussissait le mieux à l'école, ses résultats scolaires étaient sans cesse critiqués et elle était la mal-aimée. Elle s'occupait de mettre la table, elle aidait ses sœurs à faire leurs devoirs, mais sa mère ne cessait de la dévaloriser : elle n'en faisait jamais assez, ce n'était jamais assez bien. À l'inverse, sa plus jeune sœur était toujours encensée : elle était la préférée, la plus jolie, la plus intelligente, la plus brillante, ce qui était complètement contradictoire avec la réalité. Son père était assez absent, comme les hommes de cette génération, et laissait sa femme s'occuper de ses trois filles sans jamais intervenir.

Malgré ces mauvais traitements, Michèle ne s'est pas révoltée et n'a jamais été capable d'éprouver de la haine ou de l'agressivité à l'égard de sa mère. Vingt-cinq ans ont passé depuis qu'elle a quitté le domicile parental et elle continue à s'occuper de sa mère, atteinte de la maladie de Korsakoff (une forme de démence liée à l'alcool). Michèle est la seule des trois sœurs à rendre visite toutes les semaines à ses vieux parents, à faire les courses, à prendre soin de la maison, à téléphoner tous les jours. La benjamine, qui était la fille préférée, va plutôt mal. Elle mène une vie chaotique, multiplie les rencontres amoureuses et a beaucoup de difficulté à se stabiliser professionnellement. Quant à la sœur du milieu, elle a coupé les ponts.

Il nous semble que Michèle a été tellement obsédée par cette histoire de rivalité imposée avec ses sœurs qu'elle l'a transférée à son insu sur ses deux filles. Elle dit : *« J'ai toujours souhaité les élever de la même façon, j'ai toujours voulu qu'elles fassent des choses ensemble. Chaque fois qu'elles se disputaient, cela me déchirait le cœur parce que je rêvais d'avoir deux filles qui s'entendent bien.* » Or, plus elle en rêve, plus elle essaie d'étouffer les sentiments d'ambivalence ou de rivalité entre les deux sœurs, plus elle les exacerbe, paradoxalement. Et plus elle reproduit ce qu'elle a elle-même vécu. Comme sa mère, elle semble considérer que ses filles sont *son* problème, *son* histoire, et fait très peu intervenir son mari. Et Céline répète à son tour vis-à-vis de ses parents un lien de maltraitance en leur faisant mener une vie quotidienne très éprouvante, car pour elle c'est le seul lien qui dure et qui tient.

La thérapie familiale a permis de redonner au père de Céline une place et un rôle dans la famille. Au début, Céline était très agressive avec lui. Elle ne supportait pas son côté bon vivant : *« Tu as vu comment tu manges ? C'est dégoûtant ! On dirait un porc ! Tu arrives pour mettre les pieds sous la table, c'est la seule chose qui t'intéresse ! »* L'appétit de son père exacerbait sa propre boulimie. Petit à petit, son discours a complètement changé et un lien de très grande qualité s'est créé entre le père et la fille.

Nous avons fait alterner des séances avec les deux sœurs d'un côté et les parents de l'autre, pour que les deux filles puissent retisser un lien en dehors du regard de leur mère et retrouver l'ambivalence normale des sentiments entre sœurs au lieu de passer par des phases successives d'amour et de haine. La relation fusionnelle dans laquelle elles avaient vécu enfants, quand elles partageaient la même chambre, avait dégénéré en haine féroce *(« C'est toi la préférée, c'est toi qui prends toute la place avec ton petit copain »)*. Par ailleurs, nous avons évoqué ce qui s'était transmis d'une génération à l'autre. Michèle était tellement engluée dans un désir de réparation à l'égard de sa propre mère qu'elle ne voulait qu'une chose : que cette dernière lui dise enfin qu'elle l'aimait et qu'elle était une fille « bien », ce qui ne s'est finalement jamais produit. Mais elle a pu se détacher de sa mère et lui dire : *« Ça suffit maintenant. Appelle-moi uniquement s'il y a quelque chose de grave. Je n'ai plus envie que tu me téléphones dix fois par jour. »* Et elle a enfin pu marquer une distance et créer une « enveloppe » de protection avec son mari et ses deux filles contre l'intrusion et les attaques maternelles.

Œdipe et la famille recomposée

Les familles recomposées comme celles qui ont adopté des enfants parfois originaires de pays différents poussent, on l'a vu, « à l'envers » : ce sont les enfants qui « font » la famille. La création des liens fraternels en devient la charpente et le support affectif. L'ambivalence des sentiments d'amour et de haine dans ces fratries peut être gommée au profit d'une solidarité exclusive mais empreinte d'une grande insécurité. En effet, ces sentiments peuvent être remis en cause à tout moment : les parents peuvent se séparer, ils l'ont déjà fait ; les parents peuvent abandonner, les enfants adoptés l'ont déjà vécu ; et la relation entre frères et sœurs sans aucun lien « du sang » peut se dissoudre à tout moment. Quand les familles recomposées se séparent, les enfants sont parfois trop jeunes pour maintenir les liens. Ils changent de vie, voire de pays. Dans les fratries adoptées, les liens sont aussi forts qu'ambivalents, plus encore que dans les familles traditionnelles. Au moment de l'adolescence, cette ambivalence se manifeste souvent de façon très virulente envers les parents adoptants. Ces enfants ont une telle « dette » vis-à-vis de leurs parents adoptifs qu'ils projettent sur eux toute leur haine. Le parent qui les a abandonnés devient le « bon objet » : *« C'était sûrement une femme très malheureuse qui a été obligée de m'abandonner mais elle m'aime encore, elle pense encore à moi. »* Les frères et sœurs adoptés se partagent alors souvent les tâches : celui qui est insupportable et qui attaque la famille ; celui qui est parfait et qui soutient les parents adoptants. Dans le petit théâtre familial, la complémentarité des fonctions est à son apogée !

Que ce soit dans les familles recomposées, dans les familles adoptantes ou dans celles qui ont eu recours à des procréations médicalement assistées, les enfants se retrouvent confrontés à un nombre élevé de parents réels, qui évoluent autour d'eux, ou de parents imaginaires qu'ils ne rencontreront jamais mais qui occupent une grande place dans leur vie intérieure. On a trop tendance à incriminer ces familles « modernes » lorsqu'un enfant va mal. C'est oublier que toute l'architecture de la psychanalyse et du développement psychique « normal » – c'est-à-dire celle de la triangulation œdipienne et des sentiments ambivalents – a été élaborée par Freud, lui-même issu d'une famille recomposée, autour d'une famille qui n'était pas une famille traditionnelle mais une famille adoptante.

Œdipe, en effet, a été abandonné par son père, Laïos, et sa mère, Jocaste, parce qu'un oracle avait prédit que cet enfant assassinerait son père et épouserait sa mère. Œdipe est recueilli par un berger qui le donne à un autre couple royal, stérile. Œdipe, qui ne connaît pas ses origines, est élevé par des parents qui l'aiment et qu'il aime en retour et qui sont pour lui un bon couple de parents. Lorsque

Œdipe apprend la prédiction de l'oracle, il est tellement épouvanté qu'il s'enfuit pour les protéger de ce « destin si funeste ». On connaît la suite : il a une altercation avec un homme âgé, qui se trouve être son père biologique, et qu'il finit par tuer. Puis il résout l'énigme du Sphinx, ce qui lui donne le droit d'épouser une jeune veuve, la femme de cet homme qu'il a tué – et qui n'est autre que sa mère biologique.

Au fond, l'horreur que suscite ce destin serait multipliée au centuple si Œdipe avait effectivement tué le père qui l'avait élevé et aimé, et s'il avait épousé sa mère affective. Dans cette histoire, on voit bien qu'entre les parents « de cœur », c'est-à-dire les parents qui élèvent, et les parents biologiques, ce sont les parents de cœur qui remplissent la place de parents dans l'imaginaire de tous. Freud a donc paradoxalement élaboré le concept de l'ambivalence, du mélange d'amour et de haine que l'on porte à ses parents, à partir d'une histoire dans laquelle cette ambivalence est « diffractée », clivée, entre un couple de bons parents qu'il protège en s'enfuyant pour ne pas les exposer au danger de l'agressivité et un couple de mauvais parents qui l'ont abandonné. Ce sont ces mauvais parents-là qui reçoivent les fruits de l'agressivité puisque ce sont eux qui sont tués et victimes de l'inceste [8].

Cette histoire n'a rien perdu de son actualité. Au contraire, elle illustre parfaitement ce qui se passe dans les familles où se pose la question de la pluriparentalité : une « diffraction », un clivage des sentiments ambivalents qui peut se produire dans le temps (on va successivement aimer ou haïr un personnage parental) ou être simultané (un père ou une mère est aimé et un autre, haï). C'est exactement ce qui se passe dans les familles recomposées quand le beau-père est vécu comme un intrus dont on conteste l'autorité, alors que le père devient une sorte de héros adoré. Le père pour lequel un enfant éprouvait éventuellement des sentiments ambivalents avant la séparation parentale devient alors un être magnifique, idéal. De leur côté, les belles-mères cristallisent toute la haine tandis que les mères reçoivent par comparaison tout l'amour de leurs enfants. C'est ce qu'illustrent également la plupart des contes pour enfants où le personnage de la marâtre incarne toujours la mauvaise mère alors que le personnage de la mère, en général décédée, était la mère merveilleuse. Ces contes de fées qui permettent de répartir les sentiments ambivalents entre deux mères, la bonne mère et la mauvaise mère, montrent bien à quel point il est difficile de les intégrer ensemble à l'intérieur de soi et de les éprouver dans un même mouvement pour un seul personnage.

Sonia ou l'ambivalence

Marc, vingt-huit ans, et Sonia, vingt-six, viennent consulter pour des difficultés conjugales. Marc évoque rapidement des périodes d'impuissance et d'éjaculation précoce. La vie sexuelle du couple s'appauvrit et ils craignent que cela ne les sépare. Marc en est d'autant plus perturbé qu'il a toujours été très fier de ses prouesses sexuelles.

Son histoire est celle d'une famille recomposée. Son frère cadet, qui a deux ans de moins que lui, est marié et père de deux petites filles. Ses parents, Roger et Sophie, se sont séparés quand il avait cinq ans lorsque sa mère a rencontré un homme avec lequel elle s'est mise en ménage presque du jour au lendemain, en abandonnant sa famille.

Marc la décrit comme une femme un peu légère et très passionnelle. À la suite de cette rupture brutale, Roger devient profondément dépressif. Marc a le sentiment d'avoir alors assumé la famille, c'est-à-dire d'avoir à la fois soutenu son père et pratiquement élevé son petit frère. Il a été « parentifié » comme un petit adulte et a grandi dans la haine de sa mère avec laquelle tous les liens ont été rompus. Deux ans après cette séparation, Roger rencontre Marlène, qui a deux filles aujourd'hui âgées de vingt-quatre et vingt-deux ans. Tous les six reconstituent ensemble une famille. Marc s'attache aussitôt à Marlène qu'il considère comme une femme formidable, très juste et d'une grande douceur. Il dit : *« C'est elle qui porte la culotte à la maison. »* Marlène régente tout son petit monde avec fermeté mais amour, s'occupant aussi bien des deux garçons que de ses deux filles. Les quatre enfants forment une fratrie très soudée.

Marc traverse une adolescence relativement tumultueuse : il goûte aux drogues, se marginalise et s'affronte à son père qui, dit-il, lui oppose très peu de répondant et fixe mal les limites. Il règle ses comptes avec sa belle-mère, ce qui n'entache pas l'affection qu'il lui porte car il a toujours continué à la respecter. C'est sans doute cette relation qui lui a donné un cadre et l'a empêché de mettre en danger sa vie et son avenir.

Il commence à avoir de multiples relations sexuelles. Vers dix-sept ans, il renoue avec sa mère une relation quasiment passionnelle en découvrant une femme très sympathique, chaleureuse et intéressante, « rangée » aux côtés d'un homme plus âgé qu'elle de vingt ans. Marc s'identifie à sa mère, décide de devenir coiffeur comme elle et effectue ses premiers stages professionnels dans le salon où elle travaille.

Cette relation avec sa mère l'éloigne du milieu familial où il a grandi : il prend ses distances avec un père qu'il méprise un peu parce qu'il le trouve « trop victime » et une belle-mère très forte et autoritaire. Puis il rencontre Sonia dont il tombe amoureux, décide de l'épouser et d'en avoir des enfants. C'est alors que tout commence à se gâter pour lui.

Sa « sœur » Hélène, l'aînée des filles de Marlène, lui révèle en effet un secret : quand elle était adolescente, Roger lui a infligé des attouchements qui, sans aller jusqu'à de véritables rapports sexuels, n'en étaient pas moins équivoques et incestueux. Marc se souvient alors d'une remarque de Sonia, qui lui avait raconté qu'un jour où elle se trouvait seule avec Roger, elle l'avait trouvé un peu leste et trop direct. Tout à coup, l'image de ce père bascule complètement pour Marc. Il est envahi par la haine et le mépris, d'autant qu'il apprend, peu après, que la jeune sœur d'Hélène, Fabienne, a également subi des attouchements de son père.

Marc se retrouve au centre d'un imbroglio familial qu'Hélène lui demande d'aider à régler. Elle n'a pas pu oublier ce qui s'était passé et reste traumatisée pour sa sœur. Elle-même, plutôt expansive, se débrouille bien dans la vie mais Fabienne va mal et est déprimée.

Marc est sommé de faire quelque chose. Il convoque son père et lui annonce qu'il est au courant de tout. Roger s'effondre. Il le supplie de ne rien dire à Marlène. *« Si elle l'apprend, tout ce que nous avons construit depuis vingt ans va être complètement démoli. »* Marc se retrouve pris dans un conflit intérieur très violent. Il éprouve toujours une très grande admiration pour sa belle-mère à laquelle il ne veut pas faire de mal. Si elle apprend cette histoire, cela risque de détruire sa famille mais aussi sa vie. C'est alors qu'il décide de prendre rendez-vous pour une thérapie de couple.

Cette constellation familiale a favorisé une « diffraction de l'ambivalence » : au lieu d'éprouver de la haine et de l'amour pour une seule et même personne, on projette la haine sur l'une et l'amour sur l'autre. Ou on commence par éprouver uniquement de l'amour et ensuite on n'éprouve plus que de la haine. Marc a « clivé » simultanément deux personnages : celui de la bonne mère et celui de la mauvaise mère. C'était très clair : il avait une bonne mère, sa belle-mère, et une mauvaise mère, celle qui l'avait abandonné. Ce clivage lui permettait de projeter en dehors de lui le conflit inhérent à l'image maternelle : l'amour pour l'une, la haine contre l'autre. Par ailleurs, il a protégé son père vis-à-vis duquel il a occupé une position paternelle quand il a sombré dans la dépression provoquée par l'abandon de sa femme. Au moment de l'adolescence, Marc n'a donc pas pu entrer en conflit direct avec lui. Cette ambivalence-là s'est installée dans le temps : Roger a d'abord été un père protégé, puis un père haï. Finalement, la seule chose qui a sauvé Marc, c'est cette belle-mère un peu « père » pour lui. Mais il sépare désormais les femmes en deux types : celles avec qui on peut jouer sexuellement sans que cela ait des conséquences, et les madones auxquelles on ne peut pas toucher et avec lesquelles toute sexualité est impossible. D'où ses difficultés avec Sonia. Si Marc avait pu intérioriser tous ces conflits d'ambivalence au lieu de les vivre dans le clivage des sentiments, il aurait pu acquérir une relative autonomie psychique et grandir.

J'apprends cette histoire petit à petit. La thérapie de couple se transforme alors en une thérapie « fraternelle ». Marc emmène en séance son frère et les deux sœurs. Ils doivent décider ensemble s'ils vont mettre Marlène au courant et nous nous gardons bien évidemment de les conseiller sur l'attitude à adopter.

Il n'est pas anodin de souligner qu'Hélène a révélé à Marc ce secret au moment où ce dernier lui a fait part de son intention d'épouser Sonia. Nous avons beaucoup évoqué les liens fraternels et nous devinons la peur qu'avait Hélène de perdre Marc. Elle a fini par comprendre comment, à son insu, elle lui avait révélé ce secret pour le ramener dans la sphère familiale. D'une certaine façon, elle tentait ainsi de mettre son projet de mariage en échec.

En restaurant le dialogue, la confiance, la levée des secrets, tous les quatre se sont sentis mieux. Cette thérapie familiale menée sans la génération des parents a eu un effet spectaculaire pour Marc. En quelques séances, ses inhibitions et ses problèmes sexuels ont complètement disparu.

Cette thérapie se poursuit actuellement depuis un an, à raison d'une séance toutes les trois semaines. Les quatre enfants ont pu partager ce secret de famille trop lourd à porter pour en faire une sorte de bagage commun. Ils hésitent encore à révéler la vérité à Marlène. Les filles veulent la protéger. Peut-être éprouvent-elles aussi des sentiments ambivalents qui apparaîtront ultérieurement à l'égard de cette mère « parfaite » mais qui n'a rien vu et n'a pas su les protéger.

Enfin, pour ajouter la dernière touche à ce charmant tableau familial, je vous apprendrai qu'il n'existe pas de famille sans violence. L'ambivalence se manifeste en effet par de l'agressivité, de la violence, du conflit. C'est exactement tout ce que l'on a envie de fuir, de ne pas voir et d'éviter à tout prix aujourd'hui. Oui, nous aimerions tant que la vie de famille coule paisiblement tel un long fleuve tranquille. Mais la violence est si présente, si secrète, si masquée, si inévitable, qu'un livre entier ne suffirait pas à décrire et expliquer cette incontournable et éternelle équation de la vie familiale.

7

La violence des familles

En cette fin d'après-midi, nous recevons en consultation une famille pour le moins folklorique. Une grand-mère obèse, flanquée d'un mari maigrichon au teint jaunâtre, tient sur ses genoux un petit enfant de dix-huit mois. Une jeune femme, elle aussi obèse, se colle contre sa mère. Deux jeunes gens complètent ce portrait de groupe. Le premier, look de loubard, banane et blouson de cuir, n'a rien de particulier. Mais le second, vingt ans environ, se montre en proie à une agitation frénétique : il marche de long en large avec, au niveau d'une poche de son pantalon, une étrange excroissance humide. De temps en temps, le bébé pleure et sa grand-mère lui enfourne des gâteaux sortis de la poche de son manteau. Le plus frappant est l'attitude du second jeune homme, qui s'assoit et se relève de façon tout à fait impulsive pour aller tapoter le nez de son père. Ce geste agace le père qui repousse chaque fois son fils, et provoque immanquablement une bagarre avec le jeune loubard qui prend la défense du père.

Il s'agit donc d'une famille parisienne avec ses trois

enfants et le bébé de la fille aînée – dont personne ne sait qui est le père sans que cela pose apparemment de problème –, élevé dans ce milieu haut en couleur et chaleureux. Le fils loubard est plus ou moins délinquant, plus ou moins toxicomane, mais il se débrouille dans l'existence. La famille consulte pour le jeune homme agité, déscolarisé depuis l'âge de quinze ans, et qui passe ses journées à la maison. Il mène une vie très ritualisée : tous les matins, entre dix et onze heures quarante-cinq, il sort faire un tour dans le parc des Buttes-Chaumont, en face de chez lui, après avoir pris soin de glisser dans la poche droite de son pantalon une éponge mouillée dont nous ne connaîtrons jamais l'utilité. De temps en temps, il cède à des pulsions incontrôlables qui le font se précipiter sur son père pour lui toucher le nez, ce qui provoque chaque fois une bagarre avec son frère.

Il se dégage de cette famille une atmosphère de folie suffisamment canalisée pour que personne n'ait jamais eu besoin d'être hospitalisé ou de consulter dans une institution. Ils ne viennent pas parce qu'ils s'inquiètent de l'avenir de ce jeune homme, mais à cause d'une montée de violence de plus en plus incontrôlable créée par cette nouvelle lubie qui l'amène à toucher de façon compulsive le nez de son père.

Je suis bien sûr frappé par l'étrangeté absolue de cette famille, dont tous les membres semblent totalement enchevêtrés les uns avec les autres. Ils donnent l'impression d'une sorte de monstre hybride à plusieurs têtes d'où s'échappent des signes, des symptômes, des passages à l'acte. Cette famille représente le comble de l'indifférenciation.

En cette fin d'après midi, il m'est quasi impossible

de pénétrer dans cette famille. J'ai seulement l'impression d'être au cinéma. Alors que, pour travailler avec une famille, il faut pouvoir créer un lien de familiarité : le thérapeute familial doit repérer, sentir, être en résonance avec les émotions de la famille. Il doit pouvoir ressentir et intégrer quelque chose qu'il restituera ensuite à la famille d'une façon ou d'une autre.

Il m'apparaît seulement que la prise en charge de cette famille sera très lourde. Et que l'ampleur de leur folie me décourage. Je sors de la salle de thérapie pour me protéger un moment de la violence qui en émane et provoque en moi un sentiment de désorganisation intérieure. Je vais donc voir mon superviseur qui, comme souvent, observe la séance dans une pièce mitoyenne derrière une glace sans tain. Et, pour plaisanter, je lui touche le nez pour évacuer ma tension, exactement comme le fils le fait avec son père.

Nous échangeons alors quelques mots sur les difficultés de cette famille. Lorsque je retourne dans la salle de thérapie, il me semble que quelque chose s'est apaisé dans l'atmosphère et me devient intelligible. Je ne perçois plus un magma mais des individus, certes très imbriqués les uns aux autres, mais néanmoins des individus. Jusqu'à la fin de la séance, le jeune homme reste sur sa chaise. Il ne se relève plus toutes les cinq minutes pour se précipiter sur le nez de son père. Chacun commence à parler de ce qu'il ressent, à imaginer des solutions pour calmer la violence à la maison et à s'exprimer un peu plus en son nom propre. La fin de la séance augure d'une très longue prise en charge.

Que s'est-il passé entre les deux parties de la séance pour que la violence s'apaise et que les relations entre ces cinq personnes semblent soudain s'ordonner ? Il se trouve que le superviseur avec qui je travaillais était un ami atteint d'une grave maladie. En lui touchant le nez, comme le jeune patient le faisait avec son père, j'ai sans doute eu un geste qui traduisait, de façon totalement irrationnelle, le sentiment de protection que j'éprouvais à l'égard de mon ami. Comme si ce geste pouvait le préserver et l'empêcher de mourir.

Ce geste, instinctif et absurde, m'a peut-être rendu familier celui, tout aussi impulsif, du jeune homme envers son père, dont le teint cireux évoquait la maladie. Il semble que quelque chose s'est transmis de l'inconscient familial à mon inconscient, me permettant d'ordonner ce qui me paraissait désordonné. Tout à coup rien ne me paraissait plus ni étrange ni étranger, et j'ai également pu me dégager d'une violence que je percevais sans la comprendre.

Quand la violence et les émotions se transmettent

J'ai choisi cet exemple un peu loufoque pour montrer combien la violence en famille est insidieuse. Elle ne se réduit pas à ses aspects les plus spectaculaires : un mari qui bat sa femme, des parents qui maltraitent un enfant, une relation incestueuse. Nous connaissons bien sûr ces situations, qui dépassent d'ailleurs souvent les possibilités de la thérapie familiale.

Mais il existe une violence au quotidien, une violence sourde faite d'intrusion, d'intrication, de tentatives d'asservissement, d'absence de respect, de négation de l'autonomie ; ou, au contraire, une violence tout aussi brutale et encore plus fréquente, née de l'absence de reconnaissance, de l'annulation, du travestissement des sensations et des émotions au sein du groupe familial : « sentir et ressentir à la place de l'autre ». Une violence qui est là, en permanence, même si elle ne se déchaîne que de temps en temps, comme dans ces bagarres entre les deux frères. Une violence qui, je l'ai dit plus haut, est inhérente à l'ambivalence – et aux liens familiaux.

L'évolution de la famille, les recompositions qui ouvrent le groupe sur l'extérieur, la possibilité de se déprendre d'un lien conjugal trop contraignant n'ont en rien épuisé cette violence. Elle s'est parfois déplacée ou complexifiée, mais elle infiltre plus que jamais les liens familiaux, du fait même de cette pesante utopie du bonheur et de l'aspiration à un amour indéfectible. La violence est présente à la minute de notre naissance, à laquelle elle participe d'ailleurs largement. Même un nourrisson, qui ne demande naturellement qu'à vivre, peut s'étouffer ou se laisser mourir de faim. Il peut retourner contre lui-même la violence qu'il a reçue avec la vie.

Mais on aurait tort de croire à une violence fondamentale et originelle, à un stock de violence que l'on aurait à la naissance comme moyen de survie [1]. La violence surgit dans le rapport à l'autre, dans le rapport au désir de l'autre. Le nourrisson subit la violence de l'emprise maternelle, son pouvoir de vie ou de mort ; la mère est envahie par l'intrusion de ce nouveau-né qui tout d'un coup régente son existence. L'amour et la haine s'affrontent dans un combat sans merci.

Les parents sont censés avoir dépassé la violence de l'ambivalence qu'ils ont eux-mêmes ressentie, enfants, à l'égard de leurs propres parents. Ils ont tout au moins pu en « digérer » une bonne partie et la transformer en un conflit intérieur, dont ils sont plus ou moins conscients et qu'ils arrivent – en principe – à maîtriser. Ils devraient donc être capables de comprendre l'agressivité de leurs enfants à leur égard, surtout quand ces derniers arrivent à l'adolescence. Pour l'avoir eux-mêmes éprouvée, ils devraient pouvoir l'encaisser sans céder à leur tour à la violence. La capacité d'intégrer ces conflits est justement ce qui fonde la différence des générations. Or, cela n'est pas toujours possible.

Parfois, la famille des parents a été trop violente, trop intrusive ou trop « aimante » pour laisser aux enfants la possibilité de se différencier et d'acquérir leur autonomie. Du coup, les générations restent « collées » les unes aux autres, sans que ces sentiments ambivalents puissent s'exprimer, et l'on retrouve sur plusieurs générations un certain nombre de problèmes et de symptômes identiques.

Nous le constatons tous les jours, et c'est absolument sidérant : des adultes, maltraités physiquement par leurs parents quand ils étaient enfants, peuvent leur conserver malgré tout une incroyable fidélité et une loyauté inconditionnelle qui se poursuivra de génération en génération. Quand les sentiments haineux des parents sont au premier plan, les enfants ne parviennent pas à les détester, ou même à ne pas les aimer. Ils s'efforcent seulement de les « réparer », de les soigner, dans le fol espoir de s'entendre dire un jour qu'on les aime. Ils ne peuvent pas aller jusqu'au bout de leurs sentiments ambivalents. Ces enfants, ces futurs parents, n'ont qu'une idée en tête : pouvoir accéder enfin un jour à l'amour parental. Oui, la maltraitance crée du lien, au point que les deux finissent parfois par se confondre. On pourrait même dire, non sans provocation, que la meilleure façon de s'attacher des enfants est de les maltraiter. Le procès d'Outreau, où les enfants violés par leurs parents ont accusé des innocents des mêmes abus (et ainsi cru qu'ils « protégeaient » leur père et leur mère), est un exemple de cette loyauté.

La violence des émotions

Dans les familles, il n'y a pas que des mots qui circulent. Il y a aussi des gestes, un ton de voix, des attitudes, tout un univers de sensations et d'émotions. Les tensions et les émotions déteignent sans passer par des mots. Plus nous sommes proches de quelqu'un, plus il nous est difficile de faire la différence entre nos émotions et les siennes. Quand nous rentrons le soir à la maison et que l'atmosphère est chargée d'électricité, nous le percevons. Nous sommes happés, captés par un climat émotionnel qui trouve en nous un écho et vient réveiller une colère, une violence ou un sentiment d'insatisfaction. Nous ne savons pas si cela émane de nous ou de l'extérieur. Ainsi, quand on se sent triste et déprimé, on voit la vie en gris. Ou est-ce parce que la vie est grise que l'on se sent triste et déprimé ?

Moins les membres d'une famille existent en tant qu'individus, plus ils sont enchevêtrés, moins chacun a son univers intérieur, son enveloppe personnelle et moins on peut savoir d'où vient l'émotion et à qui elle appartient.

Alma est la fille d'une famille de province très repliée sur elle-même, avec un frère schizophrène. Quand elle est à Paris avec son mari et ses enfants, Alma est rarement envahie par des émotions incontrôlables. Mais dès qu'elle retourne chez ses parents, elle renoue avec les crises de boulimie de son adolescence et les accès de violence contre son père. Ces scènes de violence sont absolument spectaculaires, mille fois rejouées, scènes de rage pure dans laquelle elle ne reconnaît aucun motif autre qu'une intense excitation psychique, et dont elle n'ose pas avouer qu'elles lui procurent un immense plaisir.

Pour survivre, Alma s'est littéralement coupée en deux. Une partie d'elle-même fonctionne normalement avec son mari et ses enfants, l'autre régresse et redevient folle au contact de sa famille étouffante. Pour cette jeune femme, le pôle passionnel est réservé aux passions de famille.

Dans la famille très rigide d'Alma comme dans beaucoup de familles, les émotions des uns envahissent celles des autres et s'amalgament dans des crises de pure angoisse.

Ces situations de « magma » familial apparaissent particulièrement à deux âges clés de la vie : la petite enfance et l'adolescence. Pendant la période fusionnelle avec le nourrisson, les mères et les pères sont captés par une relation très primaire et très archaïque, happés par cet enfant qui pleure, crie, manifeste de la joie sans pouvoir exprimer ce qu'il ressent par des mots. Il n'est pas facile pour eux de se différencier de leur bébé qu'ils doivent à la fois accompagner et soutenir tout en faisant – déjà – la part de ce qui appartient au bébé. Cette première différenciation est pourtant essentielle : il est très angoissant d'éprouver des émotions fortes sans pouvoir les identifier. Quand un nourrisson va mal, quand il pleure trop, quand il a trop de problèmes de sommeil que l'on n'arrive pas à décrypter, on absorbe comme une éponge l'angoisse que l'on pense discerner chez son enfant.

Submergés par des pulsions extrêmement violentes liées aux transformations qu'ils subissent et ne parviennent pas à maîtriser, les adolescents éprouvent aussi de l'angoisse. Les parents doivent alors contenir ces émotions tout en comprenant qu'elles ne leurs appartiennent pas. « *Je ressens ce que mon enfant est en train de ressentir, mais c'est lui et pas moi.* » Or, les adolescents attirent leurs parents dans leur tumulte intérieur. Ils nous captent dans leur violence et leur colère, et nous entraînent dans des escalades de disputes parce que nous ne réussissons pas toujours à esquisser le petit pas de côté qui nous permettrait de nous détacher d'eux et de leurs émotions. C'est d'autant plus difficile que tout cela nous attire car nous avons tous la nostalgie de ces mouvements fusionnels qui ressemblent étrangement à ce que l'on éprouve au début d'une histoire d'amour, quand la passion nous emporte et nous submerge. Nous régressons facilement à notre propre adolescence.

J'emploie volontiers le mot de « magma » pour décrire cette émotion : comme un magma, elle bout, elle nous brûle, sans que nous sachions ce qu'elle contient.

Qui éprouve quoi ?

Et pourtant, dans ce magma, il faut faire la différence entre les contenus émotionnels et les émotions. Le contenu émotionnel englobe ce qui a provoqué l'émotion et l'émotion elle-même. Ces contenus circulent parfois de façon surprenante, comme en témoignent trois histoires différentes.

La première est tirée d'une séance de formation à la thérapie familiale. La thérapie familiale ne s'enseigne pas d'une façon purement académique ni exclusivement théorique. Nous ne proposons pas non plus aux stagiaires des techniques ou des recettes toutes prêtes pour une prise en charge rapide des familles en difficulté. Nous travaillons beaucoup par jeux de rôles pour que les personnes qui souhaitent se former à la thérapie puissent comprendre comment leurs propres émotions vont leur permettre de se rapprocher de ce qu'elles éprouveront en séance face à une famille. Car les familles nous font vivre avec elles la force et la violence de leurs émotions, peut-être même davantage que dans le cadre d'une thérapie individuelle. Pour accomplir notre travail, nous devons être capables d'effectuer le fameux « pas de côté » que j'évoquais tout à l'heure, c'est-à-dire entrer dans leur danse, éprouver avec elles et, en même temps, en sortir pour comprendre les mouvements, ce magma qu'elles-mêmes ne peuvent analyser puisqu'elles sont en plein dedans.

Nous proposons donc au groupe l'exercice suivant : chacun doit à tour de rôle donner une image de la famille, une représentation métaphorique qui ne sera en aucun cas expliquée ou interprétée. En général, les images qui surgissent sont soit « horizontales » (un nid d'oiseau, un jeu d'échecs, une île au milieu de l'océan) et évoquent les relations qui unissent les différents membres de la famille, soit plus « verticales » (un arbre aux puissantes racines et aux nombreuses ramifications, une photo de mariage en tirage sépia, etc.) ; elles s'attachent alors davantage à la dimension transgénérationnelle. Le but de l'exercice consiste à apprendre à travailler à travers l'image et la métaphore qui reflètent bien évidemment l'image intérieure que chacun se fait de la famille. Certaines représentations sont plutôt attirantes (un buisson en fleur au printemps, avec des bourgeons qui poussent) et d'autres beaucoup moins (une pieuvre avec des tentacules, image d'une famille marquée par l'étouffement, l'intrusion et la coercition).

Lorsque son tour vient, Laure, une de nos stagiaires, paraît embarrassée. De toute évidence, le jeu lui déplaît. Elle nous propose du bout des lèvres une joyeuse tablée familiale, trois générations confondues, avec des enfants qui vont et viennent. Nous sollicitons alors une autre stagiaire, Vanessa, qui s'apprête visiblement à décrire la belle image qui l'occupe. Mais au moment où elle commence à parler, son sourire se fige, ses lèvres tremblent, sa gorge se noue et elle se met à sangloter. Elle nous dit alors : *« Je n'y comprends rien, je vois apparaître quelque chose d'horrible, comme une espèce de méduse gluante. »* Vanessa est envahie par une émotion énigmatique, étrangère, qui fait remonter du fond d'elle-même des souvenirs, des images et des sensations auxquels elle ne s'attendait pas. Bouleversée, Laure reprend alors la parole. Elle aussi avait en tête une image monstrueuse et étouffante de sa propre famille, qu'elle ne pouvait pas exprimer.

Une sorte de passage, de transmission émotionnelle brute s'est produite entre Vanessa et Laure. Comme si Vanessa avait ouvert une porte que Laure avait fermée, lui restituant en retour « quelque chose » qui lui a permis d'éprouver le contenu émotionnel qu'elle voulait cacher. On pourrait presque dire que Laure a transmis à Vanessa une émotion (sa douleur et son énorme angoisse au sein de sa famille) pour laquelle Vanessa a « fabriqué » un contenant (l'affreuse méduse que cette angoisse lui a évoquée). Elle crée ainsi une image qu'elle restitue à Laure et qui donne un contour à ses sensations. Mais de quelle angoisse s'agit-il ? de celle de Laure, de celle de Vanessa, ou des deux ? Il s'agit à proprement parler d'une « co-création » des deux jeunes femmes.

En tant que formateur, il est impossible d'assister à une telle scène de manière totalement détachée. Nous devons rester en retrait tout en contenant l'émotion très forte qui s'en dégage : il nous faut faire ce fameux pas de côté et être capables de décrypter ce qui se passe. Car les thérapeutes sont, comme les autres, habités par des angoisses archaïques, des peurs primitives identiques à celles qu'éprouve le bébé qui redoute l'abandon. Mais nous les maîtrisons. Ces peurs se réveillent dans ce genre de situations. L'angoisse exprimée par un membre du groupe trouve une résonance d'autant plus forte chez un autre que ces contenus émotionnels sont gardés secrets. Plus ils sont secrets, plus ils sont enfouis, plus ils se transmettent avec brutalité.

C'est ce qui arrive avec les deuils et les secrets. Plus un parent a muselé la douleur et l'angoisse liées à un événement difficile (c'est-à-dire son contenu émotionnel), plus il transmet ce contenu de façon brute à l'autre, qui l'absorbe sans savoir de quoi il s'agit, n'en percevant que la violence. Quand on voit ce qui se passe entre Laure et Vanessa (qui ne se connaissent pas), on imagine ce qui peut se passer entre les membres d'une même famille !

La deuxième histoire se déroule à la fin d'une cure analytique. Lucile, venue consulter six ans auparavant pour des conduites boulimiques très invalidantes, va beaucoup mieux : elle est complètement guérie de sa boulimie et ses troubles anxieux et dépressifs se sont atténués. Elle a renoncé à transformer sa relation avec sa mère, une femme très froide qui ne lui a jamais accordé ni tendresse ni encouragements. Lucile a compris que sa mère ne pourrait jamais lui donner d'amour. Ce jour-là, elle éprouve malgré tout le besoin de me dire que la veille, jour de son anniversaire, sa mère ne l'a même pas appelée. Elle remplit la séance de sa plainte et de son ressentiment, comme si elle revenait en arrière et que l'analyse ne l'avait pas changée. Je me sens alors envahi par une grande angoisse et je pense étrangement à ma propre mère. Je me rappelle une jeune sœur de ma mère que je n'ai pas connue, morte à dix-huit ans et dont ma mère n'a jamais pu faire le deuil.

Pris dans cette émotion difficilement descriptible, je me souviens alors qu'au début de son analyse, Lucile m'avait raconté que sa mère avait perdu son frère aîné, un jeune aviateur abattu pendant la Seconde Guerre mondiale alors qu'elle avait seize ans. Je m'entends alors expliquer à Lucile que sa mère ne peut pas s'occuper d'elle et de son anniversaire parce qu'elle est uniquement habitée par les anniversaires de la mort de ce frère et que ce deuil l'a « tuée » psychiquement et a définitivement empêché la création de liens avec sa fille. La réaction de Lucile est très spectaculaire : dans un déluge de sanglots, elle se met à hurler : *« Qu'est-ce que vous dites ? Qu'est-ce que vous faites ? Vous êtes en train de me rendre folle. »*

Ici aussi, il y a eu transmission inconsciente d'un contenu émotionnel. Confrontée à la perte brutale de son frère, la mère de Lucile n'a pas eu la possibilité de ressentir les affects liés à ce deuil. Cette douleur a créé en elle comme un abcès fermé, une « crypte[2] ». C'est comme si cette douleur enkystée avait été transmise à Lucile à son insu. Lors de la séance, par un mystérieux mécanisme de résonance, se réveille en moi une sensation analogue que je peux associer à un « contenant », à un souvenir lié à ma propre histoire. Ce souvenir me permet une association à un élément de l'histoire de ma patiente, à un événement que nous avions tous deux « oublié ». Cette crypte collait Lucile à sa mère, distillait entre elles une haine et un ressentiment incompréhensibles. Le fait de créer ce lien entre l'événement et les émotions qu'il avait générées permet à cette crypte de s'ouvrir chez Lucile, avec toute la libération émotionnelle qui l'accompagne. C'est ce qui arrive quand on réveille quelque chose, quand il y a un écho, ce que l'on appelle un mécanisme de résonance[3]. Cela résonne en soi alors que l'on ne s'y attend pas forcément. Le fait que cela devienne intelligible permet de le restituer et de le rendre intelligible pour l'autre. À mon sens, c'est exactement ce qui définit la psychothérapie, qu'elle soit individuelle ou familiale. Notre travail consiste à accepter, héberger un contenu émotionnel, à lui donner une forme à partir de nos possibilités créatives pour pouvoir le retransmettre et permettre à l'autre de le transformer à son tour.

La violence des secrets

La troisième histoire concerne une famille que je suis depuis un an : Marie, Bertrand et leurs deux fils, Rodolphe, dix-sept ans, et Norbert, dix-neuf. Ils sont venus consulter pour Rodolphe qui fait des tentatives de suicide à répétition, absorbe tous les médicaments qui lui tombent sous la main, consomme des quantités immodérées d'alcool et se retrouve souvent dans le coma, entre la vie et la mort. Norbert, lui, est un fils « parfait » qui ne pose aucun problème particulier. La différence entre les deux frères est assez spectaculaire. Bertrand, le père, est plutôt affable mais s'exprime par proverbes et par métaphores. Marie, la mère, est d'une froideur glacée. Elle a un regard bleu très fixe avec lequel elle semble tout contrôler, notamment son fils cadet. Elle parle difficilement et semble incapable d'exprimer la moindre émotion. Quand elle dit *« Je suis très malheureuse »*, on ne le sent pas. Au cours d'une séance, je leur demande de réaliser une sculpture. Nous utilisons souvent ce procédé en thérapie familiale avec des familles qui, comme celle-ci, ont du mal à exprimer leurs affects et dont le langage verbal est un peu vide. Pour que les contenus émotionnels enfouis apparaissent, il faut court-circuiter les mécanismes de pensée, qui ne sont que des rationalisations : on a appris à mettre des mots sur l'inexprimable – que l'on ne connaît pas toujours –, mais ils ne sont que des plaquages.

Le procédé de la sculpture permet d'alterner des moments de parole avec des séances plus corporelles et émotionnelles. Je propose donc à Rodolphe d'être le sculpteur de sa famille, c'est-à-dire de placer ses parents et son frère dans l'espace, tels qu'il se les représente, puis d'entrer à son tour dans le tableau. Rodolphe demande à son père de se coucher par terre, les yeux clos, dans une position de gisant. Il met sa mère sur une chaise, debout, l'index pointé vers son mari dans un geste accusateur. Norbert se tient debout face à la porte, le dos tourné comme s'il s'éloignait. Quand Rodolphe entre dans la sculpture, il arrête le geste de sa mère. Il est rare qu'un tableau soit aussi significatif.

Cette sculpture a un effet de catharsis. Tout se trouve condensé dans cette mise en scène qui reflète assez fidèlement la réalité de cette famille. La mère éclate en sanglots en voyant le « cadavre » de son mari et raconte alors très spontanément le décès de son père, mort d'une cirrhose alcoolique alors qu'elle avait une quinzaine d'années. Bertrand, très paternaliste et rassurant comme un bon père, lui a immédiatement rappelé, dès qu'elle l'a rencontré, son propre père. Apparaît aussi la place très importante de Rodolphe qui protège sa mère à un moment où son frère aîné peut prendre du champ. Norbert a en effet une petite amie avec laquelle il compte s'installer. Dans la vie, Rodolphe joue en permanence des scènes de mort à travers ses tentatives de suicide, ses comas alcooliques et ses prises de drogue : il se met en scène lui-même comme un cadavre, mais de façon tout à fait anarchique, sans même comprendre ce qu'il est en train de faire. Il rejoue une mort, un deuil dont il ne sait rien car sa mère ne lui a jamais parlé de son désespoir à la mort de son père, le grand-père de Rodolphe. Elle ne lui a jamais transmis le plus important : non pas les circonstances de l'événement lui-même mais le contenu émotionnel, son désespoir lié à cet événement. Parce qu'elle n'a pas pu le vivre à l'époque, elle l'a occulté.

On retrouve ici un phénomène que l'on connaît bien dans les familles de déportés. Les déportés n'ont rien pu transmettre de leur expérience parce qu'elle est intransmissible. Même s'ils pouvaient raconter les camps, ils ne pouvaient pas dire et transmettre ce qu'ils y avaient éprouvé. Tout le monde sait désormais que les enfants de déportés ont eu des problèmes psychologiques ou psychiatriques graves parce qu'ils étaient habités par des émotions étrangères dont ils n'avaient pas eu l'expérience et qu'ils ne pouvaient même pas rattacher à leur propre expérience de vie.

L'histoire de cette famille est particulièrement intéressante. En effet, de son côté, Bertrand est issu d'une famille apparemment sans problèmes, mais il a été mis en pension dès l'entrée au collège et n'a pratiquement pas vu ses parents de toute sa scolarité. Il passait ses week-ends en pension, rentrait rarement à la maison et partait l'été en colonie de vacances. Lui aussi semble avoir posé un voile sur cette enfance. Il dit : *« Dans ma famille, c'était comme cela qu'on élevait les enfants. »* Il avait trois frères, également envoyés en pension. Il dit : *« Mes parents travaillaient beaucoup et n'avaient pas le temps de s'occuper de nous. »* Bertrand n'a pratiquement pas grandi avec ses parents mais cela ne semble pas l'avoir affecté. Visiblement, il n'en a pas souffert. Il a beaucoup d'amis, fréquente ses collègues, joue au rugby. Mais il n'a aucune culture des relations verticales de transmission de parent à enfant qui étayent, apportent une histoire et aussi des conflits. Coupé de ses origines, il est aussi coupé des émotions liées aux origines, qui sont les plus conflictuelles mais aussi les plus structurantes. Nous avons déjà vu que ce sont ces émotions qui apprennent à apprivoiser l'ambivalence, à contenir à la fois l'amour et la haine. Or, Bertrand ne connaît que les relations conflictuelles fraternelles qu'il reproduit dans sa famille. Il est, en effet, plutôt « copain » avec ses fils et a une relation assez protectrice mais plutôt distante avec sa femme. Cette famille, dans laquelle il n'y a eu de transmission d'une génération à l'autre ni du côté de la mère ni du côté du père, est devenue une sorte de groupe fraternel sans différence entre les générations. L'ambivalence et les conflits ne peuvent donc se traduire que par des passages à l'acte, par de la violence. La conduite extrême de Rodolphe est pour lui une manière d'exprimer la violence de ce qu'il éprouve et qu'il ne peut relier à aucun contenu.

Pendant les premières séances avec cette famille,

Rodolphe insiste beaucoup sur le fait qu'il a un secret qui lui empoisonne l'existence mais dont il ne veut pas parler à ses parents. Au bout de quelques séances, il finit par se confier : il est homosexuel. Il s'agit d'un secret de Polichinelle. Ni ses parents ni son frère n'ont été surpris. Personne n'en avait jamais parlé, puisqu'on ne se parlait pas, mais tout le monde s'en doutait. Ce secret était sans doute pour Rodolphe la métaphore d'un autre secret qui ne tenait pas à un événement (tout le monde connaissait la date de la mort de son grand-père) mais à un contenu affectif et émotionnel. Le vrai secret n'est pas un fait mais ce que ce fait déclenche.

Quand un événement se révèle traumatisant au point de provoquer une émotion très forte sur laquelle on ne peut pas mettre de mots, il se crée un trou de mémoire psychique, un gouffre, une béance. Une déportation, un inceste, un abus sexuel, un deuil peuvent être vécus de façon tellement violente que l'on ne peut ni les ressentir, ni les penser : on les gomme littéralement de sa mémoire, on les évacue en les engloutissant dans un vide sidéral qui aspire les autres comme un trou noir. Ce vide finit par remplir les enfants, par les habiter. Ce n'est pas le souvenir traumatisant qui se transmet, mais le trou de mémoire avec ses sensations étranges et étrangères. C'est ainsi que l'on peut être habité par des fantômes.

L'objet de la thérapie familiale n'est pas de reconstituer une histoire, de trouver une logique linéaire et un lien de causalité qui rendront l'histoire de la famille intelligible : *« C'est parce que mon arrière-grand-oncle s'est suicidé dans des circonstances mystérieuses que je suis déprimée. »* Ce peut être en partie vrai mais c'est une explication simpliste et insuffisante.

Il ne suffit pas de retrouver des dates et des événements pour comprendre, même si cela suscite de l'émotion. Afin que la thérapie fonctionne, il faut permettre à une émotion, à une douleur de se libérer, de sortir du trou dans lequel elle est enfermée. Il faut que les membres d'une famille puissent se rapprocher à partir de cette émotion, pour enfin mettre des mots, des représentations, des souvenirs, des idées sur cette émotion inconnue mais partagée, qui soude les générations entre elles à leur insu. Le deuil de la mère de Rodolphe est devenu celui de Rodolphe. Le moment où, pendant la séance, ils vivent ensemble l'émotion qui se libère les rapproche tout en leur permettant de se séparer. Ils ne sont plus « collés » par une émotion inconnue : chacun peut savoir ce qu'il éprouve. Le deuil de la mère de Rodolphe n'est plus celui de Rodolphe.

La violence du vide

Étienne est hospitalisé après une tentative de suicide[4]. Il a treize ans à peine. Nous le recevons avec ses parents, un couple spécialement en conflit à son sujet, chacun accusant violemment l'autre d'être responsable de ce qui lui arrive. Impossible de les réunir sans qu'il y ait, dès les premières minutes de l'entretien, des hurlements entre le père et la mère. Chacun se vit comme un parent exemplaire et estime l'autre dangereux et toxique pour l'enfant. Françoise a la cinquantaine et son mari, Michel, soixante ans environ. Ils sont brocanteurs et travaillent ensemble. Je suis d'emblée frappé par la douceur que dégage Françoise en dehors des altercations avec son mari. Elle se montre maternelle, affectueuse et n'énonce que des choses très positives sur son enfant. Elle essaie toujours de trouver une bonne raison pour excuser les errements des uns et des autres. Michel, au contraire, est un homme fermé, tourmenté, perpétuellement insatisfait, en proie à une sorte de rage contenue et toujours prêt à exprimer une revendication.

Michel a déjà été marié. Il a deux grandes filles, elles-mêmes mariées et mères de famille, et il est grand-père de deux petits-enfants. Il s'est séparé de sa première femme dans des conditions très difficiles. À la suite de ce divorce, ses deux filles aînées ont pratiquement rompu les ponts avec lui en l'accusant de tous les maux. Il est donc coupé de ses petits-enfants qu'il ne voit qu'une ou deux fois par an, de façon très formelle, et n'a aucune intimité avec ses deux filles aînées. De son côté, Françoise a également été mariée et a un fils de vingt-cinq ans, Hugo.

Ce couple s'est fondé sur un coup de foudre. Lors de leur rencontre, Françoise a près de quarante ans, lui près de cinquante. Ils décident très vite d'avoir un enfant et s'installent ensemble, avec Hugo, alors âgé d'une douzaine d'années.

Tout en continuant à être très amoureuse de Michel, Françoise souffre de l'attitude qu'il adopte vis-à-vis de Hugo. Elle le trouve rigide, intransigeant, très critique à son égard. Il n'est jamais satisfait de ses résultats scolaires. Françoise fait de plus en plus le tampon entre son mari et son fils.

À la naissance d'Étienne – son premier garçon –, Michel se prend d'une passion dévorante pour son fils. Il noue avec lui une relation fusionnelle comme celle qu'il n'a pu vivre avec Françoise en raison de la présence de

Hugo. Françoise sent qu'il s'éloigne beaucoup d'elle. C'est désormais Étienne qui les réunit.

Michel est un « père poule » qui accapare son fils. Il l'accompagne et va le chercher à l'école, le couve et le protège de manière excessive. Étienne est très attaché à ses deux parents ainsi qu'à son demi-frère qui a dix ans de plus que lui et qu'il prend comme modèle. Les deux garçons s'adorent et Michel est fou de jalousie. Les reproches qu'il leur fait prennent peu à peu une teinte délirante : si Hugo prend Étienne sur ses genoux, Michel les sépare violemment en disant que *« c'est dégoûtant, deux garçons qui se touchent »*. Il dit à Hugo qu'il va transformer son fils en *« pédé »*, le pervertir. Il insulte sa femme qui ne voit aucun mal dans cette intimité, en l'accusant de ne pas mettre suffisamment de distance entre ses deux fils. Petit à petit, il a le sentiment qu'un complot menace le lien passionnel qu'il a avec Étienne.

La passion que Michel continue à éprouver pour Françoise s'exprime désormais dans la violence verbale et les reproches. De façon assez inexplicable – il est absolument odieux avec Hugo –, Françoise reste très attachée à lui. Le lien qui les unit est cimenté par l'amour commun qu'ils portent à Étienne. De son côté, l'enfant prend la place de « patient désigné » du couple dont il incarne le lien passionnel. Tous les échanges entre le père et la mère passent par lui. Michel et Françoise ne cessent d'invoquer et de mettre en avant ce que chacun fait pour Étienne. Chacun reproche à l'autre ce qu'il ne fait pas pour le protéger, l'aimer, s'en occuper.

À dix-huit ans, Hugo quitte la maison. Son beau-père lui a rendu la vie tellement irrespirable qu'il prend le large. Étienne en veut à son père de l'avoir séparé de son grand frère. Une nouvelle dynamique relationnelle se met alors en place dans le trio. Étienne entre dans un violent corps à corps avec son père et exprime à son tour sa relation passionnelle par de la provocation, comme s'il avait compris que Michel ne pouvait ressentir son attachement qu'à travers le reproche et l'insatisfaction. Incapable de vivre un lien affectif avec sécurité ou tranquillité, Étienne se livre, à l'image de son père, au tumulte de l'agression et du ressentiment. Il multiplie les bêtises, ne fait plus grand-chose à l'école et commence à fréquenter les pires voyous de son collège, ce qui met Michel hors de lui. Cette lutte passionnelle se passe désormais entre le père et le fils et non plus entre les deux parents, de sorte que Françoise se transforme de plus en plus en havre de sécurité où le fils se protège du père.

La situation familiale se stabilise sur ce mode-là. Ce qui nous frappe quand nous les recevons, c'est la manière dont Michel détruit petit à petit son fils, de manière presque caricaturale et, bien sûr, à son insu. Il ne peut en dire que des choses négatives. Il se vit comme celui qui va sauver son fils de tous les risques auxquels il est exposé. Il reproche à sa femme d'être trop conciliante, de trop le couver et le materner et même de monter son propre fils contre lui. Il a le sentiment de devoir se battre sans arrêt pour préserver sa relation avec son enfant, et Dieu sait que c'est difficile puisque c'est un enfant qui a des problèmes ! Françoise prend la parole : *« Vous voyez comment il est ! Il ne parle que de son fils toute la journée. Il va rendre cet enfant fou. Je suis obligée d'être constamment là pour surveiller ce qui se passe et pour consoler mon fils. »* Tout cela tourne en rond et ligote de plus en plus l'enfant dans un système dangereux. C'est à ce moment-là qu'il fait sa tentative de suicide en avalant les tranquillisants de sa mère.

Michel a toujours entretenu le mystère sur son passé. Quand son fils lui pose des questions, il répond de manière évasive : il n'a pas envie d'en parler, ce n'est pas intéressant. Sa femme a vite remarqué qu'il ne voulait pas aborder le sujet. Au cours de la séance suivante, nous essayons tranquillement de l'interroger là-dessus et de vaincre ses résistances. Nous apprenons alors une histoire stupéfiante.

Michel est issu d'une famille juive polonaise. Au début de la guerre, ses parents ont fui la Pologne avec son frère et lui afin de venir se réfugier en France. Pour une raison mal définie, ils ont confié leurs deux fils à une famille d'accueil dans le sud de la France, à la campagne, et sont partis à Limoges en se séparant de leurs enfants pour essayer de survivre. Michel avait trois ou quatre ans à l'époque. Il s'est retrouvé totalement coupé de ses parents dont il n'a reçu aucune nouvelle pendant trois ans. Il a été élevé par cette famille d'accueil qui lui a donné un patronyme français et il a été obligé d'effacer en lui toute référence à ses parents. Après la guerre, ses parents sont revenus le chercher et la famille s'est reconstituée. Mais le père avait été détruit par toute cette histoire. Michel, qui avait tant attendu et idéalisé ses parents, n'est pas parvenu à renouer avec lui le lien qui avait été suspendu. En réintégrant sa famille biologique, il n'a jamais retrouvé avec ses parents la chaleur des liens forgés avec sa famille d'accueil. On peut imaginer que ses parents, trop traumatisés par la guerre, n'aient pas été capables de créer une relation d'intimité avec leurs enfants.

Nous demandons à Michel : « *Vos parents n'avaient*

pas de frères et sœurs ? » Il nous répond que sa mère avait onze frères et sœurs, son père dix. Tous ont été déportés et exterminés dans les camps de concentration. Nous nous tournons alors vers Étienne :

« Tu vois, il y avait quelque chose qui nous frappait et que nous comprenions mal. Ton père est très isolé pendant les séances et, même en famille, il a toujours l'air d'être tout seul, alors que ta mère a son fils, sa mère, son frère dont elle parle beaucoup. On sent vivre une famille très chaleureuse autour de ta mère, alors qu'on sent que ton père est très seul. Est-ce que tu te rends compte que si tous ces gens avaient survécu, il y aurait une foule dans cette pièce ? Imagine le nombre de personnes qu'il y aurait. Les onze frères et sœurs de ta grand-mère et les dix frères et sœurs de ton grand-père se seraient mariés et auraient eu des enfants. Il y aurait eu au moins deux cents ou trois cents personnes dans cette pièce qui auraient été tes cousins. »

Est-ce la figuration d'une destruction massive, est-ce le sentiment de cette foule qui a disparu ? Michel se met à sangloter et s'effondre. L'enfant n'était au courant de rien. Françoise ne connaissait que quelques bribes de ce passé, jamais raconté, comme c'est très souvent le cas dans ce genre de situation. Étienne n'avait jamais imaginé voir son père exprimer autant d'émotion. Les sanglots de Michel font basculer la représentation que son fils avait de lui.

Il n'est pas question ici de raconter un conte de fées ni de prétendre que, tout à coup, à la suite de cette séance, Michel est devenu attentif. Il n'y a pas eu de miracle, mais, incontestablement, on a pu avancer d'un petit pas. Étienne a pu se « décoller » un peu de son père et Françoise s'est montrée moins systématiquement accusatrice à l'égard de son mari.

Cette libération émotionnelle chez le père a libéré le fils d'une emprise dont ni l'un ni l'autre n'avaient conscience. Comment ? En permettant au fils de créer des liens. Pouvoir créer des liens permet aussi de pouvoir s'en dégager. On sait bien que deux personnes qui partagent un secret sont liées par ce secret. Mais si l'une des deux en parle, le lien se distend. Le secret devient étouffant si, à l'inverse, la famille ignore son contenu et ne perçoit que l'émotion qui s'y rattache.

Éloge du conflit

On assimile souvent le conflit à une dispute et à une violence. Toute la journée, nous sommes soumis à des conflits d'intérêt et à une certaine forme de violence sociale qui nous épuise, et nous refusons d'admettre la violence structurante des rapports familiaux. Remplis de l'image idéale de la famille parfaite, nous avons tous une horreur quasi viscérale des conflits. Or, même si nous les désignons d'un même mot, il est impossible de mettre sur le même plan une guerre, une grève, une altercation pour un rendez-vous raté, une dispute à cause d'une chambre en bazar et les conflits psychologiques qui nous animent et nous structurent.

Dans les années 1960, le rejet de la violence et du conflit s'exprimait par un mot d'ordre : « *Peace and love* ». La génération des hippies contestait ainsi la société tout entière et ses valeurs. Mais les bobos d'aujourd'hui ont remplacé les babas et appliqué ce mot d'ordre à la famille.

Entre le conflit et la violence, il y a un pas : celui qui permet de reconnaître l'autre. Dans le conflit, on s'oppose à un autre au nom d'une relation que l'on souhaite faire évoluer. Dire à quelqu'un que l'on n'est pas d'accord avec lui, c'est d'abord le reconnaître comme différent de soi. La violence, au contraire, est le refus de l'altérité. En famille comme ailleurs, la violence consiste à imposer par la force un point de vue, une manière de faire ou de penser. Coups, insultes, portes qui claquent, passages à l'acte et incestes en sont la concrétisation. La violence naît surtout lorsque l'on est dépossédé de son territoire par une intrusion qui abolit les frontières.

La famille est par essence un lieu de conflit. Elle écartèle en permanence chacun de ses membres entre les intérêts individuels et l'intérêt collectif. Ce qui me fait du bien n'est pas forcément bon pour ma famille. Mes objectifs personnels ne vont pas nécessairement dans le sens de l'intérêt familial. Les aspirations des uns sont souvent contradictoires avec celles des autres et du clan familial.

« Mets un pull, j'ai froid. » Toutes les mères ont prononcé un jour cette petite phrase anodine qui peut se transformer en violence familière lorsqu'elle est trop souvent répétée et qu'elle correspond à une manière de penser et de ressentir à la place de l'autre. Mais n'accusons pas les mères de tous les maux. Ni ces petites phrases que nous avons tous et toutes dites et répétées. En effet, dans les familles très enchevêtrées, ces petites phrases ne deviennent assassines que lorsqu'elles révèlent un mode de fonctionnement qui ligote, enserre et empêche de se différencier.

« Où vas-tu ? » « À quoi penses-tu ? » « Tu es sûr de ne pas avoir oublié tes clés ? » On peut tout autant souffrir

d'être trop sollicité, englouti dans l'univers affectif et psychique d'un autre, que d'être solitaire et mal aimé.

Plus une famille est enchevêtrée, plus elle fonctionne sur un mode indifférencié, plus elle génère de la violence. Les familles les plus violentes sont celles où il n'y a plus de différence des générations repérable. La violence naît quand il n'y a pas de hiérarchie claire entre les générations.

Une réflexion de Roland, dix-huit ans, à son père illustre ce qu'engendre la confusion des générations au sein d'une famille. Les parents de Roland sont séparés et, avec sa sœur de seize ans, il vit en alternance chez l'un et chez l'autre. Le père de Roland s'est installé avec une jeune femme qui a quinze ans de moins que lui. Au moment où il quitte son fils, celui-ci lui balance : *« Tu vas encore aller tirer ta poufiasse ? »*

La violence est inhérente à la remarque de Roland et à sa formulation, mais aussi à ce qu'elle laisse entendre de la manière dont il se représente les relations affectives. L'inélégance du propos ne doit pas masquer ce qu'il exprime. Roland aurait pu dire : *« Tu vas encore aller t'éclater avec ta copine ? »* Cela n'aurait rien changé. Qu'un enfant parle sur ce ton à son père de sa vie privée est un signal d'alarme qui doit être interprété comme tel. Pourquoi s'autorise-t-il ce genre d'intrusion dans la vie privée de son père ?

Quand l'aller-retour entre soi et l'autre devient impossible, quand les territoires des uns sont étroitement intriqués avec ceux des autres, quand on est en plein magma, la violence se déchaîne.

De l'utilité des conflits

Annette et Gilles, tous deux enseignants, viennent consulter avec leurs deux enfants, Léo, quinze ans, et Julia, quatorze ans, parce que Léo est très brutal et violent avec Julia. Les parents ne parviennent pas à le calmer. C'est une famille très ouverte dans laquelle on se parle beaucoup, où l'on privilégie les liens et les activités communes. Gilles sollicite son fils pour qu'ils aient ensemble des activités masculines, il aimerait bien aller à la pêche avec lui, mais Léo tient des propos qui les désespère : *« Je serais tellement mieux si je n'avais pas de sœur. Je la hais. J'ai envie qu'elle soit morte. »*

Cette violence inquiète d'autant plus ses parents que Léo est un garçon plutôt solitaire qui a peu de copains. Ses résultats scolaires ne sont pas bons et il alterne avec ses camarades des comportements d'agressivité et de soumission qui font de lui un bouc émissaire idéal. Lorsqu'il était plus jeune, son instituteur atterré avait ainsi convoqué ses parents pour signaler qu'il l'avait retrouvé accroché au portemanteau de la classe... Les parents se présentent comme un couple très uni, très solidaire. Dans cette famille, le comportement de Léo apparaît très insolite et il est extrêmement difficile de le rattacher à une carence du côté des parents, à un conflit qui ne pourrait pas s'exprimer ailleurs. Cette exacerbation de la haine qu'il semble vouer à sa sœur est très spectaculaire. On a vraiment l'impression qu'il ne la lâche pas, qu'il est toujours sur son dos et qu'il pourrait presque devenir dangereux. Quant à Julia, elle semble relativement galvanisée par cette rivalité. Elle a de la repartie et de la personnalité et ne se laisse pas faire, ce qui rend les bagarres très intenses entre les deux adolescents.

La situation s'éclaire au cours de la deuxième séance où nous commençons à parler des générations précédentes. Une grand-mère maternelle très intrusive fait son apparition. Mère d'Annette et de son frère aîné, cette aïeule a toujours voulu régenter le monde. Les conflits entre le fils aîné et sa mère étaient d'une telle violence qu'un beau jour le fils a définitivement coupé les ponts avec sa mère. Aujourd'hui encore, Annette passe son temps à essayer de poser des frontières et des limites entre elle et sa mère, tout en s'efforçant de ne pas rompre les relations, malgré l'envie qu'elle peut en avoir.

Gilles ne supporte pas sa belle-mère. En effet, il vient d'une famille nombreuse dans laquelle les liens avec les parents sont plus distants et distendus. C'est un peu chacun pour soi, on se débrouille, les parents travaillent beaucoup, la solidarité est faible. Les enfants devenus adultes se voient rarement et voient peu leurs parents, sauf pour des occasions assez formelles. Gilles est un homme paisible qui n'a visiblement aucune envie d'affronter les conflits. On sent que cette belle-mère suscite en lui une colère rentrée qu'il ne peut pas exprimer. Il y a un conflit de couple latent autour de la place que prend cette belle-mère dans la vie familiale. Ni lui ni elle ne peuvent, du fait de leur éducation, exprimer ouvertement les désaccords qui les séparent. Ils ne peuvent se présenter que comme un couple parfaitement uni. Les désaccords paraissent d'ailleurs rares entre eux, sauf peut-être ceux qui touchent ces mouvements beaucoup plus profonds d'amour-haine. Gilles perçoit ce conflit intérieur chez Annette, cette relation extrêmement intense et passionnelle, très ambivalente qui la relie à sa mère, mais il semble que ce conflit n'a pas sa place à l'intérieur du couple. Il faut qu'il reste en dehors. Le couple ne peut pas contenir ces mouvements ambivalents. C'eût été possible si leur couple avait été passionnel, mais ce n'est pas le cas. Annette ne peut donc exprimer qu'avec sa mère la passion qu'elle ressent, l'amour et la haine qu'elle éprouve.

Plusieurs éléments se jouent certainement dans la relation fraternelle entre Léo et Julia. Ils ne reproduisent visiblement pas le modèle très idéalisé de la relation que leur mère entretenait avec son propre frère aîné, avec lequel elle n'a jamais été en conflit. Au contraire, ils se protégeaient l'un l'autre de la violence et de l'intrusion maternelles. On peut considérer que Léo signifie ainsi à sa mère qu'il n'est pas son frère aîné et qu'il ne veut pas l'être. Mais on peut surtout voir que Léo joue avec sa sœur un conflit qui ne peut pas s'exprimer entre ses parents.

Il y a donc peut-être une autre dimension dans la relation fraternelle que celle qui tourne autour de la rivalité à l'égard des parents. Nous avons vu que les liens fraternels se développent aussi en miroir par rapport à ceux du couple parental, ils leur ressemblent. Lorsque des parents ne peuvent pas formuler leurs désaccords ou leurs conflits, ce sont les enfants qui les reprennent à leur compte entre eux et les mettent en scène pour les exprimer à la place des parents.

Tous les frères et sœurs oscillent entre ces deux pôles. En général, la solidarité l'emporte, à plus forte raison quand les parents se disputent beaucoup : leurs enfants ont alors tendance à faire bloc et à nouer des liens de solidarité plus que de rivalité. Mais quand le couple parental repose sur un faux consensus et des conflits qui ne s'exprimept pas, les frères et sœurs reprennent ces conflits entre eux. Rien ne sert, finalement, de nier ou de vouloir gommer les conflits car ils ressortent toujours sous une forme ou une autre.

Lorsque l'autorité paternelle a disparu au profit de l'autorité parentale partagée, l'enfant s'est trouvé plus que jamais confronté à une relation par essence conflictuelle. Si le couple, cette troisième instance après le père et la mère, est traversé par des conflits qui ne s'expriment pas et ne peuvent être « digérés », ce sont souvent les frères et sœurs qui les intègrent, les hébergent à la place de leurs parents et finissent par les mettre en acte. Je vous l'avais bien dit : la vie familiale n'est jamais un long fleuve tranquille.

8

La place du père : éloge du partage

Dans son essai, *Big Mother*[1], Michel Schneider interroge la société tout entière : où sont les pères ? Est-ce la fin de la référence paternelle et de l'ordre symbolique ? Et le psychanalyste de comparer la France et ses hommes politiques à la famille, atteinte de la maladie des « nouveaux pères », remplis de compassion et d'amour, qui ne font que jouer à la mère. Quant au pédiatre Aldo Naouri, il somme dans *Les Pères et les Mères*[2] les nouveaux pères de revenir à leur place historique, accusant la confusion des rôles parentaux de tous les maux des enfants. La cause est désormais entendue : les hommes sont devenus des femmes *bis* et une bonne partie des difficultés de la famille contemporaine s'explique par cette mutation.

Il me semble que la réalité est tout autre : loin d'être dangereuse, la nouvelle fluidité des rôles entre pères et mères est non seulement une réalité qu'il faut accepter mais un enrichissement pour l'enfant et la famille. Pourquoi un père qui adore embrasser son enfant, qui lui donne le biberon et aide sa femme serait-il plus dangereux qu'un père qui passe sa vie à son bureau ?

Commençons par cette banalité : depuis un demi-siècle, le rôle et la place du père et de la mère dans la famille sont en profonde mutation. Il n'est pas si facile d'être père aujourd'hui, nous l'observons chaque jour dans nos consultations, encombrées de pères qui ne savent pas quelle place occuper sur l'échiquier familial, de pères remis en question par l'ensemble de la famille, de pères qui s'interrogent sous l'œil de plus en plus critique d'une société qui peine à les définir. Trop autoritaires, ils écrasent la créativité de leur enfant ; trop proches psychiquement et corporellement, ils ne sont qu'un double de la mère, elle aussi accusée de ne plus remplir sa mission ; trop absorbés par leur travail, ils sont absents ; trop présents, ils sont étouffants.

L'importance psychologique du père a longtemps été considérée comme secondaire : son rôle venait après celui de la mère, servant surtout à la séparer du bébé et à énoncer la loi, notamment l'interdiction de l'inceste. Dans cette logique, c'était essentiellement la mère qui, confondue avec sa fonction maternelle, était la principale responsable du développement harmonieux de l'enfant. Et la principale coupable de ses problèmes.

L'image de la bonne mère est relativement simple et nous avons tous plus ou moins la même en tête : celle qui porte, nourrit, protège et console. À l'opposé, la mauvaise mère est celle qui frappe et abandonne. L'unique brouillage tient à l'actualité des femmes, qui veulent à la fois travailler et être mères. La société prend en compte ce double rôle et s'efforce de trouver des solutions : crèches, écoles maternelles ouvertes aux enfants de moins de trois ans. Et les femmes se retrouvent sans problème dans une double identification au groupe des femmes et au groupe des mères.

De même, les débats sur la place des femmes et des mères dans la société (comme par exemple la parité) passionnent le public, tandis que les interrogations des pères, dont la place est pourtant en pleine transformation, n'ont jamais donné lieu au moindre débat public. Où est cette place ? Bien sûr, les psys s'y intéressent – et même passionnément –, les sociologues tentent de la cerner, les journalistes de la presse parentale et féminine en font des sujets, mais ce thème reste absent du débat politique. Qui sait comment les hommes et les pères concilient leurs deux vies ? Cette absence de représentation publique de la paternité ne contribue pas à faire évoluer les stéréotypes. Certes, la paternité est valorisée, certes il est de bon ton de présenter ses enfants au public lorsque l'on exerce des responsabilités politiques ou, pour les stars et les people, de se laisser photographier un bébé sur le ventre dans un kangourou. Mais ces photos ne donnent aucune clé sur ce que signifie être père, si ce n'est que c'est « bien » d'avoir des enfants et de s'en occuper. La relation entre un homme et ses enfants et ce que le père représente pour eux continuent à se jouer derrière les portes closes de la famille et sous l'œil critique des « spécialistes ».

Trois pères et un couffin

Avant de réfléchir à la place des nouveaux pères, il vous faut savoir comment se définit un père traditionnel. Et apprendre que, pour les sociologues comme pour les psys, la fonction paternelle est encore plus complexe que dans la vie. La sociologie distingue trois pères : le père biologique qui transmet les spermatozoïdes et une partie du patrimoine génétique ; le père légal, qui reconnaît l'enfant et lui transmet son nom ; et le père psychologique, qui l'élève, l'éduque et lui transmet son amour et sa culture.

Cette typologie sociale du père recouvre en partie les modèles du père tels que les conçoit la psychanalyse, qui parle elle aussi de trois pères : le père réel, imaginaire et symbolique. Le père imaginaire est un fruit de notre imagination qui, pour « créer » un père, fait appel aux images, aux représentations, aux récits et aux contes, à la place qu'occupe le père dans la société. Chaque enfant construit en effet un roman familial, et rêve sur son histoire et ses origines, ce qui lui permet de se « venger » – psychiquement – de parents trop frustrants ou de régler sa rivalité avec ses frères et sœurs. Sans entrer dans les débats sur la question du père, qui font rage au sein des différentes écoles de la psychanalyse contemporaine, il vous suffit de savoir que le père symbolique est le fruit hybride de la vie intérieure et de la réalité. L'enfant s'identifie à ce père qui, à l'adolescence, en vient à cristalliser autant d'amour que de haine et doit tenter d'endiguer sans vaciller le poids de tant d'amour et les assauts de cette haine absolue.

L'instauration de l'autorité conjointe, en délogeant partiellement le père de sa place, a transformé l'autorité incarnée par une unique personne en une « fonction d'autorité » exercée par deux parents. La fonction paternelle s'est ainsi décollée du personnage du père pour devenir une fonction familiale. Se penchent donc aujourd'hui sur les berceaux de nos charmants bambins des pères et des mères, des papas et des mamans, des fonctions paternelles et des fonctions maternelles... et il s'agit de ne pas confondre un individu avec sa fonction !

Au-delà des modifications de l'autorité que nous avons évoquées, une véritable révolution biologique et sociale est venue, en une seule génération, bouleverser la conception classique de la paternité où les fonctions de père biologique, de père nourricier et de père légal ne sont plus systématiquement incarnées par le même homme. Les progrès de la biologie – la certitude de repérer le donneur de gamètes – ont reporté la paternité sur le père biologique, tandis que plusieurs hommes occupant le rôle de père peuvent se succéder ou coexister dans la vie de l'enfant. Cette nouvelle complexité montre une fois de plus que la « pluriparentalité », terme abstrait qui recouvre une réalité difficile, n'est pas simple à vivre, ni psychiquement ni socialement.

Je vous l'ai expliqué : Œdipe et son triangle, sur lequel repose toute l'architecture de la psychanalyse, restent plus que jamais d'actualité. Mais je vous ai également dit que la vision classique du père comme un troisième larron venant séparer la mère et le bébé de leur relation délicieuse et enseigner les limites au bébé, me semble un peu dépassée.

Il est grand temps d'admettre enfin que le père, comme la mère, est capable de fusion avec les enfants et que la mère, comme le père, aide à la différenciation. Est-ce par nostalgie ? On fige trop souvent le père et la mère dans des rôles archétypaux où plus personne ne peut se reconnaître aujourd'hui ; d'où cette image normative et rétrograde de ce que *doit* être un père et de ce que *doit* être une mère.

La vulgarisation de la psy et celle du complexe d'Œdipe ont dessiné une image d'Épinal très caricaturale. Tout le monde pense savoir désormais qu'à un certain âge le petit garçon est amoureux de maman ; le papa les sépare en mettant l'autorité et les limites. Mais on oublie qu'il ne s'agit que de fonctions.

La différence des sexes s'amenuise, mais évidemment elle ne disparaît pas et ne disparaîtra jamais. Il y aura toujours des hommes et des femmes même s'ils assument des fonctions de moins en moins différenciées. Un père qui va chercher son bébé à la crèche ne se transforme pas en femme ! Dans les familles recomposées, on commence à admettre qu'il y a une place pour le père biologique et une autre pour le compagnon de la mère. Mais nous sommes si habitués à penser « la place du père » au singulier, que nous avons du mal à comprendre que chaque adulte impliqué puisse parfaitement partager une même place dans la vie de famille et donc dans la vie d'un enfant.

Au cours d'un voyage familial au Tibet, nous avons campé une nuit dans la maison d'un homme âgé, ancien directeur de l'école du village. Dans cette maison modeste, un jeune père s'occupait d'un nourrisson comme une mère. Il lui donnait le biberon, le changeait, l'embrassait, le câlinait et le tenait serré dans ses bras alors que ce n'est pas du tout l'usage au Tibet. Peu de temps après, la mère, qui était la fille de notre hôte, est arrivée. Son comportement était très étrange : elle riait sans raison, tournait autour de nous en nous regardant comme une folle. Elle m'a semblé schizophrène et n'avait manifestement pas toute sa raison. Le jeune homme avait donc perçu que sa femme ne pouvait pas s'occuper de son enfant et il était devenu la « mère » de cet enfant. Dans une région où hommes et femmes sont très séparés, où la culture n'est pas du tout celle des nouveaux pères, ce jeune père avait développé tous les gestes et les habitudes d'une mère.

Un enfant transforme ceux qui l'ont conçu en parents. C'est ce qu'on nomme du nom barbare de « parentalité ». On s'est longtemps intéressé au pouvoir que le nourrisson – baptisé du nom non moins barbare de « maternalité » – avait de transformer une femme en mère et d'ouvrir en elle des qualités psychiques d'accueil et de compréhension.

Le concept de paternalité, différent bien sûr du précédent, est apparu plus récemment. Mais plus les pères prennent en charge les soins corporels du petit enfant, plus ils développent des dons analogues à ceux des mères et plus la paternalité et la maternalité s'entrecroisent.

L'émergence de cette notion de paternalité se produit à un moment où la société se démocratise et où hommes et femmes tendent – ou du moins aspirent – à l'égalité. Elle est aussi contemporaine du mouvement qui pousse les femmes et les hommes vers la « chaleur du foyer » et le désir de bonheur partagé avec leurs enfants. Ce sont les enfants qui transforment les pères et leur permettent de développer des qualités maternelles. Dans les faits, les rôles et les fonctions paternels et maternels se partagent de plus en plus.

Les parents adoptants connaissent bien ce processus de parentalité qui les transforme l'un et l'autre brutalement dès l'arrivée de leur nouvel enfant : il n'y a eu ni grossesse ni accouchement pour faire de la femme une mère. Le père et la mère deviennent parents le même jour, quand ils prennent l'enfant et se retrouvent tous deux dans des rôles un peu équivalents. Quand nous recevons ces familles au moment de l'adolescence houleuse de certains enfants adoptés, nous constatons la difficulté des pères à donner des limites à ces enfants-là. Est-ce parce qu'il n'y a pas eu d'« antériorité » de la mère ? Les parents adoptants ont souvent une vision très proche l'un et l'autre des difficultés de l'enfant. Le père et la mère font bloc, sont d'accord sur tout et, quand ils changent de position par rapport aux enfants, ils le font en même temps. Au contraire de la plupart des familles, où les problèmes avec les adolescents deviennent des sujets d'affrontements entre les deux parents. On peut imaginer qu'en cas d'adoption, la parentalité vient aux deux parents ensemble et en même temps, les transforme de la même façon, ce qui atténue énormément les différences hommes/femmes, et donc pères/mères.

Mais, en même temps, nous conservons nos anciennes représentations de ce que doit être la place du père et de ce que doit être la place de la mère. L'écart entre les faits et les représentations symboliques engendre des conflits intérieurs, parfois insupportables parce qu'ils touchent à l'organisation profonde : une confusion psychique des rôles à laquelle personne n'échappe, que l'on vive dans une famille traditionnelle ou homoparentale. Ces conflits intérieurs, plus ou moins conscients, entraînent évidemment des conflits entre les personnes et ne contribuent pas à la paix et au paradis familial de nos rêves. Nous portons en nous des aspirations modernes qui se frottent à des représentations archaïques.

Quand les pères viennent consulter, il y a toujours un moment où la thérapie familiale se transforme en procès du père. Et, au bout d'un certain nombre de séances, nous nous rendons compte qu'il se sent rarement à la bonne place. Soit il est trop maternel et il a le sentiment de prendre la place de la mère. Soit il est trop autoritaire et il se sent incarner l'archétype paternel totalement coupé de la vie affective de ses enfants. Soit il est trop présent, soit il est trop absent. Il est écartelé entre sa fonction symbolique (le père qui sépare, incarne la loi et l'autorité, transmet son nom) et la réalité de son rôle contemporain (le père qui donne le biberon, change les couches, fait des câlins, porte son bébé en kangourou).

De leur côté, les mères reprochent aux pères de ne pas être à la bonne place, mais ont du mal à définir cette place. Elles les accusent de ne pas fixer de limites, de ne pas intervenir pour mettre fin aux conflits, bref, de ne pas jouer le rôle de séparateur. Pourquoi ces accusations en porte-à-faux avec leur vision égalitariste des hommes et des femmes ? Les mères souffrent aussi de cet écartèlement des représentations, entre le père-autorité et le père-tendresse, entre le stéréotype et la réalité.

La nouvelle fonction paternelle

Sylvain vient consulter avec ses deux fils âgés de quatorze et onze ans. Il se dit dépassé par l'adolescence de son aîné qui n'en fait qu'à sa tête, ne veut plus aller au collège et fréquente des petits voyous. La mère des enfants est morte en mettant au monde le cadet et Sylvain élève tout seul ses deux enfants. Il a les mêmes mots et les mêmes gestes que les femmes qui élèvent seules leur enfant : « *Il* m'*a fait une rougeole, il* m'*a encore fait une insomnie.* » Au-delà du deuil de la mère qui pèse évidemment très lourd, l'incapacité de Sylvain à se décoller de ses enfants est très nette. Au cours de la première séance, nous apprenons qu'il héberge dans son pavillon de banlieue son jeune frère étudiant de vingt-cinq ans (Sylvain en a trente-cinq). Nous demandons que ce jeune frère vienne à la séance suivante. Je me rends alors compte qu'il remplit une fonction paternelle par rapport au « couple » de Sylvain et de son fils aîné : il fait l'intermédiaire entre eux et essaie de pacifier leur relation. Une grande partie du travail que nous avons accompli ensemble a consisté à revenir sur le deuil de cette mère, trop douloureux pour qu'ils l'évoquent entre eux. Il fallait les aider à en parler et le jeune oncle s'est avéré une aide très précieuse. Je l'ai soutenu dans ce rôle paternel qu'il était un peu gêné d'occuper alors que, logiquement, Sylvain aurait dû le protéger et non l'inverse. Il assumait une fonction paternelle sans avoir pris un quelconque pouvoir ni tenté de se substituer au père. Sa présence a aidé Sylvain à se décoller de ses deux garçons.

La fonction paternelle est ce qui permet à la fois d'introduire un écart, une distance entre un adulte et un enfant et de contenir la relation que cet adulte a avec cet enfant. Elle s'exerce ainsi chaque fois qu'un parent – ou une autre personne comme dans l'exemple précédent – soutient l'autre dans son rôle de parent. Cela n'a donc rien à voir avec la différence des sexes. Qui niera que toutes les mères interviennent comme les pères dans l'éducation de leurs enfants ? Qu'il n'y a pas des moments où une mère, voyant son compagnon collé à sa fille prépubère sur le canapé, gloussant et lui racontant des histoires, intervient, agacée : *« Arrêtez, maintenant ça suffit ! »*

Toutes les mères le vivent au quotidien. Mais elles ignorent qu'en agissant ainsi, elles occupent une fonction paternelle : intervenir dans la « dé-fusion » du père avec l'enfant, dans le rappel de la loi, dans la pacification du rapport entre le père et les enfants. Elles mettent en pratique cette fameuse autorité parentale conjointe, inscrite dans la loi et les familles. L'idéal serait que chacun puisse se reconnaître alternativement dans ces fonctions, passer souplement de l'une à l'autre sans se sentir dépossédé par l'autre à ce moment-là, mais au contraire en se sachant soutenu. Bref, sans avoir le sentiment d'une confusion des sexes.

À la lumière de ces explications, on peut définir une fonction paternelle contemporaine, présente à l'intérieur de chaque parent et différente selon l'âge de l'enfant[3]. Avec le petit enfant, c'est une fonction de soutien, de réparation de la dyade parent/enfant ; à ce stade, la fonction paternelle appuie la fonction maternelle, aide l'enfant à supporter et à calmer ses angoisses, ses peurs, ses turbulences. Si la fonction maternelle peut être figurée par le lien charnel et le souci, la fonction paternelle peut être représentée par la fermeté ; il se constitue alors comme une enveloppe psychique familiale, avec un pôle paternel – solidité, résistance, étanchéité – et un pôle maternel – perméabilité et souplesse.

À la fonction paternelle nourricière et « réparatrice » de la petite enfance succède la fonction séparatrice, qui va concourir à la « dé-fusion » d'avec l'enfant, afin de lui permettre l'autonomie. Si les pères font volontiers sortir leur garçon des jupes de leur mère, c'est souvent aux mères qu'il revient de « décoller » leur adolescente de leur papa, comme aux pères de pacifier la terrible relation mère/fille pour permettre à celle-ci de voler de ses propres ailes.

L'enfant, le couple parent/enfant, le groupe familial tout entier sont à la recherche d'un appui solide, c'est-à-dire de la fonction paternelle, incarnée tantôt par le père, tantôt par la mère. Le blocage des deux parents dans la seule fonction maternelle – dans la tendresse, mais sans solidité – va à l'encontre de celle d'appui et est la source de bien des scènes conflictuelles de la vie quotidienne.

Laura, deux ans, est une enfant tourmentée et tyrannique qui mène une vie infernale à ses parents. Lors du premier entretien, je remarque la tétine que Laura suçote avidement : sa mère essaie à plusieurs reprises de la lui retirer et de la ranger dans son sac (ce qui provoque les hurlements de l'intéressée) alors que le père la lui remet dans la bouche sans hésiter quand elle commence à pleurnicher.

Lorsque nous évoquons leurs positions opposées vis-à-vis de cette sucette, le père déclare qu'il préfère avoir la paix, la mère qu'elle ne supporte pas l'image de cette enfant de deux ans avec une tétine. Un violent conflit conjugal éclate, chacun a le sentiment de ne pas être suffisamment pris en considération : il la trouve trop rigide, elle le trouve laxiste et indifférent. Pendant cette altercation, Laura s'empare d'une poupée, lui donne sa sucette, puis se met alternativement à la gronder et à la consoler.

Laura réagit au conflit de ses parents, qui ont chacun leur idée de l'éducation et n'essaient pas d'« accorder leurs violons » ou d'avoir des rôles complémentaires. Elle est comme aspirée, enchevêtrée dans ce conflit parce que c'est l'apprentissage de la différence qui permet à l'enfant de se constituer un espace et de se détacher du couple parental.

Autrefois, la mère nourrissait, et c'était au père d'assurer la fonction de transmission, transmission d'une histoire, d'un patrimoine, de la Loi, des valeurs, de la morale. Aujourd'hui, les couples doivent construire une histoire commune tant mythique que culturelle, et se mettre d'accord en permanence pour la transmettre à l'enfant. La fonction paternelle du couple consiste *aussi* à savoir ce que l'on va transmettre.

Martine et Claude ou chacun cherche sa place

Martine et Claude forment un couple moderne, plutôt égalitaire. Claude s'occupe beaucoup de ses enfants. Martine raconte avec humour et autodérision comment, un jour, malgré toutes ses belles idées, alors qu'elle était débordée par des enfants en pleine ébullition, elle s'est entendue hurler à Claude : *« Mais enfin, fais quelque chose ! Tu es le père après tout ! »* À ce moment précis, elle rêvait d'un père traditionnel qui mettrait fin au désordre et imposerait sa loi pour la sortir de ce bourbier. Mais, en même temps, cela lui était insupportable : elle avait toujours cru n'avoir besoin de personne pour pouvoir occuper cette place à la fois maternelle et paternelle vis-à-vis de ses enfants. Voilà comment les représentations traditionnelles nous rattrapent et bloquent l'évolution des places et des rôles au sein de la famille.

Certes, il règne désormais un certain flou autour du rôle et de la place de chacun. Mais pourquoi en conclure pour autant que les rapports dans la famille se détériorent ? Nous sommes dans une période de mutation et il est certainement plus intéressant de s'interroger sur la manière de résoudre les conflits afin d'aboutir à d'autres formes de relations hommes-femmes, pères-mères, parents-enfants, plutôt que de rester dans la nostalgie d'un passé aux places soigneusement délimitées. Tout le monde cherche aujourd'hui la bonne place. Et la fonction paternelle ne demande qu'à se partager.

Ce n'est pas nouveau. Dans le film de Minnelli, *Le Père de la mariée*, Spencer Tracy et Joan Bennett incarnent les parents d'une Liz Taylor de dix-huit ans qui sort le soir pour la première fois. Dans cette scène culte des années 1950, on voit les parents chacun dans son lit jumeau et son pyjama fermé jusqu'au cou (à l'époque, on ne montrait pas la sexualité, pas même à travers un lit double). Il est minuit et demi et la jeune fille n'est toujours pas rentrée. Le père ronfle tranquillement dans son lit tandis que la mère fait les cent pas dans la chambre, regarde par la fenêtre, allume une cigarette, puis une autre. Une heure du matin sonne, et toujours pas de Liz Taylor. La mère se précipite alors sur le père et le secoue : *« Tu ne te rends pas compte ! Elle n'est pas rentrée, je suis folle d'inquiétude ! »* Spencer Tracy se lève, commence à s'agiter à son tour, descend au rez-de-chaussée, remonte, regarde par la fenêtre. La scène suivante montre la mère couchée dans son lit, ronflant comme une bienheureuse tandis que le père guette le retour de sa fille. Elle a passé le flambeau.

Cette scène illustre l'exacte transition entre l'autorité paternelle et l'autorité conjointe. Elle montre la complexité de la place de l'un et de l'autre : même dans les années 1950, les émotions et les sentiments vis-à-vis d'un enfant ne sont plus exclusivement portés par la mère, traditionnellement considérée comme inquiète par nature. Ils existent à l'intérieur du couple et vont et viennent entre l'un et l'autre. Cette scène du film révèle à la fois le conflit de place mais aussi le jeu de passe-passe émotionnel qui sous-tend ce conflit. Doivent-ils être angoissés ensemble ? séparément ? à tour de rôle ?

C'est tout le problème des parents dans les familles monoparentales : ils n'ont personne à qui transmettre cette angoisse.

Où est le père ?

Même si l'autorité parentale appartient à la relation conjugale, on cherche toujours un coupable à ce qui ne va pas ; aujourd'hui, le coupable idéal et désigné d'avance, c'est toujours le père ! Qu'on s'en prenne au président de la République ou au Premier ministre, c'est au père symbolique que l'on s'attaque. La fonction paternelle est sur la sellette. Comme il est très difficile de dissocier intellectuellement la fonction paternelle du « papa » et de l'homme, c'est l'homme qui est mis en accusation et non sa fonction.

Mais la fonction paternelle appartient désormais à tout adulte qui peut apporter un regard ou une opinion sur ce qui se passe entre un enfant et son parent, sans que ce soit vécu comme une intrusion.

Christine et Jérôme viennent consulter avec leurs trois enfants, Julia, dix-huit ans, Céline, seize ans, et Benjamin, onze ans. Céline, qui ressemble étrangement à sa mère, fait une crise d'adolescence particulièrement difficile. Elle est insolente, grossière, très excitée et manifeste une grande hostilité à l'égard de sa mère. Elle lui reproche de la placer sous haute surveillance, d'être trop intrusive, de fouiller dans ses affaires, de lire son courrier. Christine se justifie : si elle fouille les affaires de Céline, c'est parce que celle-ci a déjà fait des fugues et Christine redoute qu'elle ne se drogue. La fille aînée, Julia, n'a pas de problèmes de comportement apparents mais dégage néanmoins une certaine fragilité. Sans être anorexique, elle exerce un contrôle assez rigide sur ce qu'elle mange. Elle donne d'ailleurs l'impression de tout contrôler : son poids aussi bien que ce qui se passe dans la famille. Elle donne un avis sur tout et se comporte davantage comme une ancêtre que comme une jeune fille de dix-huit ans. Quant au petit frère, Benjamin, il semble s'abstraire sans difficulté des disputes familiales.

Au cours de la première séance, la mère et la fille s'affrontent. Julia tente d'intervenir, un peu à la manière d'un père « classique ». Jusqu'au moment où Jérôme dit : *« C'est exactement ce qui se passe à la maison. Par exemple, dès qu'on se met à table, j'ai l'impression que ma femme cherche le conflit avec Céline mais ne s'en rend pas compte. Si j'essaie de le lui dire, elle ne le supporte pas et me fait des reproches : je n'interviens jamais quand il faut, je ne sais pas prendre ma place de père. Elle m'accuse d'être beaucoup trop permissif et de laisser Céline faire ce qu'elle veut. Elle voudrait que je sois plus autoritaire avec Céline et que je la cadre. »*

Jérôme explique la paralysie qu'il éprouve dans ces situations : *« Je pourrais intervenir de façon autoritaire, envoyer Céline dans sa chambre, par exemple, mais je me sentirais injuste parce que je me sens plus de son côté que du côté de Christine. Je pourrais également dire à Christine que c'est elle qui cherche Céline, mais je pense que je ne rendrais pas service à Céline parce que, en lui donnant raison, je me mettrais dans une place d'allié vis-à-vis d'elle. Et quand je leur dis à toutes deux d'arrêter, ça ne marche jamais. »*

Jérôme ne peut donc intervenir ni d'un côté ni de l'autre. Il laisse vacante une place dans laquelle s'engouffre Julia, ce qui crée un conflit entre les deux sœurs. Il est beaucoup plus à l'aise dans la relation à deux. Quand il est seul avec Christine ou avec Céline, il arrive à leur faire entendre raison, mais dès que la relation dépasse la dyade, il se retrouve totalement coincé.

L'attitude de Céline qui, d'une certaine manière, fait monter les enchères pose très clairement la question de la fonction paternelle dans la famille. En fait, cette fonction est occupée un peu par tout le monde et par personne. Elle est incarnée à sa façon par Christine puisque c'est elle qui est au premier rang des interdictions, des vérifications et qui cherche à donner un cadre. Elle est portée par Julia et la rigidité de ses jugements à l'emporte-pièce. Elle est aussi assumée en partie par Jérôme qui n'est pas démissionnaire mais réfléchit et crée une relation de confiance avec Céline quand il est seul avec elle.

Céline apprécie cette relation avec son père. Elle reconnaît que lorsqu'elle parle avec lui, cela la calme et la dissuade de faire des bêtises, mais elle ajoute : *« Quand je suis avec ma mère, j'ai l'impression de devenir folle. C'est plus fort que moi, j'ai l'impression qu'il faut qu'on se dispute. J'en arrive à penser que je ne peux plus la voir et que je la hais alors que je sais pertinemment que ce n'est pas vrai, mais je ne peux pas m'en empêcher, cela me prend comme une crise. Il faut que je m'engueule avec elle. »*

Benjamin, le petit frère, se sent proche de cette sœur-là avec laquelle il se chamaille. Alors que Céline se bat pour sortir le soir, pour aller en boîte, ses bagarres avec son petit frère la ramènent à sa place de petite fille. Quand ils sont ensemble tous les deux, elle redevient une enfant. D'une certaine manière, Benjamin aussi assume une part de la fonction paternelle puisqu'il permet à Céline de reprendre une place d'enfant.

Jérôme présente toutes les aptitudes pour être un père au sens classique du terme, mais il ne peut pas l'être parce qu'un conflit barre l'accès à la fonction paternelle. Ce conflit ouvert entre la mère et la fille semble masquer d'autres désaccords plus souterrains. Il est le « conflit désigné » qui déplace notamment le conflit conjugal. Il semble évident que la situation ne pourra pas évoluer tant que nous ne l'aurons pas mis au jour.

Comme tous les pères, Jérôme est arrivé en consultation en se remettant en question. Comme beaucoup de mères, Christine l'a accusé de ne pas suffisamment intervenir, tout en se rendant compte qu'elle n'arrivait pas à le laisser faire. Chacun est pris dans ses ambivalences intérieures et les choses ne sont jamais aussi simples ou simplistes qu'on aurait envie de le croire. On pourrait analyser rapidement la situation de cette famille en invoquant un déficit d'autorité paternelle. Or ce n'est pas le cas. Jérôme est un père qui réfléchit, qui est reconnu par tout le monde dans sa place de père. Christine sait être très maternelle auprès de tous ses enfants, même de Céline lorsqu'elles ne sont pas en train de se disputer. Elle sait faire des câlins et occuper une fonction paternelle mais il y a des moments où tout dérape. Plus personne ne réussit alors à intervenir de façon adéquate dans une relation à ce point enchevêtrée, où la mère et la fille donnent l'impression qu'elles seraient capables de s'entretuer pour avoir raison.

Une mère trop parfaite

En avançant dans la thérapie, nous apprenons l'histoire de Christine. Nous découvrons qu'elle était fille unique et entretenait une relation très forte avec sa mère, une femme merveilleuse pour laquelle, dit-elle, elle n'avait aucun secret. Elle adorait également son père, un homme qui voyageait beaucoup pour son travail. Au cours d'un de ses voyages à l'étranger, ce père adoré est tombé amoureux d'une jeune femme à peine plus âgée que Christine et a quitté assez brutalement sa femme et sa fille. Christine avait à peu près seize ans, soit l'âge de Céline. Quelques semaines après ce départ, la mère de Christine s'est suicidée.

Christine est donc allée vivre chez son père et sa nouvelle compagne. Deux ans après, le père de Christine meurt à son tour d'un infarctus. Christine se retrouve donc totalement orpheline à dix-huit ans, sans problèmes d'argent mais néanmoins seule au monde. Elle raconte avoir mené une vie de bâton de chaise, sur laquelle elle ne donne pas beaucoup de détails, jusqu'à sa rencontre avec Jérôme, originaire d'une famille plus « classique » et sans histoire particulière. Jérôme est un garçon rassurant, carré, affectueux. D'une certaine façon, il la « sauve ».

Elle l'épouse et ils ont trois enfants. Leur vie conjugale et familiale lui donne toute satisfaction jusqu'à l'adolescence de Céline. Ou plutôt Christine dit qu'elle a toujours eu des problèmes avec Céline mais qu'elle n'aurait pas supporté de ne pas renvoyer l'image d'une mère parfaite. Il lui était impossible de faire intervenir son mari dans les difficultés qu'elle a ressenties très tôt avec Céline. Elle le lui demandait mais ne supportait pas qu'il le fasse et sabotait inconsciemment ses interventions.

Pourquoi est-ce Céline qui a cristallisé les difficultés familiales, et pas Julia ou Benjamin ? On ne sait jamais pourquoi un enfant plutôt qu'un autre développe un symptôme qui reflète le dysfonctionnement d'une famille.

En l'occurrence, il est vrai que Céline est physiquement le portrait craché de sa mère. Pendant toute son enfance, elle a entendu : *« C'est incroyable ce qu'elle ressemble à sa mère. »* Il s'est ainsi créé une sorte de lien de filiation directe entre la grand-mère, la mère et la fille.

D'une certaine manière, on peut aussi dire que Céline met en évidence l'impossibilité pour Christine de se séparer de sa propre mère. Elle fait rejouer à Christine la relation fusionnelle que celle-ci entretenait avec sa mère, comme si elle faisait exister le fantôme de cette mère dans l'esprit de sa propre mère. En mettant Christine en échec ainsi qu'elle le fait depuis sa plus tendre enfance, elle la pousse à se référer en permanence à sa propre mère, « parfaite », dont elle n'a pas pu se décoller. Christine ne peut pas se considérer comme une bonne mère : la bonne mère, c'était sa propre mère, morte. Céline bloque ainsi sa mère dans un deuil impossible et Christine se retrouve happée par des émotions, des sensations et des angoisses de deuil, comme si la relation qu'elle entretenait avec cette mère idéalisée se réincarnait dans sa relation avec Céline qui l'empêche de vivre. Christine ne peut se décoller psychiquement ni de l'une ni de l'autre et ne peut donc pas laisser de place au père ni à la fille aînée. Plus rien n'existe que ce « collage » psychique à une mère trop parfaite.

Il aura fallu une dizaine de séances de thérapie pour mettre au jour tous ces mécanismes et comprendre ce qui se jouait dans cette famille. Rappelons que le but de la thérapie n'était pas de restaurer la fonction paternelle de Jérôme, mais de permettre à la relation entre Christine et Céline d'accepter des interventions extérieures, et notamment celle de Jérôme. Pour cela, il fallait comprendre pourquoi la fonction paternelle ne pouvait pas s'exercer.

La thérapie familiale a permis à Christine de prendre conscience de tout un pan de son histoire et de s'en dégager. Céline peut se décoller de sa mère si sa mère peut se décoller de la sienne ; il s'agit de triangulations intrapsychiques, et pas uniquement interpersonnelles.

Où est ton papa, on ne le voit jamais ?

Valérie et Cathy ont deux enfants, Louis et Sarah. Louis, douze ans et demi, est le fils biologique de Valérie, né d'une insémination artificielle avec donneur anonyme pratiquée en Belgique. Sarah est une petite fille de huit ans d'origine cambodgienne, adoptée par Cathy à l'âge de trois mois. Valérie et Cathy sont tombées amoureuses il y a sept ans et vivent ensemble depuis avec leurs deux enfants.

La famille consulte à la demande de l'école : Louis devient agressif, batailleur, insolent. Ses résultats scolaires sont en chute libre. Sa mère s'étonne : à la maison il est parfait avec « maman » comme avec « maman Cathy », et c'est pour Sarah un merveilleux grand frère.

La famille est particulièrement sympathique et chaleureuse ; ils se parlent beaucoup, avec humour et affection. Louis veut de toute évidence être le maître des lieux, l'homme de la maison. Il cherche l'affrontement avec moi pour savoir qui va diriger ces entretiens ; il surprotège sa petite sœur plus timide et réservée. Valérie a du mal à évoquer les problèmes. Elle veut donner une image de famille parfaite et harmonieuse, a peur d'être jugée. Il paraît pourtant évident qu'elle s'inquiète, qu'elle rencontre des difficultés croissantes à cadrer son fils qui obéit de plus en plus rarement et n'en fait qu'à sa tête.

Louis prend très vite l'initiative de raconter l'histoire

familiale, de manière presque mécanique : son insémination, l'adoption de Sarah. *« Maintenant ça y est, on est une famille comme les autres »* ; point final, merci de ne pas y revenir et touche pas à mon histoire !

Valérie et Cathy redoutent manifestement le psychiatre qui viendrait dire la norme, l'homme qui prendrait la place de père de Louis et qui les stigmatiserait en leur demandant : *« Mais où sont donc les pères ? »* Je ne l'ai pas fait.

Malgré sa singularité apparente, cette famille semble pleine de ressources. Chaque mère a son enfant et elles vivent une situation classique de famille recomposée dans laquelle chaque « beau-parent » intervient comme un tiers dans la relation entre le parent et son enfant. Mais je sens, dans la façon dont Louis raconte son histoire, que toute question sur les circonstances de sa naissance blesserait la famille et en particulier les deux mères, qui souffrent de la norme biologique et du regard social. Louis a des difficultés et elles s'attendent à ce que je les attribue à leur homoparentalité.

Être homosexuel, vivre en couple et élever des enfants ensemble n'est pas facile à assumer. Il faut supporter le poids de la réprobation et de l'hostilité des autres. Les couples homoparentaux se retrouvent ainsi toujours en position de défense sous le regard social. Bien entendu, les enfants de ces familles sentent et intègrent ce regard critique et réprobateur. Si Louis connaît des problèmes, ce n'est pas nécessairement parce qu'il vit avec deux femmes mais peut-être parce qu'il vit mal le regard porté sur elles.

Petit à petit, l'atmosphère se détend. Nous travaillons beaucoup sur la « famille élargie », sur les liens qui les unissent, les vacances et les week-ends partagés. Il y a ce milieu

« familial » chaleureux et protecteur et « les autres », notamment l'école et son épouvantable directrice qui ne comprennent rien, qui jugent et stigmatisent. *« Comment voulez-vous qu'un garçon se développe normalement dans cette pétaudière ? »*, aurait-elle dit à l'un des professeurs de Louis, qui l'a répété à sa mère. Valérie et Cathy ont l'impression d'être regardées comme des bêtes curieuses et ont tendance à fuir les situations de rencontre avec l'école. Nous évoquons tout cela : le dedans, le dehors, le familier et l'étranger.

Sarah raconte l'histoire suivante. Dans la cour de récréation, une petite fille l'interpelle : *« Toi tu es adoptée, mais c'est qui le père de Louis, il ne vient jamais le chercher ? »* Sarah est tétanisée, ne sait pas quoi répondre. Elle est « sauvée » par l'une de ses copines qui assiste à la scène et rétorque vertement : *« Dis donc, patate, t'as jamais entendu parler de l'insémination artificielle ? ? ! »* Cette petite fille est elle-même issue d'une fécondation in vitro et ses parents ne lui ont jamais dissimulé ses origines.

Un père présent, malgré tout

L'évocation de cette anecdote permet d'ouvrir tout le champ des interrogations et des fantasmes concernant, dans un premier temps, la famille biologique de Sarah, puis le père imaginaire de Louis ; on rit beaucoup des fantaisies qui s'échafaudent autour de cet homme mystérieux. Sarah fait un grand dessin qui rassemble tous les personnages de la famille. Nous plaçons des chaises vides pour donner une place et une présence à ces individus mystérieux : le père de Louis, les parents biologiques de Sarah. Peu à peu, la pièce se remplit de monde, d'hommes et de femmes inconnus qui perdent leur dimension fantomatique.

Après quelques séances, le comportement de Louis est transformé. Il manifeste vis-à-vis de ses mères une agressivité de bon aloi, et retrouve en classe un comportement bien plus constructif.

Comme toutes les familles concernées par l'insémination artificielle, la famille de Louis se demande comment aborder les fantasmes de l'enfant sur la mystérieuse personnalité de ce donneur anonyme. Comment faire le tour de l'imaginaire de la mère « porteuse » vis-à-vis de ce donneur, comment l'aider à exprimer ses peurs secrètes et la gêne de ne pouvoir répondre aux questions[4] ? Bref, comment créer une mythologie collective à partir des inévitables fantasmes de chacun et les transformer en fantasmes qui rassemblent tous ces personnages en un groupe qui puisse s'apparenter à une famille ?

Cette question nous amène à une problématique plus vaste. En effet, l'anonymat du donneur de gamètes renvoie le père biologique au néant puisqu'il est absolument impossible de connaître son identité. Le donneur est littéralement gommé. Mais il n'en reste pas moins un personnage réel qui a son histoire, son hérédité, sa biologie. Un enfant a besoin de savoir qu'il est né d'un don de sperme d'un être réel, dont l'anonymat doit bien entendu être préservé. Il doit savoir que la réalité dont il est issu est complexe, que les gènes qu'il porte en lui ne sont pas ceux du père qui l'élève. Cela permet de prendre en compte une autre réalité, celle des fantasmes. Des parents qui ont eu ainsi leur enfant n'oublient pas les conditions de sa conception, ce qui ne les empêche évidemment pas d'aimer cet enfant et de le considérer comme le leur. Et il se passe la même chose que dans le cas d'une adoption. Quand l'enfant leur paraîtra étrange ou étranger, ou quand il ira mal, son père et sa mère se référeront sans doute fantasmatiquement à ce personnage imaginaire qu'ils ne connaîtront jamais et dont ils se diront que leur enfant est l'héritier.

Pour en revenir à l'histoire de Louis, il fallait lui créer un « père » qui ne soit pas qu'un père « partiel », c'est-à-dire pas uniquement le donneur de gamètes – un personnage réel qui existe quelque part et que l'on peut imaginer. Cela fait, ce père peut entrer dans la famille comme un personnage que l'on ne connaîtra certes jamais, un personnage imaginaire ; mais toute famille est peuplée de personnages imaginaires – des grands-pères, des grands-mères, des oncles ou des tantes que l'on n'a jamais connus mais qui ont quand même leur place. Il faudra effectuer le même travail pour intégrer les parents biologiques de Sarah.

Dans la famille de Cathy et de Valérie, chacun a imaginé tous ces personnages qu'il ne rencontrera jamais. Et cela les a aidés. Ces êtres, imaginaires mais réels, sont après tout des personnages de la famille. Or, le plus important dans un groupe familial, c'est la possibilité de fantasmer ensemble sur les mêmes choses et pas seulement d'avoir des échanges sur le concret et la réalité.

Ces fantasmes communs permettent une rêverie partagée qui aide à la fabrication d'une enveloppe familiale, d'une frontière souple et élastique qui protège la famille et la différencie du reste du monde sans l'isoler. L'essentiel est de créer ensemble cette enveloppe familiale, et peu importe alors que le père donne le biberon, change les couches ou aime caresser son enfant. Il lui suffit d'être présent, sous une forme ou sous une autre. On dit tant de bêtises sur les pères d'aujourd'hui !

9

Hommes et femmes : entre complicité et rivalité

Freud le disait déjà en 1905 : *« Les concepts de "masculin" et "féminin" dont le contenu paraît si peu équivoque [...], font partie des notions les plus confuses du domaine scientifique*[1]*... »* Cent ans plus tard, la confusion n'est pas moindre, bien au contraire. Faut-il citer toutes les métamorphoses qui – du partage des tâches quotidiennes au mariage homosexuel, en passant par le travail des femmes – sont venues bouleverser les repères traditionnels entre hommes et femmes, entre pères et mères ?

La différence entre les sexes a longtemps été synonyme d'inégalité sociale : l'homme était non seulement différent mais supérieur à la femme. Et le chemin tortueux vers l'égalité, fait de conflits intérieurs, relationnels et sociaux, a plus encore exacerbé le malaise. Qu'est-ce que le féminin ? Qu'est-ce que le masculin ? On pèse les cerveaux, on étudie les connexions entre hémisphères droit et gauche. L'interrogation fait le succès d'ouvrages prétendant que le cerveau des hommes n'est pas le même que celui des femmes. On nous met aujourd'hui en garde contre une « maternisation » de la société, contre la puissance incontrôlable du féminin. Avec la liberté sexuelle et la maîtrise absolue des femmes sur la procréation, le fantasme de la mère toute-puissante a succédé à celui du père absolu. La maternisation de la famille engendrerait des liens fusionnels indestructibles. Quand la différence sociale disparaît, il faut d'autres repères « naturels » pour se situer comme hommes ou comme femmes.

L'enfant sait très tôt qu'il y a des garçons et des filles. À partir des différences anatomiques qu'il constate, il se construit tout un monde de différences et d'oppositions qui s'éloignent petit à petit de cette différence « naturelle », biologique, anatomique, pour devenir culturelles. Spontanément, le principe de distinction est le même que celui que nous opérons entre la nuit et le jour : il ne fait intervenir aucune hiérarchie. La hiérarchisation de la différence – le masculin supérieur au féminin – intervient dans un second temps et n'est que culturelle. Elle est liée avant tout au pouvoir des femmes de donner la vie : les hommes étant dépossédés de ce pouvoir, ils s'approprient les femmes pour se reproduire[2].

Les sociétés qui radicalisent les différences entre hommes et femmes et prêchent l'étanchéité de leurs relations créent un monde de femmes et un monde d'hommes où la sexualité constitue l'unique possibilité de rencontre (pour procréer et perpétuer la famille et l'espèce). Elles organisent ainsi des rapports de méfiance entre hommes et femmes[3]. Dans la famille occidentale, les deux mondes, masculin et féminin, s'interpénètrent. Il y a de moins en moins d'objets masculins et d'objets féminins, de tâches masculines et de tâches féminines, de métiers masculins et de métiers féminins, d'objectifs masculins et d'objectifs féminins. Nous sommes sur la voie de la complicité et peu importe si elle s'accompagne de cette rivalité et de ces conflits qui passionnent les médias. La rivalité est inhérente à l'égalité et à la complicité[4]. On y gagne une intimité entre les sexes sur laquelle plus personne n'a envie de revenir dans nos sociétés – même si quelques réactionnaires continuent à prétendre que la décomposition du monde est liée à la montée du pouvoir féminin ! Car cette complicité et cette intimité fabriquent à présent, pour le meilleur et pour le pire, le ciment des relations familiales.

Dans la famille, hommes et femmes poursuivent désormais le même but : ils sont heureux si leurs enfants le sont. Cette aspiration commune facilite le partage et la compréhension réciproque mais, là encore, elle suscite de la rivalité. L'objectif de la famille actuelle étant avant tout le bonheur et le plaisir partagés, une rivalité sournoise et inconsciente s'infiltre entre le père et la mère pour l'amour et le bonheur de leur enfant qui ne manque pas de s'y engouffrer.

Il n'est pourtant pas loin, le temps où hommes et femmes semblaient cantonnés à des rôles immuables : aux unes le « pouvoir de donner la vie », aux autres le pouvoir symbolique d'occuper la position de l'autorité paternelle. Aujourd'hui, les modèles sont plus nombreux : la mère active, la *superwoman*, l'homme fragile, le père tendre, etc. Avec le temps, ces modèles deviennent aussi « naturels » que les représentations sociales traditionnelles : peut-être dira-t-on un jour qu'un père qui ne veut pas prendre son enfant dans ses bras a des troubles mentaux, alors qu'il y a un siècle, la plupart des hommes étaient ainsi.

« Plus égal que l'autre... »

En attendant, nous supportons plus ou moins bien ces grandes mutations, et les anciens modèles continuent à vivre en nous, coexistant avec les nouveaux, ce qui ne va pas sans conflits intérieurs.

Gong et François consultent pour leur fils de six ans. Théo est insomniaque, réclame ses parents pour s'endormir. Son coucher dure des heures et la séance se conclut en général, au beau milieu de la nuit, par l'irruption de l'enfant dans le lit conjugal.

Le couple s'est violemment disputé avant la consultation : Gong a cassé une pile d'assiettes sales qui traînait dans la cuisine et que son compagnon aurait dû laver depuis la veille. Les discussions sur l'organisation de la vie quotidienne n'en finissent pas. Les courses, le ménage, la lessive, les accompagnements de Théo sont rigoureusement comptabilisés ; chacun épie l'autre, convaincu qu'il est son esclave. Aux yeux de Gong, François est comme tous les hommes, un macho qui ne demande qu'à profiter de ses prérogatives, un bon à rien qui range la vaisselle sale dans les placards et laisse traîner ses chaussettes. Le pire est qu'il transmet à Théo toutes ses mauvaises habitudes : la chambre de l'enfant est un vrai bazar, et c'est bien sûr à elle de la ranger.

François est furieux : il ne connaît pas beaucoup d'hommes qui en font autant que lui. Il s'occupe de Théo trois soirs par semaine pendant que Gong suit des cours ; il se charge de toutes les courses et de la vaisselle. D'ailleurs, ce pauvre Théo passe son temps à réclamer sa mère qui n'est jamais là. D'ailleurs, elle ne pense qu'à elle et ne le consulte jamais : la semaine dernière, elle a changé la place des meubles et des tableaux à la maison sans même lui demander son avis...

Assis entre son père et sa mère, Théo semble compter les points.

Gong est une brillante jeune femme d'origine chinoise, la seule de sa famille à avoir fait des études supérieures. Toute son enfance, sa mère, écrasée par la domination de son mari et de sa culture, lui a vanté les mérites de l'autonomie : *« Ne te fais pas avoir comme moi par un homme, débrouille-toi par toi-même. »*

François, fils unique d'une mère autoritaire, a perdu son père à l'adolescence. Cette mère intrusive lui a transmis une méfiance viscérale des femmes. Ce n'est qu'à l'âge de quarante-cinq ans qu'il se laisse séduire par la douceur de Gong, âgée alors de trente ans, et accepte de fonder une famille. Célibataire endurci, il s'est toujours débrouillé seul et son savoir-faire ménager rassure la jeune femme.

Après quelques mois d'une passion sans nuage, la naissance de leur enfant réactive leurs peurs. Pour François, Gong ne peut être qu'une mère abusive et castratrice, à l'image de sa propre mère. Pour Gong, quoi que fasse François, il la cantonne dans un rôle de bobonne, contre lequel sa mère l'avait mise en garde. Chacun semble téléguider l'autre dans une conduite qui ne lui correspond pas. Chacun appuie sur les points faibles de l'autre au risque de mettre la relation en danger.

En apparence, toutes leurs disputes tournent autour de l'égalité des sexes et de l'équivalence des rôles. Mais ce qui se joue est plus complexe : c'est la peur du lien et du danger de l'autre, ces peurs ancestrales transmises par les mères. C'est ainsi que François comme Gong cherchent désespérément à préserver, non sans contradictions, leur individualité et leur autonomie.

« Aide-moi à me détacher de l'image de ma mère pour n'avoir besoin de personne », semblent-ils se demander l'un à l'autre, *« sois à mes côtés pour que je sois encore plus seul »* ou *« rends-moi encore plus autonome »*... « Ni avec toi, ni sans toi », le paradoxe de leur demande inconsciente les enferme dans une interminable scène de ménage que Théo caricature par ses symptômes : si vous n'êtes pas en permanence à mes côtés, je suis immédiatement envahi par l'angoisse de la séparation.

Comme nombre de leurs contemporains, Gong et François sont complètement enchevêtrés, menacés par des représentations ancestrales d'un lien qui pourrait les étrangler mais auquel ils aspirent ; comme beaucoup d'enfants et d'adolescents, Théo s'agrippe à sa famille, mettant en péril son avenir et ses possibilités d'individualisation

Le travail de toute thérapie consiste à aider un patient à se débarrasser de l'emprise des représentations et non à l'y enfermer davantage. Même quand il s'agit de modèles non traditionnels : adhérer aux nouveaux modèles masculins quand on est un homme, se conformer à d'autres stéréotypes féminins quand on est une femme, génère des conflits intérieurs qui, comme pour Gong et François, peuvent devenir des crises de couple et des crises familiales.

Dorothée et Benoît ou la différence malgré eux

Dans les milieux populaires et en particulier dans les cités, les valeurs masculines continuent à s'imposer et semblent même s'exacerber. À l'opposé, dans les milieux aisés, la virilité n'est plus un impératif catégorique et les valeurs féminines sont considérées comme un enrichissement de l'identité masculine.

Mais dès qu'il s'agit d'avoir un premier enfant et de créer une famille, les archétypes reviennent en force, même lorsque le couple les ignore : nos représentations des rôles de père et de mère sont beaucoup plus ancrées sur ces archétypes que nos rôles d'homme et de femme.

Dorothée et Benoît ont une trentaine d'années. Ils suivent une thérapie de couple et Benoît évoque avec beaucoup d'embarras ses problèmes sexuels : il ne parvient ni à éjaculer ni à atteindre l'orgasme. Benoît a déjà éprouvé ces difficultés avec ses partenaires précédentes, surtout lorsque la relation était émotionnellement importante pour lui. Les difficultés se sont aggravées avec Dorothée quelques mois plus tôt, le jour où celle-ci a exprimé son désir subit et impérieux d'un enfant. Quand elle lui a annoncé : *« Je veux un enfant »*, la pression a complètement inhibé Benoît, aggravant ses difficultés sexuelles au point qu'il n'arrive même plus à avoir d'érection. Leur vie sexuelle est devenue quasi inexistante. Dorothée a eu une aventure pour sortir de ce marasme, mais s'est rendu compte que c'est avec Benoît et personne d'autre qu'elle veut construire une famille.

Depuis, ils ne réussissent plus à créer de lien ni d'intimité. Alors qu'ils sont complètement en accord sur leur rôle, leur place, leur relation, leurs échanges intellectuels et artistiques, ils se retrouvent en conflit « malgré eux ».

Stylistes tous deux, Dorothée et Benoît forment un couple très contemporain et égalitaire. La question de la différence des sexes n'apparaît pas dans leur vie. Ils n'avaient aucune raison de se la poser tant qu'il n'était pas question d'avoir un enfant. Or, au moment où ils doivent se représenter comme un père et une mère, ils ne peuvent plus faire l'amour : c'est-à-dire être un homme et une femme au sens sexué du terme. Benoît a raison de penser qu'il ne s'agit pas d'une difficulté purement mécanique. Leur problème est lié à la question de la différence irréductible entre les hommes et les femmes, telle qu'elle s'est constituée dans leur enfance.

Benoît a huit ans lorsqu'il reçoit un coup de téléphone d'une petite fille : *« Ton père n'est pas ton vrai père, c'est mon vrai père à moi. »* Benoît n'en parle ni à son père, ni à sa mère mais, la semaine suivante, il envoie une lettre anonyme à tous les enfants de sa classe, qui reprend les propos de sa mystérieuse interlocutrice : *« Ton père n'est pas ton vrai père, c'est moi qui suis son vrai enfant. »*

Branle-bas de combat dans l'école, bien évidemment, émoi et colère des parents, suivis d'une enquête pour découvrir le corbeau. Benoît se dénonce à son père, qui lui révèle alors un secret : il a effectivement un autre enfant, dont la mère était une épisodique maîtresse qui, enceinte, a décidé de garder l'enfant contre sa volonté à lui, puis de lancer une procédure pour que le père de Benoît reconnaisse l'enfant et lui verse une pension.

Cet incident a complètement bouleversé Benoît, ainsi qu'en attestent ses lettres anonymes. Plus tard, cette commotion a créé en lui une dichotomie dans sa représentation du couple : les femmes avec qui on couche et avec lesquelles il se passe des choses très compliquées – celles en somme qui risquent de « faire des enfants dans le dos » –, et celles que l'on épouse et qui risquent d'être trahies ; pour le dire plus trivialement : la maman et la putain.

De son côté, Dorothée a une histoire de famille

compliquée. Sa grand-mère est une fille naturelle, une « bâtarde », comme on disait à cette époque, qui n'a jamais connu son père. Elle s'est mariée et a eu un premier enfant, une fille, qui est morte. Puis, elle a eu son deuxième enfant, la mère de Dorothée, à laquelle elle a donné le prénom de la sœur disparue, sans lui révéler son existence. Deux secrets de famille liés à la naissance et à la transmission. Dorothée commence sa vie sexuelle assez tôt. Sa mère ne le supporte pas et la met en garde : *« Tu vas tomber enceinte et te retrouver avec un enfant sur les bras ou être obligée d'avorter et ça va être épouvantable. Ta vie va être gâchée. »* Sous-entendu : les enfants, cela gâche l'existence.

Ces deux histoires se ressemblent. Dans la famille de Benoît comme dans celle de Dorothée, la transmission a dû contourner des secrets qui touchent aux malheurs qui accompagnent la naissance et à la douleur de devenir parent. Concevoir un enfant n'est pas simple dans ce contexte. Tant qu'il n'est pas question de procréation, leur couple fonctionne à merveille. Mais lorsqu'il leur faut bien se « souvenir » qu'ils sont un homme – que les femmes manipulent, « pense » Benoît – et une femme – que la maternité rendra nécessairement malheureuse, « pense » Dorothée –, chacun se méfie de l'autre et tout part à vau-l'eau.

Ce que nous montrent ces deux couples, c'est à quel point la sexualité entre un homme et une femme – comme entre deux hommes ou deux femmes – est toujours conflictuelle. Elle fait précisément ressurgir la complexité des représentations de chacun, représentations éminemment conflictuelles « à l'intérieur » de chacun. Il s'agit d'un combat entre narcissisme et altérité, amour de soi et amour de l'autre, conflit avec soi-même ou avec l'autre, bien plus que d'un combat fondé sur l'égalité des sexes.

L'excitation érotique cimente et divise tous les couples, qu'ils soient hétéro- ou homosexuels, car elle comprend une dimension d'hostilité. L'intimité suppose que soit surmontée la peur de l'interpénétration, non seulement des corps mais des âmes[5].

Dorothée et Benoît minimisent les conflits liés à la différence des sexes là où Gong et François les poussent à leur paroxysme. Mais le travail que ces deux couples ont à effectuer est le même : se détacher des représentations sexuées liées à leur histoire pour aborder sereinement l'aspect relationnel et social de cette différence.

Un prétexte

Car ces conflits sont inhérents au rapport à l'autre, un rapport toujours difficile et violent : l'aimé est à la fois un allié et une menace, quelqu'un dont on a envie de s'approcher mais qui, en même temps, fait peur parce qu'il est différent. Cette altérité, l'enfant la découvre dans ses premières expériences de séparation d'avec sa mère qui le plongent dans une menace d'anéantissement. Très vite, il découvre aussi à quel point l'autre est encombrant, qu'il est à la fois source de bonheur et de malheur. Il est partagé entre le malheur d'une dépendance absolue – mais aussi la joie d'être dorloté – et le plaisir – mais aussi la crainte – de se débrouiller seul. L'altérité est le premier drame de l'existence. La question de la sexualité et de la différence des sexes n'arrivera que dans un deuxième temps : il faut commencer par reconnaître et accepter que l'autre est différent de soi afin de pouvoir accepter la différence des sexes. Si la sexualité ne vient pas s'appuyer sur l'acceptation de l'altérité, elle sera utilisée pour réparer les failles d'un sentiment d'identité.

Les rapports entre sexes sont très conflictuels, où se mêlent la peur de la différence, les représentations contradictoires de ce qu'est un homme, de ce qu'est une femme, de la part masculine ou féminine qu'on a dû combattre en soi-même. C'est un rapport où on veut tout et son contraire. Quand on gomme ces conflits, les crises peuvent se fonder de façon caricaturale sur la première différence évidente, celle des sexes. On attribue alors à la différence des sexes un conflit lié à l'altérité et à la différence. L'autre devient menaçant, intrusif ou destructeur non pas parce qu'il est autre et que l'altérité est difficile mais parce qu'il est un homme ou parce qu'elle est une femme.

Olivier et Fabienne ont quatre enfants : Damien, seize ans, Lou, treize ans, Lola, huit ans, et Céleste, cinq ans. Ils viennent consulter pour Damien qui sèche le lycée et n'en fait qu'à sa tête ; mais surtout, il est très violent avec ses sœurs. Il ne cesse de créer des conflits à la maison et se présente de manière assez caricaturale comme un petit macho insupportable dans une famille où le sexisme est banni.

Olivier est un post-soixante-huitard, un peu libertaire, sympathique, doux et gentil. Le couple a une relation très égalitaire, la même conception des rôles masculins et féminins, les mêmes idées sur l'éducation des enfants. Tous deux sont effondrés de voir ce petit coq rouler des mécaniques, ne jamais se lever pour débarrasser la table et affirmer : *« Ce n'est pas un travail de garçon. »* Par son attitude, Damien remet sur le tapis la question du masculin et du féminin.

Cette famille est à majorité féminine, ce qui n'arrange pas la situation. Damien se sent isolé : *« Tout le monde est contre moi. »* Olivier est désespéré car il ne parvient pas à créer un lien avec son fils en s'appuyant sur des connivences masculines, comme le sport ou le bricolage... Très remonté, Damien reproche à son père de ne pas avoir d'autorité à la maison, de ne pas suffisamment taper du poing sur la table, de se laisser dominer par les femmes – à commencer par la sienne. *« Vous verrez, quand je me marierai et que j'aurai des enfants, ça ne se passera pas du tout comme ça chez moi ! »*

La rébellion de Damien prend le masque de la lutte des sexes. Sous ses airs bravaches, l'adolescent semble un peu perdu. Au cours de la séance, il est capable de dire une chose et son contraire. Quand il lui arrive de frapper sa sœur, on sent que ce n'est pas uniquement de la provocation. Il a du mal à se repérer. Damien est le vilain petit canard qui introduit du conflit dans une famille qui, sans lui, aurait le sentiment d'être une famille « idéale », avec des parents qui s'entendent bien et essaient d'être proches de leurs enfants. Un cercle vicieux s'est mis en place. Damien se sent rejeté. Plus il éprouve ce sentiment, plus il campe sur ses positions et plus, effectivement, il se fait rejeter. Il crée des conflits autour de la différence des sexes là où il n'y en a pas dans cette famille. Fabienne finit en effet par reprocher à Olivier d'être démissionnaire et trop mou. Et le conflit devient familial.

La situation s'éclaire quand on entre dans l'histoire familiale des parents. Fabienne est la fille unique d'un militaire de carrière, un homme rigide qu'elle a adoré avant les grands conflits de l'adolescence. Elle s'est alors construite sur l'opposition à ce père autoritaire qui incarnait pour elle le masculin. Elle a participé à des mouvements de libération de la femme et a choisi consciemment un homme aux antipodes de son père. Le comportement de Damien la ramène au conflit intérieur lié à son image ambivalente du masculin : celle d'un père auquel elle s'est opposée aussi passionnément qu'elle l'a aimé.

Olivier, lui, vient d'une famille nombreuse de quatre garçons, dont le père travaillait beaucoup et n'avait donc pas de temps pour s'occuper de ses fils. Sa jeunesse a été marquée par la rivalité fraternelle, les bagarres, la difficulté à trouver sa place, souvent à coups de poing. Il avait envie d'un autre mode de relation, d'une famille plus pacifiée et moins marquée par la rivalité. Il s'est ainsi toujours arrangé pour avoir des moments en tête à tête avec chacun de ses enfants.

Damien met en échec le projet familial de chacun de ses parents : il exacerbe le côté masculin, viril et autoritaire que sa mère rejette, et crée avec ses sœurs l'insupportable rivalité que son père aurait tant voulu éviter entre ses enfants. Il est celui par lequel le conflit survient, celui qui touche les cordes sensibles de ce couple qui a cherché à fuir le conflit et la rivalité. Finalement, dans leur souci égalitaire très louable, Fabienne et Olivier évacuent un conflit naturel – le rapport à l'autorité et au masculin pour elle, la rivalité fraternelle pour lui –, qui ne peut alors plus s'exprimer qu'à travers Damien.

Hommes et femmes

L'enfant s'identifie à la fois à des personnages masculins et à des personnages féminins (au père et à la mère, aux hommes et aux femmes, à la partie féminine et à la partie masculine du père). « *Tiens, je suis en train de parler comme ma mère !* » Un homme qui fait ce constat ne remet pas en question son identité sexuelle. Pas davantage qu'une femme qui se surprend à avoir le même comportement que son père. Il ne s'agit pas d'identité sexuelle mais d'identification, ce qui n'est pas la même chose.

Cette double identification aux hommes et aux femmes crée un conflit chez l'enfant. D'une part, il comprend que le monde est coupé en deux, les hommes et les femmes. Cette partition crée des univers très différents qui entrent en conflit avec l'identification ambiguë que Freud a appelée la « bisexualité psychique ». L'expérience prouve que les jeunes parents ne traitent pas leur bébé de la même façon, selon qu'il s'agit d'un garçon ou d'une fille. Les mères, par exemple, ne donnent pas le biberon à un bébé fille comme à un bébé garçon : elles laissent plus facilement les garçons selon leurs cris et leurs demandes réguler eux-mêmes leur tétée. Et c'est ainsi que progressivement l'enfant se forge un univers du masculin et du féminin différencié et cohérent.

La société et la culture font tout pour éloigner les garçons et les filles de cette double identification. Au Maghreb par exemple, les petits garçons sont élevés par leur mère dans un univers féminin dont ils sont arrachés avant la puberté pour intégrer le monde des hommes. Toutes les sociétés ont toujours cherché à éviter la féminisation des hommes – ce qui explique le rejet de l'homosexualité masculine.

La différence des sexes est si troublante, si énigmatique que même la psychanalyse, censée creuser au plus profond de l'être jusqu'à oublier les représentations sociales, s'y est laissé prendre : il n'est pas loin le temps où les psychanalystes parlaient d'« envie du pénis » et de femmes « phalliques » à propos de celles qui réussissaient dans leur travail ou qui aimaient le pouvoir !

Le monde a changé mais hommes et femmes continuent à se débattre avec cette dualité conflictuelle. Apaiser ce conflit ne signifie en aucun cas éduquer garçons et filles de la même manière, mais ne pas dénigrer l'autre sexe : apprendre aux garçons à être des garçons, non pas parce que *« être une fille, c'est moins bien »* mais parce que les caractéristiques des deux sexes existent chez chacun. Calomnier la féminité chez les garçons ou la masculinité chez les filles, c'est interdire à une partie d'eux-mêmes d'exister[6]. L'apprentissage de l'identité sexuelle continue alors à se faire par opposition, caricature et stéréotypes, en inculquant aux garçons le mépris de l'autre sexe et aux filles la peur des garçons. On empêche ainsi les retrouvailles ultérieures au sein d'un couple tel qu'on a envie de le concevoir aujourd'hui – c'est-à-dire construit sur la complicité, l'intimité et éventuellement la rivalité

Et l'homoparentalité ?

Le débat sur l'homoparentalité interroge bien sûr cette différence et celle des fonctions paternelle et maternelle. Mais il concentre aussi la plupart des questions qui touchent les modifications de la famille et de la société ; comme toutes les situations marginales, il permet d'éclairer la norme.

Je suis confronté à des histoires heureuses ou douloureuses, et il me paraît difficile d'en conclure à l'« échec » ou à la « réussite » de l'homoparentalité. Je connais également des familles où les enfants sont élevés par deux femmes (deux amies ; une mère et une grand-mère) ou par deux hommes (un veuf et son frère cadet) sans qu'il soit question de relations sexuelles entre les « parents ». Par ailleurs, l'anthropologie nous montre, par exemple en Nouvelle-Guinée ou au Soudan, des tribus où le mariage et la sexualité homosexuels tiennent lieu de norme sociale[7].

De quoi parle-t-on quand on évoque l'homoparentalité ? S'agit-il d'élever un enfant entre deux parents homosexuels du même sexe ? S'agit-il d'un père et d'une mère, tous deux homosexuels, ayant et élevant un enfant ensemble ? ou de deux parents du même sexe, mais n'ayant pas de rapports sexuels entre eux ? Bref, parle-t-on de la sexualité des parents ou de leur sexe ? Lorsque l'on dénonce, comme c'est courant, le risque d'intrication dans les familles homoparentales, veut-on dire que des parents homosexuels risquent de transmettre leur homosexualité à leurs enfants ? ou que l'enfant a besoin d'être élevé par un homme et une femme ? ou encore qu'on lui transmet un héritage bien lourd, en lui imposant une famille hors normes ?

Je ne connais pas une seule famille homoparentale qui ne se pose ce genre de questions. Même ceux qui vivent avec bonheur leur différence, même ceux dont les enfants ne semblent pas en souffrir. Paul, petit garçon de trois ans et demi, vit dans un foyer chaleureux, entouré de son père, Marc – un de mes patients qui suit une analyse –, et d'Anna, sa mère biologique, tous deux homosexuels. La famille vient de s'agrandir d'une petite sœur âgée de neuf mois. Marc et Anna ont fondé leur famille pour avoir des enfants. Ils s'accordent la possibilité de vivre hors maison leur sexualité, mais s'y consacrent fort peu tant ils sont comblés par la douceur de leur foyer.

Marc emmène pour la première fois son fils dans un magasin de jouets. Paul, enthousiaste, s'élance dans les rayons remplis de merveilles. Marc est alors saisi d'une terrible angoisse. Il revit la même scène trente années auparavant, quand son père, militaire de carrière, l'avait emmené voir des jouets. Marc n'avait qu'une envie : courir vers d'alléchantes étagères peuplées de poupées et de dînettes. Mais il sentait le regard de son père et devina confusément que c'était vers les petits soldats et les voitures de course qu'il devait se diriger.

Premier épisode d'une longue série à suivre : Marc comprit ce jour-là qu'il allait devoir oublier ce qu'il ressentait, faire semblant, adopter un autre rôle que le sien. Résigné, il détourna le regard des petites Barbie et s'empara d'un char d'assaut...

Dans le magasin de jouets, trente ans plus tard, Marc a peur. Peur que son fils ne soit à son tour attiré vers les poupées ; lorsque Paul s'empare d'une épée et joue au preux chevalier, son père est soulagé.

Que de paradoxes dans cette petite anecdote ! Il aura fallu de longues années de souffrance pour que Marc puisse assumer ses désirs et se sentir fier de lui. Mais c'est une fierté qu'il ne peut pas transmettre, pas encore, à son petit garçon. Il ne peut le rêver semblable à lui-même, comme la plupart des pères, mais différent. Il rejoint à son insu le lot des parents très tôt traumatisés qui ne souhaitent qu'une chose : que leurs enfants connaissent un destin différent. Ce qui le relie à Paul dans le magasin de jouets est la peur du regard social sur l'homosexualité.

La famille de Paul, composée d'un père, d'une mère

et de leurs deux enfants biologiques, est-elle une famille « homoparentale » ? Non, selon la définition habituelle de ce terme. Oui, selon les questionnements qui agitent les parents, notamment autour de certaines spécificités de la transmission.

À la fin du XIXe siècle, les démographes redoutaient l'apocalypse d'une abolition de la famille. Si les femmes travaillent, raisonnaient-ils, elles ne feront plus d'enfants et la différence sexuelle s'évanouira. On tient aujourd'hui les mêmes discours sur les homosexuels : s'ils se marient, s'ils élèvent des enfants, la différence s'effacera, l'inceste régnera sur le monde, l'Occident périra. Et pourtant, des dizaines d'enquêtes publiées aux États-Unis depuis trente ans indiquent que dix millions d'enfants américains élevés par des parents homosexuels ne sont pas différents des autres [8].

J'ai longuement développé au chapitre précédent l'histoire de Louis et de ses deux mamans, et souligné comment les difficultés temporaires de ce petit garçon ouvraient des questionnements que les familles sont de plus en plus nombreuses à se poser : le secret sur les procréations médicalement assistées, les problématiques liées à l'adoption, les différentes places dans les situations de pluriparentalité.

Les parents ont toujours eu recours à des métaphores pour aider l'enfant à comprendre le phénomène de la reproduction sexuée, mécanisme on le sait fortement producteur d'anxiété et de conflit. Ces récits constituent parfois la trame de romans familiaux, voire de mythes familiaux, qui attachent parents et enfants : les enfants adorent qu'on leur raconte encore et encore la rencontre de leurs parents, prélude de leur naissance.

Si l'on considère toutes les formes de techniques sophistiquées de fécondation in vitro (donneur anonyme ou connu, jouant un rôle actif ou non impliqué, apparenté ou non apparenté ; diffraction entre mère génétique, mère de gestation, mère sociale), si l'on pense à la première rencontre entre des parents adoptants et leurs enfants, on voit surgir une foule d'histoires, de romans, de mythes familiaux différents et originaux. La rencontre de Valérie et Cathy, leur désir de fonder une famille, est une histoire comme une autre, une trame à partir de laquelle l'imaginaire de leurs enfants va pouvoir s'épanouir.

Tout enfant construit son roman familial (et donc sa famille) à travers la possibilité d'intégrer la sexualité de ses parents ainsi que celle de sa propre conception. Pour les psychanalystes, les fantasmes autour de cette « scène primitive » donnent naissance à des réalités psychiques et offrent les clés pour comprendre les différences entre les sexes et entre les générations. Freud y voyait l'héritage fondateur de toute la vie fantasmatique, le noyau qui constitue notre œdipe, ce nœud de désirs et de mouvements hostiles dont nous enserrons nos parents.

Œdipe, comme je l'ai dit, concerne moins aujourd'hui la différence des sexes que le nécessaire conflit du désir et de l'interdit, incarné par le jeu, la relation et la différence entre deux figures parentales. C'est ce triangle primitif qui permet à l'enfant d'observer une relation entre deux personnes et de sortir du corps à corps fusionnel. Je soutiendrais volontiers que, de nos jours, pères et mères sont presque à égalité dans ce va-et-vient incessant entre fusion (souffrir dans l'autre) et séparation (souffrir avec l'autre) ! Suivant ce nouveau schéma, le développement de la vie psychique se fonde davantage sur une perception des différences entre deux êtres humains qu'entre deux sexes. Mais chaque famille crée son propre système de normes et de différenciation.

Le regard social

Une collègue orthophoniste me raconte un épisode qui l'a bouleversée. Prenant en rééducation une ravissante petite Africaine de huit ans, elle s'inquiète de l'apparence de l'enfant : cheveux très courts, jeans, tee-shirt et baskets. Cette petite fille, m'apprend-elle, a été adoptée par un couple de lesbiennes à l'allure masculine et elle est sûre que ces deux femmes sont en train d'en faire un clone et de lui interdire tout accès à la féminité. Il me revient alors à l'esprit un couple de femmes que j'ai moi-même reçu quelques mois plus tôt, qui élevait une enfant d'origine roumaine. Alors que sa mère adoptive et la compagne de celle-ci portaient pantalons et cheveux courts, la petite fille virevoltait dans des flots de dentelles, de rubans et de bouclettes : une vraie petite poupée Barbie !

Décidément, quoi que fassent ces familles homoparentales, elles seront toujours soumises à la violence du regard critique. En se conformant à certaines normes, elles en transgresseront forcément d'autres.

Il y a vingt ans, les enfants de parents divorcés vivaient leur condition dans la honte et le secret. Avant que leur situation ne devienne quasi majoritaire, ils ont peu à peu appris à résister aux normes sociales, tout en demeurant souvent habités par le désir de faire partie de cette norme.

Toute la difficulté pour les parents « hors normes » est d'accepter ces mouvements identificatoires ambivalents de l'enfant liés à son appartenance sociale : l'amour pour ses parents et le désir d'être comme tout le monde. Si ses parents les nient, l'enfant ne pourra pas leur faire confiance ; si au contraire ils les amplifient, la famille risque de rigidifier ses liens fusionnels d'appartenance en se construisant « contre » le monde environnant.

Il reste beaucoup de chemin à parcourir, tant les nouvelles formes, plus sournoises, de l'homophobie sont volontiers véhiculées par certains « spécialistes [9] ». Depuis que les homosexuels n'incarnent plus la race maudite du pervers sublime cher à Foucault ou à Genet, maintenant que leurs aspirations visent l'intégration comme couple, voire comme famille, une nouvelle forme d'homophobie s'énonce au nom d'un savoir scientifique. Mais ce prétendu savoir ne repose que sur des opinions et des *a priori* affectifs : les homosexuels seraient atteints de troubles narcissiques, incapables de respecter la différence anatomique des sexes. Des psychanalystes sérieux se sont lancés dans une véritable croisade médiatique au nom d'une paternité symbolique menacée par le nouvel ordre homosexuel. Les débats mouvementés sur le Pacs puis sur l'adoption par les homosexuels ne s'articulent qu'autour de l'enjeu central d'une redéfinition de la figure et du statut, dans notre société, de l'homosexuel seul ou en couple.

Ainsi que le souligne Didier Éribon [10], la psychanalyse n'a pas pour fonction de dire la norme, mais d'aider les individus à vivre au mieux leurs désirs et leurs choix ; même si de nombreux psychanalystes ont alors estimé devoir s'auto-instituer experts du couple ou de la famille afin d'exprimer leur hostilité aux innovations sociales et juridiques. Ma préoccupation est d'aider, quelle que soit la famille, à la création de discours, de romans et de mythes familiaux pouvant s'appuyer sur une rêverie familiale porteuse de sens et apte à développer une « enveloppe familiale » qui protège la famille sans l'isoler. Car, à l'image de toutes les familles, les familles homoparentales se posent les mêmes problèmes d'identification et de fusion, nourrissent les mêmes craintes pour leurs enfants et, plus que d'autres, redoutent le regard de la société. Finalement, elles ne sont ni mieux ni pires que les autres, mais différentes.

Plus nous ferons vivre ces familles en dehors du monde de la normalité, plus les peurs, les colères, les révoltes, les incompréhensions de l'enfant vont être uniquement attribuées à l'hostilité sociale. L'enfant risque alors de développer avec ses parents un sentiment de persécution : ma famille contre le reste du monde. Il s'agit donc de soutenir les parents et de leur indiquer que, comme dans toute famille où l'on souhaite protéger les enfants de la haine, de la douleur et de l'anxiété, ils n'empêcheront jamais ces sentiments.

Plutôt que de plaquer nos théories pour décrypter ces nouvelles relations, il nous faut réfléchir à leur complexité. Notre travail de thérapie familiale consiste avant tout à comprendre et à soutenir ce qui aide les familles à parler, à s'aimer, à « fabriquer de la famille ».

Épilogue

La famille contre elle-même

Une de nos illusions, et non des moindres, est de croire que l'amour en famille suffit à fonder notre identité et donne tout son sens à notre existence. Il me semble au contraire que c'est le sentiment d'appartenance qui constitue l'être humain. C'est le groupe qui fonde l'individu, et non le sentiment amoureux[1]. Toute famille, de la plus simple à la plus complexe, s'ancre dans une histoire, perpétue des traditions, intègre des règles, des mythes, des croyances, qui se concrétisent par des obligations et des contraintes.

Nous aimerions oublier cette longue histoire, faite parfois de tourments et d'échecs, tant nous sommes préoccupés par notre quête du bonheur à tout prix, par le mythe du développement personnel et de l'estime de soi, tant nous souhaitons pousser nos enfants vers la découverte d'eux-mêmes, de leur propre bonheur et de leur épanouissement. Mais en oubliant les acquis de notre passé, nous ne pouvons que leur transmettre un modèle de relation qui, même librement choisi, risque paradoxalement d'aller à l'encontre de notre besoin exacerbé de liberté.

J'ai montré dans un précédent ouvrage la valse-hésitation des couples contemporains, pris en étau entre les exigences de l'individualisme et la recherche désespérée d'un lien affectif qui donne du sens à leur existence.

Dans les familles, ces exigences se transmettent par des injonctions contradictoires qui s'adressent aux enfants de plus en plus jeunes : *« Sois autonome, fais tes choix, cherche en toi tes désirs et tes aspirations. »* Il n'est déjà pas facile aux enfants de répondre à ces diktats, mais leur vie se complique encore quand nous leur demandons, comme c'est trop souvent le cas, de nous aider à réaliser nos désirs : *« Aide-moi à construire et à conserver la famille idéalisée de mes rêves... »*

Cet excès de liberté semble presque aussi pesant pour les enfants que l'excès de contrainte qui précipitait les jeunes filles du siècle dernier sur le divan du Dr Freud. Les enfants et les adolescents tout comme les adultes souffrent moins du poids d'une famille qui impose des règles morales, religieuses, culturelles en écho aux obligations sociales que de relations familiales sous-tendues par les exigences féroces et insatiables de l'amour et de la quête affective. Le nouvel individualisme familial agglutine parents et enfants, complique encore les trajectoires de l'autonomisation et concerne toutes les familles quelle que soit leur forme.

Au jeu des sept familles, nous nous trouvons dans une période de transition entre la « famille-institution » et la « famille-désir ». Malgré ses mutations, la famille doit être un pont entre l'individu et la société et un lieu de transmission, mais aussi de critique éclairée des normes sociales[2]. La tâche des familles contemporaines n'est pas simple.

Entre le tout et le rien, existe comme toujours un équilibre ! Il ne s'agit pas de se complaire dans la nostalgie d'un avant où l'on vivait mieux, mais de réfléchir sur les nouvelles modalités d'être ensemble. À cet égard, les nouvelles formes de famille, qui inventent de nouvelles règles quotidiennes et amplifient les hésitations de solidarité et d'appartenance des enfants à différents groupes, ont beaucoup à nous apprendre. Quelles seront les lois enfantées par les familles d'aujourd'hui ? Comment inventer des liens solides compatibles avec nos aspirations à la liberté ? Comment rattacher le bonheur individuel au bien commun et aux finalités collectives ?

C'est le défi que chaque famille se doit de relever. Et c'est notre défi, à nous thérapeutes, de les y aider sans les culpabiliser.

Notes

Introduction

1. Louis ROUSSEL, *La Famille incertaine*, Odile Jacob, « Opus », 1999.

2. Michel SCHNEIDER, *Big Mother : psychopathologie de la France politique*, Odile Jacob, 2002.

3. Suzanne LALLEMAND et Geneviève DELAISI DE PARSEVAL, *L'Art d'accommoder les bébés : 100 ans de recettes françaises de puériculture*, Seuil, 1980.

En famille ou les fusions dangereuses

1. Louis ROUSSEL, *op. cit.*

2. *Ibid.*, p. 51.

3. *Ibid.*

4. Élisabeth BADINTER, *L'Amour en plus : histoire de l'amour maternel* XVIIe-*XX*[e] *siècle*, Le Livre de Poche, 1982.

5. François DE SINGLY, *Le Soi, le couple et la famille*, Nathan, « Essais et Recherches », 2000.

6. Les concepts de fonction systémique et de souplesse et rigidité familiales ont particulièrement été développées par Maurizio ANDOLFI et ses collaborateurs de « l'École de Rome » notamment in *La Forteresse familiale : un modèle de clinique relationnelle*, Dunod, 1985.

7. La notion de frontière familiale et de différenciation

émotionnelle apparaît chez Murray BOWEN, *La Différenciation du soi : les triangles et les systèmes émotifs familiaux*, ESF, 1988.

8. Jean-Pierre LEBRUN, *Un monde sans limite : essai pour une clinique psychanalytique du social*, Érès, 1997

9. Alain EHRENBERG, *La Fatigue d'être soi : dépression et société*, Odile Jacob, 1998.

Petit théâtre en famille

1. Comme le souligne ma collègue et amie Françoise ROUGEUL, in *Familles en crise : approche systémique des relations humaines*, Georg, 2003.

2. Maurizio ANDOLFI *et al.*, *op. cit.*

3. La notion de « mandat transgénérationnel » a été proposée par Serge LEBOVICI, notamment dans *L'Arbre de vie : éléments de psychopathologie du bébé*, Érès, 1999.

4. Chantal VAN CUTSEN, *La Famille recomposée*, Érès, 1998.

L'illusion démocratique

1. Hannah ARENDT, *« Qu'est-ce que l'autorité ? »* (1954), in *La Crise de la culture*, Gallimard, « Folio », 1989.

2. André CAREL, « Le processus d'autorité », in *Revue française de psychanalyse*, tome LXVI, janvier 2002.

3. *Ibid.*

4. Daniel MARCELLI, *L'Enfant, chef de la famille : l'autorité de l'infantile*, Albin Michel, 2003.

5. Daniel STERN, *Le Monde interpersonnel du nourrisson : une perspective psychanalytique et développementale*, PUF, « Le fil rouge », 2003.

6. Daniel MARCELLI, *op. cit.*

7. Marcel GAUCHET, *La Démocratie contre elle-même*, Gallimard, « Tel », 2002.

Ce que disent les mots

1. Paul WATZLAWICK *et al.*, *Une logique de la communication*, Seuil, « Points », 1979.
2. Paul WATZLAWICK, *Faites vous-même votre malheur*, Seuil, 1984.
3. Paul WATZLAWICK, *Ibid.*
4. Mara SELVINI-PALAZZOLI *et al.*, *Paradoxe et contre-paradoxe : un nouveau mode de thérapeutique face aux familles à transaction schizophrénique*, ESF, 1990.
5. D. W. WINNICOTT, *Jeu et réalité : l'espace potentiel*, Gallimard, « Connaissance de l'inconscient », 1975.
6. Daniel STERN, *op. cit.*
7. Murray BOWEN, *op.cit.*
8. *Ibid.*
9. Michel LACROIX, *Le Culte de l'émotion*, Flammarion, 2001.
10. Serge TISSERON, *Secrets de famille, mode d'emploi*, Marabout, 1997.
11. Éric VERDIER et Jean-Marie FIRDION, *Homosexualité et suicide : études, témoignages et analyse*, H&O, 2003.
12. Serge TISSERON, *op. cit.*

Contes et légendes de la famille

1. Tony DUVERT, *Le Bon Sexe illustré*, Minuit, 1974.
2. Antonio FERREIRA, *Family Myth and Homeostasis*, Arch. Gen. Psych., 1963.
3. Robert NEUBURGER, *Le Mythe familial*, ESF, 2002.
4. Paul-Claude RACAMIER, « L'incestuel », *Groupal* n° 3, collège de psychanalyse groupale et familiale, 1997.
5. Le concept de loyauté familiale est développé par Ivan BOSZORMENY-NAGY, notamment dans *Psychothérapies familiales intensives*, PUF, 1980.

6. Cité par Pierre MICHARD, in *Lois et loyautés*, Compte rendu des 6es journées de Fractale, janvier 2000.
7. Bernard GÉBÉROWICZ, « Autre sang, autres mœurs », in *Générations* n° 26, avril 2002.
8. Martine GROSS, *Libération*, « Rebonds », 25 mai 2004.

Le poids écrasant de l'amour et du bonheur

1. *Les Valeurs des Français. Évolutions de 1981 à 1999*, sous la direction de Pierre BRÉCHON, Armand Colin, « Sociétales », 2003.
2. Pascal BRUCKNER, *L'Euphorie perpétuelle : essai sur le devoir de bonheur*, Grasset, 2000.
3. Élisabeth ROUDINESCO, *La Famille en désordre*, Fayard, « Histoire de la pensée », 2002.
4. Daniel STERN, *op. cit.*
5. Odile BOURGUIGNON, *Le Fraternel*, Dunod, « Pscychismes », 1999.
6. François MARTY, « La violence fratricide », in *Enfance et psy* n° 9, « Les liens fraternels », Érès, 1999.
7. René GIRARD, *La Violence et le sacré*, Hachette Littératures, « Pluriel », 1993.
8. Annette FRÉJAVILLE, « Œdipe, ses complexes et notre époque », in *Revue française de psychanalyse*, tome LXVI, janvier 2002.

La violence des familles

1. Daniel SIBONY, *Violence*, Seuil, « La couleur des idées », 1998.
2. Nicolas ABRAHAM et Maria TOROK, *L'Écorce et le Noyau*, Flammarion, 1976.
3. Le concept de résonance a été introduit par S. H. FOULKES, *Psychothérapie et analyse de groupe*, Payot,

« Science de l'homme », 1970, et repris par Mony Elkaïm, *Si tu m'aimes, ne m'aime pas*, Seuil, « Points », 2001.

4. Cette thérapie a été développée dans *La Danse du couple*, Serge Hefez avec Danièle Laufer, Hachette Littératures, 2002.

La place du père : éloge du partage

1. Michel Schneider, *op. cit.*
2. Aldo Naouri, *Les Pères et les Mères*, Odile Jacob, 2004.
3. La description de cette fonction paternelle est largement développée par Albert Ciccone, « La place du père », in Christine Anzieu-Premmereur et Michèle Pollak-Cornillot, *Les Pratiques psychanalytiques auprès des bébés*, Dunod, « Psychothérapies », 2003.
4. Ken Korbett, « Le roman familial non traditionnel », in *Revue française de psychanalyse*, tome LXVII, janvier 2003.

Hommes et femmes : entre complicité et rivalité

1. Sigmund Freud, *Trois essais sur la théorie sexuelle* (1905), Gallimard, « Connaissance de l'inconscient », 1987.
2. Françoise Héritier, *Masculin, féminin* (2 vol.), Odile Jacob, « Sciences humaines », 2002.
3. Abdessalem Yahyaoui, « Liens intersexes et migrations », in *Le Divan familial*, automne 2002.
4. Comme le titrait la revue *Le Divan familial* en automne 2002 : « Rivalité et complicité entre les sexes ».
5. Colette Chiland, *Le sexe mène le monde*, Calmann-Lévy, « Le passé recomposé », 1999.
6. Élisabeth Badinter, *Fausse route*, Odile Jacob, 2003.
7. Geneviève Delaisi de Parseval, « La construction de la parentalité dans les couples du même sexe », in *Au-delà du Pacs, l'expertise familiale à l'épreuve de l'homosexualité*, Daniel Borillo, Éric Fassin et Marcela Iacub (dir.), PUF, 2001.

8. Élisabeth ROUDINESCO, « La tyrannie de l'aveu », *Libération*, 5 juin 2004.

9. Voir Élisabeth ROUDINESCO, *La Famille en désordre*, *op. cit.*

10. Didier ÉRIBON, « Comment on s'arrange : les homosexuels, le couple, la psychanalyse », in *Cliniques méditerranéennes*, « Les homosexualités aujourd'hui : un défi pour la psychanalyse ? », n° 65, 2002.

Épilogue

1. François DE SINGLY, *op. cit.*
2. Louis ROUSSEL, *op. cit.*

Remerciements

Je voudrais exprimer toute ma gratitude à Isabelle Seguin pour avoir accompagné l'élaboration de cet ouvrage, à Danièle Laufer pour en avoir soutenu les premiers pas et à Béatrice Bantman pour sa patience, ses encouragements et son enthousiasme lors des derniers kilomètres.

Table des matières

Cet ouvrage a été composé
par Nord Compo
et achevé d'imprimer en octobre 2005
par **Bussière** *à Saint-Amand-Montrond (Cher)*

N° d'Édition : 7281304. — N° d'Impression : 053757/4.
Dépôt légal : mars 2005.

Imprimé en France

ISBN : 2-01-235704-0